Février

D0728336

Johanne,

pour Toute la tendresse qui nous unit
depuis 25 ans,
pour nos 15 ans encore si présents,
pour nos 40 ans encore si vivants,
pour simplement,
　　l'audace de vivre .

　　　　Ton amie Marie .

L'AUDACE DE VIVRE

DU MÊME AUTEUR

ARNAUD DESJARDINS
VÉRONIQUE LOISELEUR

L'AUDACE DE VIVRE

LA TABLE RONDE
40, rue du Bac, Paris 7ᵉ

© Éditions de La Table Ronde, Paris, 1989.
ISBN 2-7103-0385-X

INTRODUCTION

Une fois encore, voici un livre préparé à partir de réponses à des questions et de causeries enregistrées. Il est né des doutes, des souffrances, des inhibitions de ceux et celles à qui je m'adressais. Il a donc conservé le ton familier de celui qui parle directement à ceux qu'il a sous les yeux. Mais un important travail de choix, de compilation et de restructuration a été accompli que Véronique Loiseleur a pris en charge. Tel qu'il est, cet ouvrage lui doit beaucoup.

Depuis que j'ai des lecteurs, je suis soumis à deux types de critiques totalement contradictoires. Nombreux sont ceux qui me reprochent de prôner l'hindouisme et le bouddhisme en méconnaissant superbement la Révélation de Dieu aux prophètes et son incarnation en Jésus-Christ. Je suis alors considéré comme un propagandiste des religions orientales qui perturbe les chrétiens et surtout détourne les jeunes de l'Église. D'autres condamnent mes références aux Évangiles et l'utilisation du vocabulaire religieux comme une preuve de mon incompréhension flagrante du non-dualisme védantique ou même comme une trahison de mon propre gourou Swâmi Prajnanpad. Effectivement, sur quelque trois cents entretiens que j'ai eus avec celui-ci en neuf ans, il n'a envisagé Dieu en tant que Père qu'une seule et unique fois. Swâmiji s'en tenait strictement à la formulation non dualiste qui ne fait pas intervenir un Dieu personnel. Mais je me rappelle une des toutes dernières paroles que j'ai entendues de lui : « You can follow Swâmiji, Arnaud, you cannot imitate Swâmiji », « *Vous pouvez suivre Swâmiji, Arnaud, vous ne pouvez pas imiter Swâmiji.* » *Pour moi, suivre Swâmiji c'est avant tout tenir compte des nécessités de ceux qui s'adressent à moi et utiliser le langage qu'ils peuvent comprendre non seulement avec leur intelligence mais avec leur cœur. Ceci dit, je ne cache pas ma conviction que les voies religieuses et le yoga de la connaissance conduisent à la même liberté intérieure et au même amour universel. Ramdas, dont le nom signifie « esclave de Dieu », était autant un sage à mes yeux que Ramana Maharshi qui prônait avant tout la recherche directe du Soi.*

Cet ouvrage fait plusieurs fois référence à deux hommes qui ont enseigné en Occident, G.I. Gurdjieff et Karlfried von Dürckheim (lequel nous a quittés en décembre 1988). Je ne peux présenter ces pages sans ressentir et exprimer pour l'un comme pour l'autre, aussi différents qu'ils aient été dans leur apparence, un sentiment de gratitude.

Arnaud DESJARDINS

Afin que chacun des chapitres constitue un tout, nous avons conservé certaines redites inclues dans les causeries d'origine.

OSEZ VIVRE

Un jour, à une question sur la mort, cette réponse s'est imposée à moi : « Vous n'avez pas peur de la mort, vous avez peur de la vie. » J'ai réfléchi à cette réponse et il m'est apparu avec certitude combien celle-ci était vraie : la peur de la mort est d'autant plus grande qu'on n'a pas osé vivre. Si vraiment vous n'avez plus peur de la vie, vous ne pouvez plus avoir peur de la mort parce que vous avez découvert en vous-même ce qu'est vraiment *la* Vie – non pas votre vie, mais la Vie unique et universelle qui nous anime, avec l'évidence que cette vie est indépendante des naissances et des morts.

Vous savez que les Occidentaux opposent communément la vie à la mort, tandis que c'est la naissance qui s'oppose à la mort pour les Orientaux, la vie s'exprimant par un mouvement perpétuel de changement, par un jeu ininterrompu de morts et de naissances. Cette conviction est commune à bien des formes de spiritualité et mon propre « gourou », Swâmi Prajnanpad, donnait des exemples simples : la naissance de l'enfant c'est la mort du bébé, puis la naissance de l'adolescent c'est la mort de l'enfant.

Oser vivre c'est oser mourir à chaque instant mais c'est également oser naître, c'est-à-dire franchir de grandes étapes dans l'existence où celui que nous avons été meurt pour faire place à un autre, avec une vision du monde renouvelée, en admettant qu'il puisse y avoir plusieurs paliers qu'on franchit avant l'étape ultime de l'Éveil. C'est être de plus en plus conscient qu'à chaque instant, nous naissons, nous mourons, nous mourons, nous renaissons.

Mais oser vivre, c'est aussi, d'une manière simple, ne plus avoir la moindre peur de ce que nous portons en nous-mêmes. Et je suis sûr que beaucoup d'entre vous sont d'accord avec moi, surtout ceux qui ont commencé à découvrir leur inconscient. Vous avez peur de ce que vous portez en vous-mêmes, parce que vous savez que vous ne pouvez pas complètement compter sur vous, que vous êtes susceptibles de vous mettre dans des situations dont vous vous mordrez ensuite les doigts. Mais vous avez aussi peur de ce que vous portez en vous-mêmes parce que vous avez tous vécu des situations d'enfants où vous avez été brutalement contredits dans votre expression, où ce qui a été une forme de votre joie de vivre, de votre ferveur, vous a attiré une catastrophe : on vous a accablés de reproches alors que vous vous sentiez si heureux de ce que vous étiez en train de faire.

Et nous n'avons pas compris − peut-être l'avons-nous revécu en thérapie − comment et pourquoi nos parents étaient si fâchés alors que cela nous semblait si amusant de découper avec une grande paire de ciseaux les plus beaux rideaux de la maison ou, comme je l'avais fait moi-même, de mettre un jour dans une baignoire pleine d'eau toutes les chaussures de ma sœur, mon frère, mon père et ma mère pour les transformer en bateaux. Mes parents avaient peu d'argent à l'époque et il n'y avait pas beaucoup de chaussures dans le placard mais suffisamment pour que j'essaie de les faire flotter. C'est un souvenir anodin, inoffensif, et pourtant que j'ai retrouvé avec une tragique intensité depuis le désespoir de ma mère jusqu'à la sévérité de mon père en passant par mon bonheur brisé. Pourquoi ce qui me paraissait si merveilleusement amusant avait-il attiré une telle émotion chez ma mère qui avait cru ces chaussures toutes gravement abîmées?

Souvent, de petits incidents aux yeux des parents sont des événements terribles aux yeux des enfants que nous avons été. La peur de ce dont nous sommes capables s'installe en nous très rapidement et, à partir de là, si les parents ne sont pas particulièrement habiles, nous commençons nous-mêmes à étouffer notre force de vie, notre « élan vital ». Nous commençons à réprimer notre pulsion vitale. Et puis vous savez bien aussi, la psychologie nous l'enseigne et vous l'avez peut-être vérifié en ce qui vous concerne, que la découverte du monde de la sexualité se fait souvent dans le malaise, l'incompréhension, la culpabilité avec la masturbation infantile, que les élans qui se lèvent dans l'adolescence et ne peuvent pas toujours s'épanouir comme nous le voudrions nous ont troublés et désorientés. Et il y a dans cette force de vie, dans cette libido, une très grande puissance que vous n'admettez plus complètement. Tant et si bien que, dans ce monde où la liberté des mœurs est beaucoup plus grande, où les moyens pour vous exprimer sont immenses, les voyages facilités, la plupart d'entre vous n'osent plus vivre pleinement. Et c'est quand vous n'assumez plus complètement en vous l'élan vital que vous commencez à avoir peur de la mort. La peur de la mort est une illusion, ne vous troublez pas avec la peur de la mort. Ce qui est vraiment important c'est de vous libérer de la peur de vivre.

Cette peur de vivre comporte deux visages : l'un c'est la peur de tout ce que nous portons en nous-mêmes, l'autre c'est la peur des situations concrètes, avec les conséquences qu'elles peuvent engendrer. Très vite la peur de vivre devient la peur de souffrir : il vaut mieux vivre moins pour souffrir moins. Regardez, voyez, demandez-vous si cela vous concerne ou non. Cette vérité s'est imposée à moi à travers nos entretiens privés et nos réunions communes. Vous avez peur de vivre parce que vivre c'est prendre le risque de souffrir. Cette peur s'enracine dans vos expériences passées car c'est dans la mesure où vous avez vécu que vous avez été malheureux. Pas seulement parce que vous avez vécu l'enthousiasme de mettre des chaussures dans une baignoire mais parce qu'après être tombé amoureux à l'âge de dix-huit ans vous avez tellement souffert. Et très souvent se lève en vous cette décision, parfois inconsciente, parfois très consciente : « Je ne veux plus souffrir comme ça. » C'est une très belle décision mais il s'ensuit une autre décision qui, elle, est complètement fausse : « par conséquent, je n'aimerai plus », ou « par conséquent je ne me mettrai plus dans des situations dangereuses ». Or il faut bien voir que pour celui qui est engagé sur le chemin de la sagesse et qui veut percer peu à peu le secret de la souffrance, il est indispensable de prendre le risque de vivre et celui de souffrir.

D'autre part, si notre vitalité et peut-être même notre exubérance lorsque nous étions enfants ont souvent été associées aux réprimandes : « Tu ne dois pas », « Comment as-tu osé faire ça! », donc assorties d'un jugement de valeur, cette richesse de la vie paraît aussi avoir été abondamment condamnée par les enseignements spirituels qui prônent l'ascétisme, l'austérité, le renoncement, la retraite dans un monastère ou dans une grotte d'ermite et, pour finir, la « mort à soi-même » ou la « mort de l'ego ». Moi-même j'ai été surpris lorsque j'ai vu combien un homme aussi austère que Swâmi Prajnanpad insistait sur la valeur de cette audace de vivre, de s'exposer et de prendre des coups. Cette attitude ne me semblait pas aller directement dans la ligne de la spiritualité hindoue telle que je la comprenais. Et là il y a un risque réel que j'ai frôlé plusieurs fois : c'est de camoufler sous des propos nobles mais mensongers cette peur de vivre — qui existait chez moi bien entendu (je ne partage jamais une vérité que je n'ai pas vécue et dont je n'ai pas été aidé à me rendre libre, sinon je ne me considère pas comme compétent ou qualifié pour en parler). Ensuite, vous vous débattez dans une impression d'étouffement par rapport à votre désir de mener une vie vaste, une grande vie, une vie riche en expériences. Le risque c'est que cette peur de vivre soit illusoirement justifiée par un idéal spirituel.

Selon la terminologie hindoue, ceux qui sont *rajasiques*, actifs, vivent intensément, alors qu'il faut devenir *satvique*, calme, serein, intériorisé. Tant et si bien que s'était imposée à moi l'image du sage en méditation – yeux clos et sourire de Bouddha – au détriment de l'image de l'être humain qui ose participer complètement à l'existence et accepter toutes les forces et toutes les pulsions qui sont en lui avant d'en devenir peu à peu le maître. Oui, le risque est réel d'une immense tricherie par rapport à nous-mêmes. Je n'accuse et ne condamne personne puisque je m'implique dans les paroles que je prononce. Un risque que j'ai abondamment couru, d'autres que vous, garçons ou filles, hommes ou femmes, le courent aussi. Et je tiens à dire que je parle uniquement au nom de la sagesse et en vue de la plus haute forme de spiritualité. Soyons d'abord parfaitement naturels avant d'aspirer au surnaturel. « Celui qui trahit la terre n'atteindra jamais le ciel », cette formule connue est éloquente.

C'est une erreur tragique de continuer à étouffer une vie qui se trouve déjà considérablement mutilée en nous, avec la conviction que le chemin de la spiritualité l'exige : en me retirant peu à peu du monde, je vais réaliser l'archétype du Sage qui a renoncé à tout, immergé dans la béatitude du nirvana. Immense mensonge, qui est le fruit d'une négation et d'une peur.

Ceux qui connaissent tant soit peu la littérature du célèbre, peut-être trop célèbre Rajneesh, savent combien il a pu insister sur ce thème « osez vivre », en utilisant des mots comme « *celebrate* » ou « *celebration* » : célébrez, faites de la vie une célébration. Mais, bien que j'aie trouvé admirables certaines pages de Rajneesh dans tel ou tel livre, je ne me réclame pas d'un homme que je n'ai jamais approché ou d'un ashram où je n'ai jamais mis les pieds. Je m'en tiens aux maîtres qui ont jalonné ma route.

Tout ce que vous avez entendu de la bouche des plus

grands sages ou lu dans les traditions spirituelles est certainement vrai et il y a certainement dans le chemin spirituel
un aspect fondamental de mort à soi-même. Nous ne pouvons pas à la fois demeurer chenille et devenir papillon. Les
ailes ne poussent pas et ne pousseront jamais sur le dos des
chenilles. Mais commençons par le commencement. Et si
vous voulez une spiritualité réelle et non une caricature, osez
d'abord reconnaître pleinement toute cette force de vie qui
existe chez l'enfant et qui est, en vous, divisée contre elle-
même. Certes l'effervescence de l'enfant diminue avec l'âge.
On ne s'attend pas à ce qu'un vieillard soit aussi bouillonnant
qu'un enfant de deux ans, qu'il ait envie de courir partout et
de tout escalader. Mais je suis convaincu qu'une grande part
de ce qu'on attribue à un mouvement naturel de l'âge provient en fait d'un étouffement de la force de vie en nous, par
les éducateurs d'abord, puis par l'existence en général et par
nous-mêmes enfin – et qu'on ne peut devenir ni un ascète ni
un yogi en étouffant cette force de vie.

Si vous avez tant soit peu lu des livres sur l'hindouisme,
vous savez que l'ésotérisme du yoga est fondé sur la libération d'une force très puissante, *kundalini*, dont l'éveil préma-
turé dans un corps non suffisamment purifié peut même être
dangereux. Je ne me réclame pas du hatha yoga ni du kundalini yoga mais je me souviens de mon désarroi, alors que
j'étais imprégné de Ramdas, de Mâ Anandamayi, de
Ramana Maharshi, lorsque Swâmiji a voulu me montrer, en
1966, le mensonge de mon idéal de méditation et de spiritualité pure, alors que tant d'aspects de moi demeuraient encore
inaccomplis et frustrés, un mot à la mode que nous connaissons tous.

Cet homme incarnait peut-être plus que d'autres le
dépouillement. Par rapport aux idées toutes faites que nous
avons du « sage », il était par exemple à l'extrême opposé
d'un Gurdjieff, que je n'ai jamais approché mais dont la
vérité (ou la légende) a inspiré les dix premières années de
ma recherche. Gurdjieff, qui avait vécu avec une grande

intensité ses aventures en quête de la vérité à la fin du
XIXᵉ siècle où chaque voyage représentait une véritable expé-
dition, avait l'habitude de bousculer ses disciples en les plon-
geant dans des situations plus que difficiles et en leur proposant d'oser les vivre pleinement. On l'a taxé d'immoralité, on
l'a accusé d'être lui-même un débauché, on l'a traité de Ras-
poutine, mais j'ai toujours eu la conviction qu'un homme
capable de composer une musique si pure et si cristalline ne
se réduisait pas à l'idée qu'en donnaient ses détracteurs et
qu'au contraire, sous une forme déroutante ou peut-être
même choquante, c'était un sage et un maître.

Pour le petit protestant que j'étais, tellement soucieux
d'une part de ne pas être critiqué, de faire l'unanimité en se
montrant bien sage et bien gentil, et d'autre part imprégné
de morale, de scoutisme, de peurs et d'inhibitions, à défaut
d'avoir rencontré Gurdjieff lui-même ce que j'entendais dire
de sa personne, de son enseignement et de cette force de vie
qui se dégageait de lui a été immensément bénéfique. Cela
dit, affirmer que la sagesse ne peut pas être le fruit de la
frustration ni de la peur de ce que l'on porte en soi peut se
révéler dangereux et conduire à une immoralité et à un
désordre qui ne sont pas non plus le chemin de la liberté,
bien au contraire.

Avec l'enseignement Gurdjieff, j'ai donc commencé à
comprendre qu'il n'y avait pas d'incompatibilité réelle entre
la sagesse – mot qui me fascinait depuis que j'avais lu *la
Sagesse et la destinée* de Maeterlinck à 22 ans – et les
formes les plus concrètes de l'existence. Ensuite j'ai été en
contact avec un tout autre monde, dont j'ai témoigné dans le
livre *Ashrams*, celui de Mâ Anandamayi, de Ramdas, des
swamis en méditation au bord du Gange ou sous un banyan,
un monde qui me paraissait n'être fait que de beauté, d'harmonie et de détachement, un monde dans lequel les pulsions
étaient tout de suite transformées en lumière et en contemplation. Puis j'ai découvert qu'à part, bien sûr, Mâ Anandamayi elle-même ou Ramdas ou d'autres sages admirables,

beaucoup de ceux, Hindous ou Européens, qui séjournaient dans les ashrams et qui étaient devenus de grands méditants, n'avaient en fait atteint aucune liberté réelle. Certes ils étaient très beaux dans leur posture immobile et silencieuse et il se passait certainement quelque chose de grand dans leur méditation. Mais, en dehors de ces heures de méditation quotidiennes – et cela m'a beaucoup dérouté à l'époque – je les voyais pleins d'émotions, facilement énervés, jaloux ou tout à fait à côté de la vérité. Par exemple ils m'entretenaient longuement un jour où j'étais très fatigué, où je ne leur demandais rien et m'assénaient des discours que je n'osais pas interrompre par correction sur *maya*, l'irréalité du monde dans l'enseignement de Shankaracharya. Je ne me préoccupais plus guère de psychologie à l'époque, je n'aurais pas imaginé tout de suite que cette logorrhée était la manifestation d'instincts ou de tendances refoulées et je n'aurais pas non plus parlé de névrose. Mais j'éprouvais un malaise en les écoutant.

Puis j'ai rencontré Swâmi Prajnanpad dans son ashram pauvre et austère, cet homme qui avait successivement renoncé à une carrière politique dans laquelle beaucoup d'Indiens voulaient le voir s'engager (Swâmiji était l'ami intime de Lal Bahadur Shastri qui fut Premier ministre de l'Inde après Nehru), à une carrière universitaire, et enfin à la vie conjugale normale avec une femme que tout le monde s'accordait à trouver ravissante dans sa jeunesse. Swâmiji m'a secoué jusque dans mes fondements (on ne secoue pas un homme dont les fondements sont solides) en me convainquant que j'étais moi-même *narrow*, étroit, *shallow*, sans profondeur, et *cripple*, infirme, alors que j'avais quarante ans et que ma vie semblait receler une certaine richesse puisque je voyageais en sillonnant les routes de l'Asie et que j'avais osé bousculer les interdits sexuels de ma jeunesse. Ces mots de Swâmiji étaient durs à entendre. J'étais coupé non seulement de la profondeur à laquelle je pouvais donner un sens métaphysique – l'Essence sous l'apparence, le Réel sous

l'irréel, le Un sous le multiple, l'Immuable sous le changeant
(cela je voulais bien l'entendre puisque je me nourrissais de
ce genre de lectures) – mais j'étais aussi coupé de ma propre
profondeur vitale, de mes pulsions, de mes instincts. Cet
homme qui représentait pour moi le Védanta vivant et qu'on
ne pouvait pas suspecter de plaider sa propre cause puisqu'il
vivait dans le renoncement et, plusieurs heures tous les jours,
dans l'immobilité, beau comme une statue, cet homme se
battait avec moi pour détruire une image de sage que je
m'étais faite à partir de Ramdas et de Mâ Anandamayi – à
qui bien entendu je conserve, je dirais même plus que jamais,
ma vénération. Il m'acculait à reconnaître qu'il y avait une
malhonnêteté dans ma propre vie spirituelle et que je fuyais
dans la méditation non seulement plusieurs aspects de l'existence concrète mais surtout plusieurs aspects de moi-même.

*
* *

Vous savez sans doute le rôle que jouait le *lying* auprès de
Swâmiji, ascèse qui consistait à ramener à la surface les souvenirs d'enfance avec leur charge traumatique et, par là, à
mettre en pleine lumière comment nous avons pris peur,
comment s'est gravée en nous l'idée qu'oser faire confiance à
notre élan peut être dangereux ou même coupable. Rendre
conscient l'inconscient ne se réduit pas à atténuer certaines
souffrances parce qu'on en exprime l'origine, c'est aussi
comprendre comment s'est gravée en nous cette terrible loi :
« Vivre, c'est mal ! » Toute l'éducation, même si elle n'est pas
particulièrement religieuse, dit à l'enfant : « Ça c'est très
bien ! » et : « Ça c'est mal, comment as-tu pu faire ça ! » Très
vite, nous divisons le monde en deux et nous nous formons
une idée de ce qui est bien, c'est-à-dire ce qui plaît à nos
parents ou à nos éducateurs, et de ce qui est mal, c'est-à-dire
tout simplement ce qui leur déplaît. Et à partir de là
commence la tragédie que Swâmiji résumait par ces trois
mots : estropié, étroit, superficiel.

Pour vous c'était bien. Pour papa, pour maman, que par ailleurs peut-être vous aimiez, vous admiriez, c'était mal. Comme c'est forcément papa et maman qui ont raison, donc moi qui me trompe, je ne peux plus croire en moi. Il faut que je me méfie de mon élan vital ou des formes qu'il peut prendre. Et ensuite nous tissons cette prison comme une araignée tisse sa toile ou un ver à soie son cocon, c'est nous-même qui la bâtissons à partir de l'impulsion donnée par les éducateurs, en étouffant nos pulsions de plus en plus. Et ici intervenait la formule : « *no denial Arnaud* », « ne niez rien, ne déniez rien ». Dieu sait si je voulais renier tout ce qui me gênait en moi et me paraissait aller à l'encontre de cette sagesse qui me fascinait et dont j'avais l'image admirable sous les yeux à travers tous les sages hindous et les rimpochés tibétains que je cernais avec passion dans le viseur de ma caméra. J'en garde le souvenir d'une bataille entre Swâmiji et moi, comme si Swâmiji voulait m'écarter de cette spiritualité qui m'émerveillait pour me ramener dans un monde que je prétendais vouloir dépasser.

En fait je risquais d'autant moins de le dépasser que je ne l'avais jamais abordé en face. Il ne s'agit pas seulement du monde des fascinations extérieures – les femmes pour les hommes, les hommes pour les femmes, la réussite, l'argent, le pouvoir – mais aussi du monde que nous portons en nous. Si, en plus, on a été nourri comme je l'avais été de René Guénon, avec l'idée qu'il y a un supra-conscient lumineux et un infra-conscient ténébreux, infernal, la résistance sera d'autant plus grande et les malentendus presque inévitables.

Mais je le dis aujourd'hui avec toute la force de ma conviction : nous ne pouvons pas atteindre le Royaume des Cieux en niant ces puissances naturelles. Celles-ci nous animent dès l'enfance et se manifestent sous la forme de la pulsion sexuelle à la puberté avec son aspect émotionnel, la ferveur, les engagements politiques, le rêve du grand amour, les nobles causes qui enflamment un adolescent. Nous avons à retrouver une puissance de vie en nous qui ne soit pas divisée et en lutte contre elle-même. Swâmiji utilisait abondamment le mot sanscrit bien connu *shakti* ou encore *atmashakti*, énergie fondamentale du Soi, unique énergie infinie qui s'exprime à travers toutes les morts, toutes les naissances, chaque mort étant l'autre face d'une naissance, chaque naissance étant l'autre face d'une mort. Même le métabolisme en nous n'est qu'un jeu de naissances et de morts au niveau de la physiologie. *Shakti*, l'énergie et *fullness of life*, la plénitude de la vie. Swâmiji employait beaucoup aussi le mot « richesse », non celle de l'avoir mais celle de l'être qu'il est impossible de faire croître dans la division et le conflit. Si une partie de nos forces vives est utilisée à en refouler ou à en renier une autre, qu'est-ce qui nous reste comme énergie pour nous exprimer?

La sensation générale d'étouffement – si ce n'est de suffocation – est liée à cet étouffement de la force de vie elle-même parce qu'elle s'est divisée en tentatives d'extériorisation que contrecarre une répression presque permanente. Naturellement cette puissance de vie peut être éclairée, purifiée, mais elle doit être considérée comme émanant de la plus haute réalité. La Manifestation, l'expression du Non-Manifesté, anime nos cellules, notre respiration, les battements de notre cœur et la circulation de notre sang, elle soustend toute notre physiologie... et notamment la force sexuelle. Si elle n'est plus divisée contre elle-même, cette énergie peut être maîtrisée, transformée, raffinée et mise au service d'une compréhension plus haute. Mise au service de la justice de chaque situation, de la sagesse, *prajna*, de la volonté de Dieu, mais seulement dans la réunification, seulement dans l'audace de vivre.

L'audace de vivre implique de n'avoir plus peur de soi, de refaire le chemin à l'envers, c'est-à-dire de défaire les nœuds et de lever les interdits qui vous ont condamnés à cette peur de vous et au mensonge d'une spiritualité désincarnée faite de négations. C'est une réunification à partir de laquelle peuvent commencer la maîtrise et le contrôle. Et puis c'est aussi, après le courage de reconnaître complètement ce qui est en vous, le courage de vous lancer dans l'existence, de prendre des risques, de recevoir des coups, en sachant à l'avance que vous allez être exposés au jeu des contraires, réussi-raté, heureux-malheureux, louange et blâme. Certes, vous aurez à faire face à des conditions que jusque-là vous avez considérées comme douloureuses, mais vous serez en mesure de les assumer puisqu'en étant « un avec » une situation quelle qu'elle soit, celle-ci ne peut plus vous affecter et qu'en acceptant votre souffrance, celle-ci débouche sur la paix des profondeurs.

Pratiquement il n'y a pas de grand destin spirituel qui n'implique pas la traversée de terribles moments de souffrance, de désarroi, d'épreuves. Vous connaissez peut-être le proverbe anglais que les Hindous citent si volontiers : « *Man's extremity is God's opportunity* », « Quand l'homme en est réduit à sa dernière extrémité, Dieu a enfin sa chance ». Peut-être avez-vous des souvenirs de cet ordre : au moment où il vous semblait que vous touchiez le fond du déchirement et de l'impasse, quelque chose en vous a lâché et une incroyable, une inimaginable paix vous a tout d'un coup inondés alors que la situation n'avait pas changé. Je reprendrai la brutale et magnifique formule de Karlfried von Dürckheim : « Ce qui ne vous tue pas vous fait grandir. » Et pour mourir vraiment, il faut beaucoup. Aucun d'entre vous n'est mort, aucun d'entre vous ne s'est suicidé. Mais tous, à un moment ou à un autre, vous avez eu l'impression de souffrir et de souffrir encore plus, et que la vie était dure, et que la vie était difficile, et que la vie était douloureuse.

Quand vous avez compris ces bases de l'enseignement sur lesquelles je reviens inlassablement – la souffrance acceptée n'est pas douloureuse, les situations déchirantes prennent un sens et nous propulsent vers le Royaume des Cieux qui est en-dedans de nous – vous n'avez plus peur de souffrir. C'est à cela qu'il faut arriver. Entendez-moi bien : si vous suivez le chemin par peur de souffrir, vous ne progresserez jamais.

Nous sommes tout à fait d'accord que le but du chemin est la disparition de la souffrance, la paix qui demeure, la joie qui dépasse toute compréhension. Le Bouddha a dit : « Je n'enseigne que deux choses, ô disciples : la souffrance (toutes les lois qui nous permettent de comprendre la souffrance) et la disparition de la souffrance. » Nous sommes tous d'accord que le but – la béatitude, *ananda*, la liberté – implique la disparition de la souffrance et un état d'amour universel et immuable. Mais le Chemin passe par la souffrance. Et le disciple n'est pas celui qui essaie de récupérer tout ce qu'on lui propose à l'ashram ou au monastère pour ne plus souffrir, c'est celui qui n'a plus peur de souffrir et ne redoute plus de se mettre dans des situations qui l'amèneront peut-être à souffrir. Au moins il aura expérimenté, il aura vécu, il aura su ce que l'existence pouvait ou non lui donner, il aura commencé à comprendre la vérité de ce que nous appelons *maya*, l'illusion, *moha*, l'attachement, avec le jeu de l'attraction et de la répulsion. Un disciple est d'accord pour souffrir.

Un homme est d'accord pour souffrir du froid s'il veut explorer le pôle Nord, un autre pour essuyer des intempéries en haute montagne et s'exposer éventuellement au froid et au brouillard, un autre pour affronter une tempête s'il navigue en haute mer. Celui qui est engagé sur le Chemin considère qu'il vaut mieux vivre et souffrir que ne pas vivre pour ne pas souffrir. Et je n'ai pas oublié qu'en moi, derrière des restes d'éducation trop stricte et un idéal que je ne renie pas, se cachaient le mensonge et la peur de souffrir. Je me revois en 1966, me défendant pied à pied devant Swâmiji (« *You are a coward Arnaud* », vous êtes un lâche Arnaud), essayant de me convaincre que Swâmiji n'était pas un gourou mais un psychanalyste, tout en demeurant attiré par cet homme si bon, si noble et si souriant. En surface je n'étais que doutes et en profondeur je sentais qu'il fallait faire confiance.

Cette année 1966 a été une période assez douloureuse de ma vie. Pourtant c'est l'année où *le Message des Tibétains* est passé à l'antenne, où le réalisateur Arnaud Desjardins est devenu brusquement très connu et où professionnellement le monde a changé pour moi; mais c'est aussi l'année de ce combat avec Swâmiji m'obligeant à vivre plus large, plus vaste, à reconnaître tout ce qui était en moi, à bousculer ma petitesse et ma superficialité, à accepter les forces de la profondeur en moi et à oser me lancer encore plus dans le jeu de l'existence en sachant que je serais mis à rude épreuve. C'était la seule possibilité de grandir vraiment et d'atteindre un jour une réalisation *all embracing* comme on dit en Inde, incluant tout, qui nous met complètement à l'abri de tout retour de manivelle, de toute déception, de toute nouvelle flambée de désespoir ou d'emportement. Si nous voulons sentir que nous sommes à la fois complètement invulnérables et complètement non protégés, il faut que nous soyons allés jusqu'au bout de nous-mêmes. Si certaines *vasanas* (tendances, pulsions) ont été refoulées ou réprimées, comment pouvons-nous être vraiment solides, puisque nous devons lutter en permanence contre celles-ci? Comment pouvons-nous être en communion avec l'existence, qui nous renvoie sans cesse à nous-mêmes, si nous ne sommes pas en communion avec notre propre réalité? Swâmiji m'obligeait à voir ce qu'il restait en moi d'ambition et non pas de détachement, de demandes affectives et sentimentales, de demandes sexuelles, tout ce qui relève du niveau ordinaire de l'existence. Il m'obligeait à le mettre au grand jour et à décider ensuite de la manière dont j'allais le vivre, car il m'appelait en même temps au contrôle et à la maîtrise.

« *Oh, Arnaud, can you miss the fullness of life?* » « Oh, Arnaud, pouvez-vous passer à côté de la plénitude de la vie? » Est-ce que vous pouvez vous satisfaire d'une moitié de vie? Bien sûr, si la question se trouve posée en ces termes, notre dignité, même pas de disciple mais d'être humain, répond non. Non, je ne vais pas vivre une moitié de vie pendant que je suis incarné sur cette terre. Tout ce que nous aimons bien représente une moitié de la vie et tout ce dont nous avons tout simplement peur, parce que nous l'associons à l'idée de souffrance, représente l'autre moitié de la vie. La plénitude de la vie c'est d'harmoniser, de purifier, de transcender la totalité de celle-ci. Mais là où intervient la difficulté que j'ai bien connue c'est que cette moitié de la vie que je refusais par timidité, par faiblesse, elle était, de bonne foi – le mental est un immense menteur mais il est toujours sincère sur le moment – présentée comme un choix délibéré. Je l'associais à des valeurs de bien et de mal que je rationalisais mais qui en vérité n'étaient que le fruit d'expériences d'enfant, un enfant marqué par cette loi que je décrivais tout à l'heure : « Ce qui me plaît à moi c'est mal, ce qui plaît à mes parents c'est bien. » Y a-t-il un fondement de solidité et de vérité dans ce *samskara* [1] massif qui se ramifie en tant de *samskaras* particuliers ?

Cela dit, ne vous inquiétez pas, je n'ai pas dit qu'existaient en tous les pulsions les plus cruelles, les plus bestiales, les plus immondes, et je n'ai surtout pas dit que prendre conscience de ces pulsions ferait de vous un tortionnaire, un violeur de femmes ou un escroc. Ces craintes sont encore les mensonges du mental, et ce n'est pas du tout de cela qu'il s'agit mais de ne plus avoir peur de la vie en soi.

*
* *

Avoir peur de la force de vie, de l'élan vital, même si cet élan vital nous a mis en difficulté comme enfant ou comme adolescent représente un sacrilège. C'est un blasphème, c'est le refus de Dieu lui-même. Que nous le voulions ou non, Dieu s'exprime, se manifeste, par ce monde tel qu'il est. Il est dit dans la Genèse une parole inadmissible si l'on n'y réfléchit pas profondément : « Dieu vit que sa Création était bonne. » Quoi ? Dieu vit que sa Création était bonne ? Mais regardez-la, sa Création où les grosses bêtes mangent les petites,

1. Samskara = impression gravée en nous et son dynamisme particulier.

où la sécheresse ravage les récoltes, où un tremblement de terre ruine une population entière, où les êtres humains sont incapables de s'aimer, où les parents mutilent leurs enfants en croyant les éduquer – et toutes les souffrances qui sont celles de notre prochain en période de guerre ou de révolution avec toutes les oppressions que cela suppose.

« Dieu vit que sa création était bonne. » En fait, si nous acceptons la totalité de la création, nous verrons qu'elle a un sens, au-delà de ce qui nous choque, de ce qui nous scandalise, au-delà des contradictions et des opposés. Pour nous, la première application de cette vérité : « Dieu vit que sa création était bonne », c'est que nous devons nous accepter complètement et dans notre totalité en tant que créature, c'est-à-dire création ou expression de Dieu ou des énergies de Dieu comme dit avec insistance l'Église orthodoxe. Le yin et le yang, le jour et la nuit, le soleil et la pluie, le chaud et le froid, tout est en nous, et c'est seulement en nous acceptant dans notre totalité que nous pouvons atteindre ce dont la *shakti* est l'expression, c'est-à-dire la lumière, l'amour, l'invulnérabilité, la paix, l'infini. Que de mots pour une réalité qui peut vous faire envie et qui vous est promise.

Vous ne pouvez atteindre le Non-Manifesté qu'en passant par le manifesté. Vous ne pouvez atteindre l'atman ou le brahman qu'en passant par la *shakti*, l'énergie, et par la plénitude de cette énergie. Si vous regardez bien, vous voyez d'abord cette énergie comme composée de contradictions : construction et destruction, naissance et mort, ce qu'il est convenu d'appeler les dualités. Et cette énergie prend la forme tantôt de ce qu'on vous a appris à reconnaître comme bien en vous, tantôt de ce qu'on vous a appris à reconnaître comme mal : certains désirs, certaines pensées, certains fantasmes, certaines pulsions. Elle s'exprime en pensées qui vous obsèdent, vous torturent et en états d'esprit tout à fait heureux et optimistes. Elle se manifeste comme dilatation du cœur et comme angoisse, c'est-à-dire des formes opposées.

Et ce qui peut être découvert – j'aborde là le point essentiel qui va nous permettre de passer du niveau ordinaire au niveau supérieur – c'est cette énergie *à sa source*, en tant que force de vie au-delà *ou plutôt en deça* du jeu des contraires. Vous pouvez sentir en vous, prendre conscience en vous de la puissance de cette énergie uniquement comme une énergie positive. Un positif absolu en face duquel ne se dresse aucun négatif, m'avait dit un jour Swâmiji. A sa source, cette énergie en nous *atmashakti* est uniquement une force d'expression, avant qu'il soit dit que cette expression se rattache à Brahma, l'aspect création, ou à Shiva, l'aspect destruction de la manifestation universelle.

Vous n'avez ordinairement l'expérience en vous et hors de vous que des « paires d'opposés » : bon/mauvais, agréable/désagréable, plaisant/déplaisant, c'est bien/c'est mal, réussite/échec. Et tant que vous demeurez prisonniers du monde des dualités, vous êtes asservis à une aspiration tendue vers leur aspect heureux et une peur de leur aspect douloureux. C'est une impasse. Il faut s'élever sur un autre plan. Et pour trouver l'Ultime, le repos dans la lumière, le calme d'un étang sans aucune ride, l'océan qui s'exprime par les vagues, le chemin consiste à passer en vous par la découverte de l'énergie sous sa forme non encore divisée en polarités contraires et non encore spécialisée : uniquement la puissance de la vie.

Je tiens à le redire, la vie est uniquement positive. C'est son expression qui prend la forme de création et de destruction et nous, nous restons prisonniers de ce niveau-là. La Vie est immortelle, la Vie est éternelle, la Vie est infinie. C'est votre vie à vous, parce que vous n'en connaissez que la surface, qui vous paraît inexorablement condamnée aux oppositions. Mais si vous ne prenez plus peur de vous, si vous ne vous arrêtez pas à quelques idées de générosité ou de maîtrise de soi qui sont justes si elles sont bien comprises mais peuvent être les points d'appui de notre hypocrisie par rapport à nous-mêmes, si vous êtes fidèles à vous-mêmes tels que vous êtes aujourd'hui, vous pouvez découvrir en vous la vie non duelle, la disparition des contraires (les *dvandvas* comme on dit en sanscrit, sur lesquels insiste tant la Bhagavad Gîta).

Cette non-dualité, cette réconciliation harmonieuse des contraires dans le diagramme du yin et du yang enlacés dans un cercle, cette transcendance des opposés, elle ne se réalise pas uniquement au niveau de l'Absolu, du Non-Manifesté, du Vide (*shunyata*). Elle se révèle aussi au niveau de la vie, de la force de manifestation, de l'énergie. C'est cela qui peut vous sauver. C'est cela que vous pouvez découvrir d'abord, et c'est à ce niveau que vous pouvez vous établir d'abord.

Vous ne pouvez pas vous établir dans le grand silence du nirvana si vous ne vous êtes pas auparavant enracinés au niveau de l'énergie fondamentale non encore divisée en polarités contraires. Ne cherchez pas uniquement dans la méditation un état supra-conscient, détaché de tout, même si cet état est réel et sera un jour l'arrière-plan de toute votre existence, quelles que soient les vicissitudes de celle-ci. Vous n'atteindrez jamais cet état qui vous fait justement envie, si vous refusez ce qui en est l'expression, c'est-à-dire la shakti en vous, la puissance presque effrayante de la vie qui vous anime.

Il est vrai que certaines formes de méditation peuvent conduire à cette première étape, notamment toute l'approche popularisée en Occident par Karlfried von Dürckheim, et que j'ai confirmée non seulement auprès des maîtres japonais mais des yogis tibétains : redécouvrir la force de la vie dans le bassin, dans le ventre, dans le hara, par la respiration et surtout l'expiration.

Une forme de la méditation bien précieuse, c'est de ne pas chercher directement l'atman, l'absolu, c'est de chercher en premier lieu la puissance de la vie en nous à l'état non conflictuel, non divisé. Et vous pouvez découvrir celle-ci plus facilement que vous ne pouvez réaliser l'atman qui en est la source. C'est la clé même du yoga : refaire en sens inverse le chemin de la manifestation, aller du plus grossier au plus subtil, de la multiplicité à l'unité. La « Manifestation » est une expression de l'énergie, donc nous remontons en nous le chemin de l'énergie. Et nous ressentons en premier lieu dans la méditation une impression de force, de puissance, de vitalité non conflictuelle, préalable à la division en positif/négatif, création/destruction, et tous les contraires.

Le plus haut état de conscience qui nous soit possible, c'est d'être établi à ce niveau de non-dualité, non-contradiction qu'on peut appeler l'Inaltérable, l'Indestructible, où en effet toute question de mort ne se pose plus, et que j'ai comparé à mon tour à l'écran de cinéma sur lequel se projette un film, Shiva en méditation et non pas Shiva dansant. Mais, pour vous établir en permanence à ce niveau, pour que ce niveau sous-tende toutes les péripéties de votre activité et vous permette d'être totalement désidentifiés du personnage que vous êtes avec son nom, son histoire, ses prédispositions et son karma, il vous faut parcourir à l'envers le chemin de la manifestation pour retourner au non-manifesté. Vous quittez d'abord le niveau habituel des oppositions et des contradictions dans le domaine des émotions, sensations, idées, états d'âme, vous retrouvez en vous l'énergie fondamentale et, avec l'aide de cette *shakti*, vous retournez à l'*atman* dont elle est issue. Et, pour commencer, acceptez sans peur l'intégralité de vous-mêmes. La méditation n'est donc pas seulement la recherche du Non-Manifesté, c'est aussi la recherche de l'origine de la manifestation, l'énergie en elle-même.

Certes, vous ne pouvez pas consacrer votre existence à être simplement conscients d'une grande force de vie en vous, de plus en plus intense, une force de vie totalement rassurante, celle qui vous animait comme embryon puis comme bébé. Vous êtes amenés ensuite à vivre votre propre karma, votre destin, en tout cas le *prârabdhakarma*, le karma qui de toute façon portera ses fruits que nous ayons atteint ou non l'illumination, l'éveil intérieur.

Mais sur le chemin de la sagesse, vous devez oser vivre

c'est certain. Et ce n'est pas la peine d'aspirer au désétouffe-
ment suprême, à l'infini, à toutes les grandes réalités spirituelles dont vous entendez parler, si vous n'osez pas jouer le
jeu de la vie, vous exposer, prendre des risques. Regardez les
risques que certains prennent en montagne, en mer, en
course automobile. Regardez les risques que vous fait
prendre la folie de votre mental, une passion amoureuse qui
compromet tout l'équilibre de votre existence, y compris le
bonheur de ceux qui vous entourent et peut-être votre situation financière. Regardez les risques que vous prenez mécaniquement lorsque vous êtes simplement emportés par une
suite d'actions et de réactions dont vous êtes incapables
d'assumer les conséquences, gémissant et appelant au
secours alors que c'est vous-mêmes qui avez attiré votre destin et qui vous êtes mis dans cette situation. Et parce que
vous avez peur, vous espérez que la spiritualité va vous aider
à fuir l'existence avec de belles justifications. Ces risques
que si souvent vous prenez inconsciemment, prenez-les
consciemment.

J'ose. Je serai critiqué? Je serai critiqué. J'aurai peut-être
des souffrances, les choses ne se passeront pas comme je le
souhaite. Tout est dangereux. On ne peut pas vivre pleinement sans aucun danger. On ne peut pas vivre la sagesse si
l'on refuse de vivre. Être amoureux c'est dangereux. « Oh
mais le sage... » D'accord, nous n'imaginons pas le sage
amoureux au sens ordinaire du mot mais, quand on a vingt
ans, on ne peut pas jouer au sage. Ni même quand on en a
quarante. Et c'est bien ce que Swâmiji m'a montré, avec
force et intensité, à une certaine étape de mon cheminement.

On ne peut pas vivre sans prendre le risque de la souffrance, jusqu'à ce qu'on ait découvert le secret qui nous situe
au-delà de celle-ci quelles que soient les circonstances de
notre existence, secret que j'essaie de partager avec vous et
qui sous-tend toutes les pages des livres publiés sous mon
nom. De toute façon nous allons souffrir. Alors pourquoi ne
pas l'accepter délibérément une fois pour toutes : « Je souf-

frirai, je l'accueillerai comme un enrichissement, comme une plénitude de vie. Je le vivrai comme un retour à ma vérité, j'en ferai un chemin de purification, je le prendrai comme un point d'appui pour transcender la souffrance. » Je souffrirai en sentant : « Que la volonté de Dieu soit faite » ou « aujourd'hui c'est la volonté de Dieu que je souffre parce que cela correspond à ma réalité et c'est là mon espérance d'atteindre un jour l'au-delà de tout ». A partir de là je peux vivre sans peur : « *The way is not for the coward, Arnaud* », « le chemin n'est pas pour le lâche, Arnaud ». Et ma lâcheté, c'était cette peur de vivre que je portais en moi, cette pauvreté que Swâmiji me montrait en pleine lumière, dont l'origine se trouvait dans l'enfance et l'éducation, et que je justifiais alors par le mensonge, au nom de vérités spirituelles justes mais dont mon mental s'était emparé pour mieux tricher.

Une fois que cette vérité avait été reconnue par nous-mêmes, Swâmiji faisait intervenir une autre notion qui est celle de *dignité*. Dès que je suis réunifié avec moi-même, dès que j'ai choisi la vérité intégrale, dès que je suis prêt à vivre et à recevoir des coups pour atteindre ma liberté, je me trouve confronté à une exigence de dignité. Qu'est-ce qui est conforme à ma dignité, qu'est-ce qui est au-dessous de ma dignité?

Et si vous avez le courage de ne plus réprimer, de ne plus vous mentir, si en méditation vous voulez bien chercher la puissance de la vie et non pas uniquement le silence du nirvana, ce mot dignité prendra très vite un sens. Avec ce mot si précieux, toute la morale se trouve restituée à un autre niveau : « *It is below my dignity* », « je ne peux pas m'abaisser à ça ». Mais cette certitude vient de moi. Ce n'est plus la voix des parents qui parle encore en moi. Ce n'est plus la voix de la théologie, ni celle d'une morale imposée, c'est celle qui monte de nous-mêmes, et qui, elle, est pure et juste et a pour fonction de nous guider. « *It is below my dignity* », c'est au-dessous de ma dignité de me conduire ainsi aujourd'hui.

Cela dit, ce qui sera au-dessous de votre dignité dans quelques années, peut ne pas l'être aujourd'hui. « *Be faithful to yourself, as you are situated here and now* », « soyez fidèle à vous-même tel que vous êtes situé ici et maintenant » – avec cette espérance que, dans quelques années, vous ne serez plus celui ou celle que vous êtes aujourd'hui. Et ce qui vous est impossible aujourd'hui mais qui vous fait envie vous sera possible demain : le détachement, un état d'être différent.

Mais cette liberté nouvelle, vous ne pouvez y avoir accès s'il y a en vous un élément de déni ou de négation, la peur de cette merveilleuse puissance de vie qui vous anime.

Afin que vous soyez bien convaincus que je ne vous appelle pas à déchaîner des forces incontrôlables et des pulsions irrésistibles, à violer la morale et les tabous, ce qui vous ferait immédiatement peur, je partage avec vous ce mot que Swâmiji m'a donné comme un trésor, *dignity*, la dignité : « *You yourself in your own intrinsic dignity* », « vous, vous-même, dans votre propre dignité intrinsèque ». C'est l'appel permanent que Swâmi Prajnanpad a fait résonner en moi. Est-ce digne de moi ? Il ne s'agit plus d'une voix venue de l'extérieur mais d'une conviction qui monte de la profondeur. Vous verrez combien, si vous ne vous mentez plus et si vous retrouvez la plénitude de votre force de vie, ce mot dignité vous soutiendra. Voilà ma vérité d'aujourd'hui, je ne triche plus. J'agis. Je m'accepte tel que je suis, je ne joue plus à être un faux Ramana Maharshi ou une caricature de Mâ Anandamayi, ce qui est toujours le danger quand nous sommes vraiment attirés par la vie spirituelle mais que nous ne sommes pas complètement établis dans la vérité. Je ne prends plus peur de moi. Je me libère de cette peur de moi. J'ose vouloir. J'ose sentir ma force, j'ose sentir des pulsions se lever. Dignité : qu'est-ce que je fais ? Comment vais-je agir, qu'est-ce qui est juste pour moi aujourd'hui, qu'est-ce qui peut me faire progresser ?

C'est tout cela que vous avez à réconcilier : le manifesté et le non-manifesté, le statique et le dynamique, le masculin et le féminin, l'actif et le passif. Évidemment ce sont là des mots, des enfilades de mots, mais la vérité se vit à l'intérieur de nous comme une expérience, comme une réalité.

Mais si j'insiste aujourd'hui avec vous sur ce message : ne restez pas estropiés affectivement, sans profondeur, et ne vivez pas dans la non-vérité, *untruth*, je rajoute tout de suite ce mot dignité. Sinon vous allez n'importe où et vous vous croyez libres parce que vous crachez sur la morale de votre enfance et que vous piétinez votre prochain. Quand vous découvrez en vous la puissance de l'énergie ou de la vie non encore contradictoire, le monde des opposés prend un sens nouveau. Tout de suite vous voyez plus profond que ce jeu d'opposés, tout de suite vous commencez à entrevoir derrière l'apparence, l'essence, derrière la surface, la profondeur. Vous commencez à voir, comme le dit la Genèse, que cette Création qui paraît si cruelle est bonne.

*
* *

C'est cette création telle qu'elle est qui nous conduit au bien ultime. Quand vous avez pu découvrir en vous un état d'être sans conflit, vous savez que la réalité ultime est en deçà des polarités, pour l'avoir expérimentée en n'ayant rien renié de la vie en vous. Derrière toutes les contradictions déchirantes de ce monde, toutes les souffrances, se révèle un sens qui vous avait échappé jusque-là, un positif absolu, l'éternité, l'immortalité, une réalité uniquement lumineuse. Mais vous ne pouvez pas essayer de la découvrir sans suivre le chemin de la vérité, c'est-à-dire partir des formes les plus grossières de l'énergie pour remonter vers les formes de plus en plus subtiles et, pour finir, vers la source même de l'énergie, l'indicible silence des profondeurs. Ah, combien ceux qui croient avoir peur de la mort ont en réalité peur de la vie et peur d'eux-mêmes. Combien vous croyez peu en vous, combien l'existence vous a mis en tête de méfiance, quand ce n'est pas de haine à l'égard de vous-mêmes. Quelle erreur!

Osez vivre. Commencez simplement et osez au moins respirer. Osez vous ouvrir. Osez ressentir. Et plus vous avez
peur de la richesse, de la plénitude, de la puissance de la vie,
plus vous devenez esclaves de la tête et des pensées. Le mental est essentiellement le fruit de cette peur de vivre. Vous
vous réfugiez dans un monde d'idées, parce que dans ce
monde subjectif vous faites ce que vous voulez. Les pensées
correspondent à nos tendances répétitives, que nous pouvons
indéfiniment ressasser. Plus on vit moins on pense, plus on
pense moins on vit. Et ceux qui sont harcelés par les fantai-
sies du mental, coupés du réel, peuvent aussi entendre ce
message : l'important n'est pas de penser, l'important c'est
de ressentir.

Pourquoi ce mot ressentir est-il suspect à ceux qui se
piquent de spiritualité ou ceux qui sont légitimement attirés
par les formes les plus hautes de cette spiritualité? Avoir
peur de ressentir c'est vraiment considérer que la Création
est mauvaise, qu'il ne faut surtout pas jouer le jeu de la
nature. Mais vous ne pouvez découvrir le secret ultime que si
vous participez au jeu cosmique sous-tendu et animé par
Dieu lui-même.

Alors je vous dis aussi : plus vous pensez moins vous ressentez, plus vous ressentez moins vous pensez. Et une des
premières aides qui peuvent vous être données pour vivre,
c'est de commencer par oser ressentir, sans peur, même à un
niveau sensuel, sensoriel, tout simple, sensualité, sensorialité
dont nous sommes de plus en plus coupés par la toute-
puissance de l'intellect. Et surtout, c'est assumer pour les
harmoniser, les deux pôles de la réalité en nous, les valeurs
féminines et les valeurs masculines, le yin et le yang, les
valeurs d'action et les valeurs de contemplation.

Moins nous osons vivre, moins nous osons ressentir, plus
nous nous réfugions dans l'aspect masculin de l'existence,
que nous soyons homme ou femme, plus nous essayons
d'agir, de faire quelque chose, toujours faire quelque chose,
ce qui est le contraire de la méditation, le contraire de la

contemplation – la névrose de l'activisme. « Qu'est-ce qu'il y a à faire? » Au point que, même sur la Voie, le maître doit s'ingénier pour trouver des exercices toujours nouveaux à vous proposer! Plus vous privilégiez l'aspect masculin sur l'aspect féminin en vous, plus vous vous coupez du ressenti et plus vous vous condamnez à penser. Mais les valeurs masculines d'activité ont quelque chose de rassurant, fût-ce névrotiquement.

Tandis que les valeurs féminines, dites d'ouverture, ont une dimension quelque peu effrayante. A quoi vais-je m'ouvrir? Les valeurs de réceptivité et d'accueil paraissent dangereuses! Et si je m'ouvre à ce qui s'exprime en moi-même c'est très dangereux aussi. Il est facile de lire *Pour une vie réussie* d'Arnaud Desjardins avec les chapitres consacrés au masculin et au féminin en nous ou de lire ce que peut dire Dürckheim sur la « conscience-flèche » et la « conscience-coupe ». Le monde moderne a privilégié de façon désastreuse les valeurs masculines sur les valeurs féminines, la raison sur la sensibilité, la tête dans tous les domaines, l'action sur la contemplation. Le féminisme ne marque pas le retour au respect des valeurs féminines mais la possibilité pour les femmes d'être encore plus masculines que les hommes eux-mêmes, ce qui a pour conséquence que tout le monde renie les valeurs féminines qui sont cependant précieuses pour les hommes comme pour les femmes.

Vivre, c'est faire leur place le plus vite possible et le plus complètement possible à ces valeurs féminines et se demander quel sens nous donnons à ce mot : ouverture. Il n'y a pas de dilatation du cœur sans ouverture du cœur et, si « l'Islam est la dilatation de la poitrine », il n'y a pas de dilatation de la poitrine sans ouverture. Et s'ouvrir, c'est s'ouvrir sans tricher. Vous ne pouvez pas fermer toutes les portes, extérieures et intérieures, et vous ouvrir à la grâce de Dieu. La grâce de Dieu, elle peut venir à vous à travers les épreuves les plus cruelles, la trahison de ceux en qui vous avez confiance, le rejet, tout ce qui autrefois nous aurait paru terrible. Tout est Grâce. Ouvrez toujours, c'est toujours Dieu qui frappe à la porte. S'ouvrir, c'est s'ouvrir de tout son cœur. Développer les valeurs féminines d'accueil et de réceptivité, c'est les développer de toutes les manières. Cela consiste à ne plus se protéger. Si l'on me frappe sur une joue, je tends l'autre, comme l'a dit le Christ. Et c'est s'ouvrir à la force de vie en nous, et non pas chercher par je ne sais quelle acrobatie à mieux fuir dans la méditation les peurs que nous portons en nous-même.

Une part de votre démarche peut s'effectuer par des formes heureuses de psychothérapie. Le lying représente l'ouverture à la force de vie sous sa forme conflictuelle : les plus grandes joies mais qui n'ont pas duré, ça me fait sangloter et j'ose affronter et revivre aujourd'hui pour m'en libérer les grandes souffrances qui m'ont cloué, tué sur place. Et la méditation c'est l'ouverture à l'élan vital non duel, non conflictuel. C'est découvrir simplement : je vis! Je suis vivant, animé par cette énergie infinie qui est non pas ma vie, mais la Vie. Tout est là. Je dépasse ma vie, dans laquelle inévitablement j'étouffe, quelles que soient mes réussites, et je découvre que je suis une expression ou une forme de *la* Vie universelle, de l'énergie divine, celle qui anime les oiseaux que nous entendons chanter, les feuilles qui palpitent dans le vent, les petites pousses vertes du printemps, la vie qui anime chaque atome et qui prend en nous sa forme la plus évoluée, *prajna* : conscience, sagesse, compréhension.

Le lying de Swâmi Prajnanpad, c'est l'ouverture à la force de la vie sous sa forme conflictuelle pour ne plus avoir peur de cette forme contradictoire. J'ai osé affronter la souffrance face à face en lying, eh bien je peux maintenant l'affronter dans l'existence sans crainte ni refus. Et peu à peu vous vous libérez de la souffrance.

Et la méditation ce n'est pas seulement chercher le vide et le silence du non-manifesté. C'est chercher la non-dualité, le non-conflit dans le sentiment d'exister. A partir de là nous devenons un être humain à part entière et nous pouvons

croître, nous épanouir, nous déployer. Nous pouvons sentir
cette force de vie monter en nous dans sa plénitude. Déra-
cinez cette vieille peur inconsciente de vous-même, cette
vieille peur d'enfant : « De quelle sottise suis-je encore
capable si je ne réprime pas ! Plus je vivrai petitement, moins
je risquerai d'être puni. » Et si l'enseignement ou le gourou
doit prendre la succession de ces interdits – la « mort de
l'ego », la « mortification », le « renoncement », le « sacri-
fice » – la spiritualité n'est plus que mensonge et vous n'arriverez nulle part.

Vous ne pouvez pas aimer si vous ne vous aimez pas vous-
même. Vous ne pouvez pas vous aimer si vous avez peur de
vous-même. Vous ne pouvez pas éviter la peur de vous-même
si vous vous fuyez. Et si vous vous fuyez, vous vous épuisez
pour demeurer à la surface de vous-même et à la surface de
l'existence. Comment voulez-vous atteindre la profondeur ?

N'ayez pas peur. La force de vie en nous, en vous, en chacun, est purement rassurante si nous la découvrons *à sa
source*. Si vous retrouvez la vie, si vous osez vivre, si vous
osez vous ouvrir, vous verrez combien ce qui, aujourd'hui,
domine vos existences, les peurs, les souffrances, les drames,
les attachements, les émotions, les pensées qui vous
harassent, combien cette prison va déjà relâcher ses liens.

Choisissez de vivre.

UNE STRUCTURE INTÉRIEURE

Pour vivre pleinement, il faut être. Certes, par le seul fait d'utiliser les pronoms personnels « je » ou « moi », nous témoignons que nous sommes. Mais, aussi incongru ou révoltant que cela paraisse à notre « ego », les doctrines ésotériques affirment que l'homme *n'est pas* — n'est pas en tant que sujet unifié, maître de ses réactions, capable d'agir consciemment. Sachant par expérience que vous ne pouvez pas compter sur vous, vous avez peur de la vie parce que vous avez peur de vous-même — plus ou moins car, dans le relatif, tout est toujours plus ou moins. Cet être unifié et stable, il vous incombe de le faire naître et s'affirmer. Alors librement, délibérément, lucidement, vous pourrez faire, recevoir et donner. Vous pourrez vous donner.

Pour se donner, il faut s'appartenir.

Ce que vous recevez ici, l'aide que vous pouvez attendre de moi est le résultat d'une formation qui a puisé à différentes sources : j'ai commencé par les groupes Gurdjieff dans lesquels je suis resté de 1950 à 1964 et, chaque fois que j'ai l'occasion de relire un passage des *Fragments d'un enseignement inconnu*, je trouve ce livre encore plus remarquable que je ne l'avais deviné dans ma jeunesse et je vois combien de rapprochements sont possibles entre l'enseignement de

Swâmi Prajnanpad et celui de Gurdjieff. Vous savez que j'ai eu aussi de nombreux contacts avec des maîtres de traditions très diverses, dont les rimpochés tibétains, alors qu'il était encore possible de les rencontrer assez intimement (1964-1967) : Karmapa, Khentsé Rimpoché, Kangyur Rimpoché, Lopon Sonam Zangpo, bien d'autres que j'ai pu interroger à une époque où les Occidentaux les approchaient peu et où je bénéficiais d'un interprète de premier ordre. Et je vois bien que ce qui fait aujourd'hui ma conviction représente une synthèse de ces différentes sources avec lesquelles je me suis trouvé en contact. Enfin des échanges avec les uns et les autres, tant au Bost qu'à Font d'Isière, m'ont permis de vérifier la validité de ces enseignements aussi bien en ce qui concerne la puissance du « mental » que la possibilité d'échapper à ce mental.

Cette formation, ou cette possibilité de transmettre, que j'ai reçue peut être envisagée sous trois aspects qui, pour moi, forment un tout mais qui, pour vous, peuvent apparaître différents. Le premier est un aspect psychologique. Sans aucun doute Swâmiji était un psychologue au sens que nous donnons à ce mot. L'étude de *manas*, le mental, de *chitta*, le psychisme, permet des rapprochements avec la psychologie.

Le deuxième aspect est un aspect tout simple – et pourtant capital – qu'on peut nommer religieux ou mystique : débarrasser le cœur des émotions grossières qui l'encombrent. A une époque où je me passionnais pour l'ésotérisme, j'ai dû m'incliner devant le fait que d'un frère convers de l'abbaye de Bellefontaine, possédant tout juste son certificat d'études, irradiaient une paix, une sérénité, une lumière dans le regard manquant à beaucoup de ceux qui se réclament du vedanta et du « yoga de la connaissance ».

Et puis il y a un troisième aspect, ésotérique, et qui lui au contraire regroupe certaines connaissances inhabituelles normalement transmises de maître à disciple et souvent dans le cadre d'un certain secret. Je vois bien que ces trois aspects ont tous joué un rôle important dans mon existence. Ce que je voudrais vous dire aujourd'hui relève cependant plus de ce que l'on pourrait considérer comme l'aspect ésotérique de la voie et se rapproche de l'enseignement de Gurdjieff. Je confirme le livre *Fragments d'un enseignement inconnu*, en partageant avec vous le fruit d'une synthèse que j'ai eu l'occasion de tester et de vérifier d'année en année. Je vais donc exprimer des certitudes personnelles qui ne sont en un sens ni l'enseignement de Gurdjieff ni celui de Swâmiji.

Il y a bien des années, après avoir pratiqué déjà beaucoup le yoga, je cherchais à approcher des yogis selon la grande tradition, entièrement consacrés à la spiritualité et à la sagesse et appuyant leur cheminement sur les Yoga-Sutras de Patanjali ou le *Hatha yoga pradipika*. Un jour – cela se passait en 1963 – il m'a été donné d'en rencontrer un et celui-ci m'a dit une parole qui m'a d'autant plus secoué que j'avais déjà à mon actif douze ans dans les groupes Gurdjieff et presque un an de ma vie passé auprès de Mâ Anandamayi : « *What you need is to build an inner structure* », « ce dont vous avez besoin, c'est de bâtir une structure intérieure. » Quand on s'est exercé dans une voie d'ascèse depuis douze ans, c'est un peu dur à entendre.

Je n'ai jamais revu ce yogi mais cette phrase m'a longtemps poursuivi parce que je ressentais la nécessité impérative de faire le lien entre deux approches qui me semblaient difficiles à concilier à cette époque : d'une part l'approche de Gurdjieff ou de ce yogi, impliquant de « construire une structure intérieure » et supposant une série d'efforts situés dans le temps afin de créer ce qui n'existe pas aujourd'hui et, d'autre part, l'approche védantique classique qui insiste inlassablement et presque exclusivement sur une tout autre idée, à savoir que nous sommes *déjà* la sagesse, qu'il suffit de nous éveiller, ce que résumait Ramana Maharshi en affirmant « vous êtes déjà libérés, votre seule erreur est de croire que vous n'êtes pas libérés ».

Un an plus tard (1964), lors de mes premières rencontres avec les maîtres tibétains à Darjeeling, Kalou Rimpoché me disait lui aussi : « *You are peace, you are truth* », « vous êtes la paix, vous êtes la vérité », et cinq mois plus tard, Swâmiji me répétait mot pour mot : « *You are truth* » en me frappant la poitrine. Je venais de lui dire : « Je sais bien que la paix est au plus profond de moi, que la vérité est au plus profond de moi... » Il avait aussitôt rectifié : « Non, vous *êtes* la paix, vous *êtes* la vérité, vous *êtes* la sagesse. » Pour le vedanta, ce que nous cherchons est déjà là, comme nous sommes déjà nus sous nos vêtements et il suffit d'enlever les vêtements pour découvrir cette nudité. Ce qui a un commencement dans le temps a inévitablement une fin, ce qui a été créé peut être détruit par une cause adverse, ce qui est composé sera décomposé; seule la Réalité ultime, absolument simple, la pure Conscience, le Brahman, mérite vos efforts. Ce qui a un commencement dans le temps ne saurait nous intéresser puisque nous demeurons à l'intérieur de la causalité (des causes produisent des effets), au plan de l'effort, même s'il s'agit d'un plan plus subtil de la manifestation. Swâmiji proposait : « *To be free from all matter both gross and fine* », « être libre de toute matière – ou, si vous préférez, matérialité – aussi bien grossière que subtile ».

Comment concilier cette approche védantique (chercher ce que le Bouddha appelait le non-né, non-fait, non-devenu, non-composé) avec la nécessité de bâtir une structure intérieure? Je dois dire que pendant des années il m'a semblé y avoir là une incompatibilité que je ne pouvais pas dépasser parce que je ne pouvais abandonner aucun des deux termes de cette contradiction. Je sentais bien que la nécessité de construire une structure intérieure était réelle. C'est ce thème-là que je veux développer aujourd'hui. Vous devinez combien il est important.

* *
*

Pour cela, il faut admettre une ou deux idées ésotériques et, tout d'abord, qu'il n'existe pas de différence réelle entre la matière et l'énergie. C'est ce qu'affirment les scientifiques modernes mais je ne suis pas un scientifique. Quand on aborde une matérialité que les Hindous qualifient de fine ou subtile, celle-ci peut être ressentie aussi bien comme matière que comme énergie, étant bien entendu qu'il ne s'agit pas de la matière ordinaire que nous appréhendons avec nos cinq sens. Une image peut illustrer ce thème : les ondes de radio et de télévision qui traversent cette pièce en ce moment même possèdent une certaine matérialité, puisqu'elles sont mesurables, mais « subtile » ou « fine ». Le prana, l'énergie que l'on accumule quand on respire consciemment peut être aussi bien expérimenté comme matière ou comme énergie. L'Inde enseigne également *sarvam annam*, tout est nourriture, mais distingue également deux types de nourritures : une nourriture pour le corps grossier, celui qu'étudient l'anatomie et la physiologie, et une nourriture pour le corps subtil.

Cette idée de corps subtil mérite un peu d'attention. Pourquoi emploie-t-on le même mot *corps (sharir)* pour désigner le corps grossier – celui qui se décomposera dévoré par les vers ou brûlé sur le bûcher funéraire –, le corps subtil et le corps causal? A propos de trois réalités différentes, l'Inde utilise ce mot *sharir*, toujours traduit par corps ou *body* en anglais. Ce que je dis là n'est pas de l'érudition hindoue mais me paraît tout à fait nécessaire pour votre cheminement, quelle que soit la manière dont vous conceviez pour l'instant votre « libération ».

Dans les conditions ordinaires de l'existence, l'expérience nous montre que nous n'avons pas la maîtrise de nos fonctionnements. C'est cet état de fait que la tradition qualifie d'aveuglement, d'illusion ou d'ignorance. Nous vivons dans le sommeil, des lois implacables nous régissent, que la psychologie étudie et dont nous faisons quotidiennement les frais quand nous sommes tristes ou déprimés, quand nous perdons la sérénité goûtée un moment auparavant sans comprendre pourquoi nous sommes devenus si anxieux. Bien que la mécanicité de l'homme soit accablante, il ne la voit pas et s'illusionne sur sa liberté. Référez-vous à ce que vous avez observé chez vous ou chez d'autres : non seulement les événements ont pouvoir sur vous mais le mental, qui vous emporte dans n'importe quelle direction, règne sur vos existences. Tout d'un coup, sans toujours savoir pourquoi, vous voici en décalage avec le réel, ne voyant plus la vérité telle qu'elle est, mal dans votre peau, agressif – sans l'avoir délibérément choisi bien sûr. Au lieu de reconnaître le mental pour ce qu'il est ou l'émotion pour ce qu'elle est, vous vous identifiez à ces phénomènes intérieurs qui vous manœuvrent à votre insu. Gurdjieff qualifiait d'« homme-machine » l'être humain soumis à cet esclavage et Swâmiji enseignait que l'homme est une marionnette dont l'existence tire les fils par les changements d'états d'âme qu'elle lui impose. L'existence vous donne ses ordres par l'intermédiaire de ce qui réagit en vous sous la forme d'émotions diverses et de pensées compulsives.

A cet égard s'appliquent les paroles : vous ne vivez pas dans le monde mais dans votre monde, vous ne voyez pas la situation telle qu'elle est, vous voyez celle que projette votre mental. Personne ne voit Jacqueline, chacun voit *sa* Jacqueline. L'existence presse les boutons et actionne les leviers de la machine que nous sommes. Qui peut à volonté cesser d'être anxieux s'il est anxieux, d'être humilié s'il est humilié, meurtri s'il est meurtri? Vous devez étudier le jeu même de ce mécanisme à cause duquel vous êtes obligés d'obéir à des stimuli extérieurs. Tous, à un moment ou à un autre, vous en aurez la pleine conscience : « Je ne suis pas mon propre maître; à travers des états d'âme sur lesquels je ne peux rien, je suis esclave. » Si vous pouviez choisir, vous choisiriez bien sûr l'ouverture du cœur, la sérénité, la confiance, les sentiments les plus heureux, les plus divins, et non les émotions négatives qui vous submergent.

Quel pouvoir avez-vous au début du « Chemin »? Aucun. « *It is the status of a slave* », disait Swâmiji, c'est un statut d'esclave. La psychologie contemporaine étudie la mécani-

cité des différents fonctionnements de l'être humain aux
niveaux physique, physiologique et mental – niveaux qui correspondent à la description hindoue des *koshas* – et regroupe
sous le vocable de psychosomatique l'étroite interdépendance qui existe entre le psychisme et le corps, que Swâmiji
qualifiait de « *body-mind complex* ». Cette interdépendance
du psychisme et du corps à travers le système nerveux, le
cerveau, les glandes endocrines vous impose un ensemble de
réactions : sois heureux, sois malheureux, lance-toi dans
cette direction inopportune, brûle ce que tu as adoré, détruis
d'une main ce que tu construis de l'autre, agis à l'inverse de
tes intérêts. Des chaînes de causes et d'effets imbrisables
sont à l'œuvre.

Dans ces conditions, comme le disait Gurdjieff, nous
n'avons pas le droit de dire « je ». Non pas « je » veux, « je »
décide, mais en moi « ça » veut, « ça » décide et ensuite « ça »
veut le contraire, « ça » ne tient pas la décision prise. L'expérience le prouve, si nous nous observons et si nous observons
les autres autour de nous. Gurdjieff dénommait cela « l'hor-
reur de la situation ». Swâmiji disait « *Life, what a tragedy*! »
la vie quelle tragédie, ou « *Mind, what a tragedy*! » le mental, quelle tragédie!

Cette organisation complexe que nous sommes, à la fois
physique, émotionnelle et mentale, n'est pas autonome.
L'homme tel que l'étudient la physiologie, l'endocrinologie,
la neurologie, la psychologie et la sociologie est obligé
d'obéir à des ordres étrangers à sa conscience lucide. Et
l'édification d'une structure intérieure, c'est la construction
en nous d'une réalité subtile, d'un corps au sens que les Hindous donnent à ce mot, qui, lui, n'obéit plus à ces ordres.
Bâtir une structure c'est déjà édifier peu à peu un organisme
intérieur indépendant des événements et des perturbations
qu'ils suscitent en nous. Swâmiji m'a dit un jour de 1966 :
« *You are an amorphous crowd* », « vous êtes une foule
amorphe. » Amorphe en chimie a un sens particulier qui est
l'opposé de « cristallisé ». « Vous êtes une multitude, une

multiplicité privée de forme, privée de structure.» Donc, bien que Swâmiji ait toujours insisté sur l'affirmation védantique «vous êtes déjà la paix, la sagesse, la sérénité, l'amour», il insistait aussi sur la nécessité de ne plus être cette foule amorphe mais au contraire un tout organique, cohérent et stable. Tant que cette structure ne sera pas forgée, vous obéirez aux ordres de votre destin quels que soient vos efforts. Ces efforts conduiront précisément à créer cette structure qui vous fait défaut, mais ne vous faites pas d'illusion, l'organisme ordinaire, physico-mental, psychosomatique, dans sa totalité, lui, est esclave. Le processus, sinon la méthode, qui conduit à la liberté est identique pour tous, qu'il s'agisse d'un moine zen ou trappiste, d'un ascète ou d'un yogi. Fonctionner à un autre niveau, libre des émotions, des identifications, des emportements et des changements d'état d'âme, implique toujours la création progressive d'un « corps » autonome.

*
* *

Essayons de faire la synthèse de tout ce qui vient d'être dit. Dès le départ existe en nous la possibilité de conscience, de plénitude, d'amour que nous cherchons. Mais nous sommes rarement en contact avec cette Réalité profonde et, même si nous atteignons momentanément un niveau d'être beaucoup plus fin qui se caractérise avant tout par l'absence totale de peur, nous ne demeurons pas à ce niveau; c'est la douloureuse expérience de tous ceux qui fréquentent des sages, qui ont l'impression de vivre pendant leur séjour à l'ashram dans un état de grâce et se retrouvent six mois plus tard, de retour chez eux, inquiets, angoissés, si ce n'est avec des idées de suicide : « Comment puis-je avoir eu l'impression d'être monté si haut et retomber si bas? »

Si vous lisez, ce que je vous recommande, *Fragments d'un enseignement inconnu*, vous verrez que Gurdjieff affirme l'existence de plusieurs centres dans l'homme : d'une part le centre émotionnel, le centre intellectuel, le centre instinctif et moteur, le centre sexuel, dont tout le monde a l'expérience et, d'autre part, deux centres d'un autre ordre le « centre émotionnel supérieur » et le « centre intellectuel supérieur ». Ces deux derniers centres se situent bien au-delà de ce que nous appelons émotion et intellect. Ils sont déjà entièrement formés et fonctionnent parfaitement mais l'homme n'entre que très exceptionnellement en contact avec eux et, s'il y parvient, ne peut pas maintenir ce contact parce qu'il est rivé au niveau des centres ordinaires qui travaillent d'une manière beaucoup plus grossière. Cette théorie des centres ordinaires et des centres supérieurs est très intéressante parce qu'elle explique pourquoi l'être humain, qui ne connaît que les centres ordinaires, ne peut pas communiquer avec la Réalité qui existe pourtant déjà en lui. Si, dans le rapport des vitesses d'une boîte de vitesses, un rouage tourne extrêmement vite et un autre très lentement, on ne parviendra pas à les enclencher. De même le centre émotionnel et le centre intellectuel supérieurs rayonnent à un niveau de finesse qui ne permet pas aux émotions et pensées ordinaires d'établir la connexion. Un travail important de purification, d'affinement des fonctions grossières est nécessaire pour nous permettre de maintenir le contact avec ces centres supérieurs.

Ce que Gurdjieff dénomme centre émotionnel supérieur, c'est ce que Swâmiji appelait, en donnant à ce mot un sens très élevé, *love*, l'amour. Mais contrairement au centre émotionnel ordinaire qui tantôt aime tantôt n'aime pas, tantôt est gai tantôt est triste, tantôt accepte tantôt refuse, le centre émotionnel supérieur n'a pas de moitié négative. Que le centre intellectuel ordinaire dise tantôt oui, tantôt non, que le centre instinctif dise tantôt oui, tantôt non, c'est normal : si je mange une denrée empoisonnée, mon estomac de lui-même la vomit; si je pose la main sur une plaque brûlante, le centre moteur dit non et, sans même réfléchir, je retire la main; si on me propose un matériel qui ne me convient pas, mon intelligence le refuse après l'avoir examiné. Par contre le centre émotionnel supérieur et le centre intellectuel supérieur, dit Gurdjieff, n'ont pas de moitié négative : uniquement le OUI, la vision pure et totale de la réalité (*isness, suchness, thatness*). Le rapprochement est facile à faire avec l'enseignement de Swâmiji : « être UN avec », c'est le Chemin qui conduit au centre émotionnel supérieur. Le centre intellectuel, même celui d'un sage, dit tantôt oui tantôt non, son centre moteur dit tantôt oui tantôt non; pourquoi un sage laisserait-il sa main griller sur une plaque chauffée au rouge? Mais le cœur, lui, se montre toujours un avec ce qui est, toujours dans le OUI, toujours dans l'amour, toujours dans la non-dualité.

Ici nous retrouvons la nécessité d'une structure intérieure. Il faut mettre à la disposition de ce centre émotionnel supérieur déjà parfait ou de cette réalité que nous sommes déjà, un instrument adéquat possédant ce niveau de qualité, indépendant des conditions et des circonstances, libre du jeu implacable des réactions physiologiques, émotionnelles et mentales. Et c'est précisément le corps subtil – *sukshma sharir* en sanscrit, correspondant à certains koshas, *manomayakosha* et *vijnanamayakosha*, c'est-à-dire à l'ensemble de notre fonctionnement psychique – qui peut être structuré peu à peu jusqu'à cristalliser un jour. Chez l'homme ordinaire, il n'est fait que de réactions et, au lieu d'amorphe ou informe, les Hindous utilisent parfois un terme qu'on peut traduire par gerbe ou faisceau, un ensemble.

Or, de même qu'il existe une culture physique qui permet de muscler le corps physique et de l'assouplir, il existe également une possibilité d'élaborer cette structure intérieure au moyen de la *sadhana* proprement dite qui suppose toujours une série d'efforts conscients. Vous pouvez donc structurer ce corps subtil, jusqu'à créer en vous un organisme autonome qui fonctionne par lui-même et qui n'obéit plus aux injonctions extérieures. Et l'égalité d'âme, l'équanimité ou la stabilité intérieure qui vous paraissait inaccessible pendant si longtemps, vous devient non seulement possible mais aisée.

Tant que ce corps subtil n'a pas cristallisé, n'a pas pris sa forme autonome, non dépendante, d'immenses efforts et une très grande vigilance vous sont au contraire nécessaires pour ne plus être menés par vos mécanismes. Ce passage d'une foule amorphe à une structure intérieure cristallisée ne peut être que le fruit de l'ascèse.

Ici intervient la donnée de la matérialité fine, une matière subtile qui peut être considérée aussi bien comme énergie que comme matière. Cette matière fine peut imprégner complètement toutes les cellules du corps physique tandis que la matérialité subtile des ondes de télévision traverse notre corps sans être assimilée.

A la fois nous recevons des informations, nous les traitons et nous répondons. Recevoir correspond aux valeurs féminines, intervenir sur le monde relève des valeurs masculines. Pour ces deux fonctionnements, il faut de l'énergie. Nous admettons facilement qu'il faut de l'énergie pour labourer la terre ou pour crier si l'on se met en colère. Mais il faut aussi de l'énergie pour ressentir. Si nous manquons d'énergie, nous ne pouvons plus recevoir les impressions. Souvenez-vous de ce point parce qu'il est très important. On est tout de suite d'accord pour reconnaître qu'il faut de l'énergie pour chanter, réfléchir, se fâcher ou même ruminer et se désespérer mais nous oublions souvent qu'il nous faut aussi de l'énergie pour percevoir, recevoir, goûter.

Chaque centre a besoin d'une énergie spécifique pour fonctionner, qu'il s'agisse du centre intellectuel, du centre émotionnel, du centre moteur ou du centre sexuel et, si une forme d'énergie nous manque, nous ne sommes plus capables de percevoir certaines sensations : par exemple, un paysage que vous avez toujours trouvé beau peut vous laisser complètement indifférents et ne plus vous toucher mais huit jours plus tard vous allez revoir le même paysage et vous émerveiller à nouveau de sa beauté. Vous mettez un disque de musique qui vous est cher et vous ne ressentez rien tout simplement parce que vous manquez de l'énergie particulière correspondant à cette perception. Huit jours après vous êtes de nouveau capables d'apprécier le morceau en question. Le même phénomène se produit au plan de l'énergie sexuelle : si momentanément vous n'avez plus d'énergie sexuelle – je parle en homme – la plus belle femme du monde peut danser nue devant vous, cela vous laisse aussi indifférents que si l'on vous montrait la coupe d'un moteur automobile. Mais trois jours plus tard, une fois l'énergie revenue, si une jolie fille danse nue devant vous, vous recevez une très forte impression qui déclenche généralement le processus du désir avec les émotions pouvant éventuellement se greffer sur celui-ci. Une certaine énergie est indispensable pour recevoir les nourritures d'impression, quelles qu'elles soient.

*
* *

« *Sarvam annam* », « tout est nourriture ». Voilà l'une des paroles les plus importantes des Upanishads. Toutes les voies hindoues n'utilisent pas de la même manière cette formule. Pour un tantrique – et je vous en prie n'entendez pas seulement tantra comme l'érotisme mystique et tout ce que l'on peut raconter à ce sujet – tout est nourriture : si quelqu'un m'insulte, c'est une nourriture, à condition que je sache la digérer et l'assimiler (ce que les Hindous et les Tibétains appellent digérer les poisons). Normalement, se faire insulter ne représente pas une nourriture très heureuse. On trouve plus facile de transformer en sagesse la vision de Mâ Anandamayi que des injures. Mais tout est nourriture. Si vous saviez comment procéder, vous pourriez vous nourrir de tout, même des insultes de celui qui vomit sa haine et son agressivité sur vous.

Or, dans toute voie spirituelle, il est indispensable qu'une part de ces nourritures que nous utilisons pour percevoir et pour répondre aux perceptions soit conservée afin de se déposer peu à peu en nous jusqu'à ce qu'il y ait saturation puis cristallisation. Il faut qu'une part de cette énergie – qui

est à la fois énergie et matière – fournie par les différentes
nourritures ne soient pas consommée mais épargnée pour
pouvoir être ensuite raffinée – comme on raffine le pétrole
brut pour en faire du super-carburant. Nous possédons alors
une structure intérieure autonome et la vie ne peut plus nous
donner d'ordres : souffre, mets-toi en colère, prends peur,
déteste, alors que l'organisme physico-mental ordinaire
obéira toujours à ces injonctions. Ce processus de cristallisation que je décris n'est pas propre à l'Orient. Le moine trappiste l'expérimente lui aussi même s'il ne s'exprime pas dans
les mêmes termes.

Afin que cette cristallisation puisse se produire, la substance que nous tirons des trois nourritures – le *prana* contenu
dans l'air inspiré, les aliments et les impressions qui nous
parviennent – ne doit pas être utilisée uniquement pour fonctionner. Et souvenez-vous que fonctionner comporte deux
aspects : être sensible, percevoir, apprécier aux niveaux instinctif, moteur, émotionnel, intellectuel ou sexuel; et être
ensuite capable de répondre. Si quelqu'un manque d'énergie,
même les insultes ne le toucheront pas. Il ne s'agit alors ni de
liberté ni de sagesse mais tout simplement d'une carence qui
entrave la capacité à percevoir.

Que pouvons-nous faire pour que l'énergie fournie par les
différentes nourritures ne soit plus consommée par l'existence sous forme d'excitations, de peines, de colères, au fil
des intérêts divers tels que la vie professionnelle ou la vie
amoureuse? Et comment nous y prendre pour qu'une part de
cette énergie puisse être raffinée et peu à peu cristallisée en
nous afin que nous découvrions un jour que cette structure
non dépendante s'est établie?

Épargner l'énergie-matière subtile et la fixer en nous est
avant tout une question de conscience. On se sent peu à peu
plus présent, moins inconsistant, plus vivant. C'est un indice.
En fait, tous les efforts qui vous sont proposés favorisent
l'économie des nourritures, leur transformation en matière
subtile et leur fixation dans l'organisme.

Qu'est-ce qui est nécessaire et qu'est-ce qui ne l'est pas sur le chemin? Faut-il pratiquer les exercices respiratoires des yogis, faut-il répéter un mantra, les rituels ont-ils une importance ou non? Il est dit qu'on peut faire le même voyage en train, en automobile ou en avion, que toutes les voies conduisent au but, mais peut-être beaucoup d'entre vous ont-ils été troublés par cette question : manque-t-il quelque chose au chemin que je suis? Et existe-t-il un ou deux dénominateurs communs, c'est-à-dire des techniques de base que je retrouverai sans exception sur toutes les voies?

En interrogeant des moines chrétiens en France, des moines zen en Orient, des maîtres tibétains et soufis, des sages hindous, j'ai toujours retrouvé deux dénominateurs communs à toutes les voies spirituelles. Le premier est ce que nous appelons la vigilance. La vigilance correspond à l'absorption consciente des différentes nourritures au moment où celles-ci font se lever en nous désirs, peurs, amour ou haine, toutes les réactions habituelles. Le fait d'être conscient permet une autre manière de digérer et d'assimiler ces nourritures et un raffinement de l'énergie ainsi accumulée qui ne peut pas se produire quand nous sommes identifiés à nos émotions. « Garde du cœur », « conscience de soi », « présence à soi-même et à Dieu », « rappel de soi », *dhikr* en arabe qui signifie souvenir, ces termes pointent vers la même vigilance. Toutes les traditions reprennent inlassablement ce leitmotiv : « Veillez et priez », « soyez sans cesse conscient », « le cœur avec Dieu et la main à l'ouvrage », « n'oubliez jamais votre propre Soi », « ne vous laissez plus happer par l'extérieur, revenez à vous-même. » Les dialogues de Grégoire le Grand sur saint Benoît (qui est à l'origine des ordres bénédictin et cistercien) sont éloquents à cet égard : « Chaque fois qu'une préoccupation trop vive nous entraîne hors de nous, nous restons bien nous-mêmes, et pourtant nous ne sommes plus avec nous-mêmes, nous nous perdons de vue et nous nous répandons dans les choses extérieures. Par contre, j'ai pu dire que cet homme vénérable (saint Benoît) habitait avec lui-même, puisque, toujours attentif à veiller sur soi, se tenant constamment en présence de son Créateur, s'examinant sans cesse, il ne laissait pas se distraire au-dehors le regard de son âme. »

L'enseignement du Bouddha insiste également sur la nécessité de l'attention : « Ceux qui sont attentifs ont déjà la vie éternelle, ceux qui ne sont pas attentifs sont déjà morts. » Il y aurait une anthologie entière à composer sur ce thème en puisant dans toutes les grandes traditions. C'est la première différence capitale avec la vie ordinaire où l'on ne s'aperçoit pas que l'on est identifié, confondu, où le sujet est absorbé par l'objet, où aucune discrimination ne s'accomplit entre le « spectateur » et le « spectacle », entre le témoin et le phéno-mène (sensation, émotion, pensée).

Et le deuxième dénominateur commun qui est lié au pre-mier – s'il n'y a pas trace du premier, il n'y aura pas trace du second – représente une attitude radicalement nouvelle par rapport au mécanisme de l'attraction et de la répulsion, « j'aime, je n'aime pas, j'ai envie, je n'ai pas envie », autre-ment dit vos émotions. Que vous l'intituliez soumission à la volonté de Dieu ou acceptation de ce qui *est*, il s'agit tou-jours d'une attitude inhabituelle, qui tranche radicalement par rapport au monde ordinaire. C'est la disparition des émo-tions par la compréhension même du mécanisme de l'émo-tion et l'adhésion au réel. Vous ne trouverez pas un enseigne-ment où l'on n'en parle pas. En sanscrit, par exemple, on emploie le mot souillure, *klesha*. Mais quand vous regardez la description de ces souillures (la haine, la colère, l'avidité, la jalousie), elles correspondent toutes à des émotions. C'est le deuxième dénominateur commun.

Chaque fois que vous recevez consciemment une impres-sion, que vous vivez consciemment une situation, vous dimi-nuez la consommation d'énergie et vous assimilez beaucoup mieux l'énergie que vous recevez. En temps ordinaire, si la nature vous donne cent unités d'énergie, vous n'en recevez que dix, le reste étant dilapidé, comme si vous mangiez tout le temps sans parvenir pour autant à grossir parce que l'organisme ne retient ni ne fixe les substances ingérées. Recevoir des impressions en étant présent à soi-même, intensément conscient, c'est d'abord consommer moins d'énergie et en assimiler plus. Par rapport au gaspillage d'énergie propre à l'existence ordinaire, vous récupérez ainsi non pas deux mais dix fois plus d'énergie. La proportion paraît énorme mais seule une très grande économie d'énergie peut vous permettre une réelle transformation intérieure. Or chaque fois que vous accomplissez ce travail sur les émotions et que, grâce à la vigilance, vous revenez à ce qui est, que vous n'êtes plus emportés par l'émotion négative ni par l'émotion heureuse dépendante, vous poussez plus loin en vous cette alchimie intérieure qu'est la transformation des énergies.

Tout d'abord nous économisons de l'énergie, ensuite nous la transformons en matières de plus en plus subtiles et enfin nous fixons ces matières subtiles en nous. Ce processus est difficile à prouver et pourtant je reprends à mon compte l'affirmation de Gurdjieff parce qu'elle est confirmée par mon expérience. Nous transformons la matérialité grossière en matérialité fine lorsque nous ne gaspillons plus notre énergie dans les émotions ordinaires, les pensées ordinaires et leurs mécanismes grossiers. En étant plus vigilants et en diminuant les émotions vous ne perdez plus ce que la nature met à votre disposition : vous recevez plus d'énergie, vous en consommez moins et vous transformez le surplus en le raffinant. Il faut beaucoup d'énergie grossière pour produire un peu d'énergie fine de même qu'il faut distiller beaucoup de vin pour faire un peu d'eau-de-vie.

Les mêmes lois se retrouvent à tous les niveaux, grossier, subtil, causal et il existe une loi très intéressante : une augmentation quantitative produit un changement qualitatif. Si vous chauffez un métal au rouge il dégage de la chaleur; si vous le chauffez à blanc, il dégage de la lumière. Si vous augmentez quantitativement le degré de chaleur d'un métal, il sera de plus en plus chaud et si vous continuez à le chauffer viendra un moment où l'on passera de la chaleur à la lumière. Si vous pouvez arriver en vous à une augmentation quantitative d'énergie que vous conservez sans la gaspiller un changement qualitatif se produira. Et cette énergie-matière, au lieu de vous traverser sans qu'il n'en reste rien, se dépose en vous, imprègne l'organisme ordinaire et un deuxième organisme dit subtil se développe et cristallise un jour. Seule la création de cet organisme non dépendant en vous, qui concerne votre fonctionnement dans son intégralité − instinctif ou moteur, émotionnel, intellectuel et sexuel − peut vous donner la liberté.

*
* *

Même si la terminologie employée dans les monastères est loin de celle que j'utilise aujourd'hui, on retrouve cependant dans la voie du moine les deux dénominateurs communs de la vigilance et du travail sur les émotions. Par conséquent, un moine sans cesse vigilant, qui voit la volonté de Dieu partout à l'œuvre et qui a pratiqué « la purification du cœur » par la veille et la garde du cœur, a cristallisé lui aussi cet organisme autonome. Sur toutes les voies, celle d'un moine zen ou tibétain, d'un moine trappiste ou d'un méditateur védantique pratiquant la discrimination entre le réel et l'irréel, on constate toujours, si l'ascèse a été bien menée, que la foule amorphe est devenue un peuple structuré et hiérarchisé. La vie n'a alors plus pouvoir sur eux.

Au Japon, on distingue dans les monastères deux catégories de moines : ceux qui sont encore « *under training* », « à l'entraînement », et les moines plus avancés. Un moine à l'entraînement peut encore quitter le monastère, se brouiller avec les autres moines, perdre la foi, ou décider que l'abbé se trompe. Mais celui qui a dépassé le stade de l'entraînement est un moine sur lequel on peut compter. En principe les maîtres ne doivent pas se tromper! Dans les grands monastères, quand on donne des responsabilités à un moine, c'est avec la certitude qu'il n'y a plus de risque en ce qui le concerne.

Mais il ne faut pas croire trop tôt que cette cristallisation a eu lieu; elle peut n'être qu'amorcée, en cours. En chimie, quand il y a saturation, le processus de formation des cristaux dans un liquide se fait en plusieurs heures, voire plusieurs jours. Dans la vie spirituelle, une fois le degré de saturation atteint, le processus de cristallisation en lui-même prend un certain temps; il peut encore être interrompu et compromis. Il ne faut pas crier victoire trop tôt. Peut-être faudra-t-il quinze ans, vingt ans pour acquérir cette structure intérieure qui donne ensuite la vraie maîtrise. Mais rassurez-vous, tout ce qui vous a été proposé et tout ce que vous avez déjà tenté depuis le premier jour où vous avez commencé votre mise en pratique va dans le sens de ces deux dénominateurs communs. Que vous ne juriez que par la philosophie bouddhiste ou par la philosophie thomiste s'avère secondaire. L'essentiel demeure cette pratique qui s'opère instant après instant dans votre existence quotidienne telle qu'elle se présente à vous.

Autrefois, je ne pouvais pas être libre n'ayant pas cette structure intérieure à ma disposition. Faute d'habileté et de compréhension, je continuais à avoir des émotions sans même m'en rendre compte. Et quand je me suis trouvé en face de ce yogi que j'avais tant cherché, ce qu'il a jugé le plus important pour moi, c'est précisément l'acquisition de cette structure. Qu'avais-je donc fait dans les groupes Gurdjieff pendant douze ans pour qu'on me lance cette vérité en pleine figure? C'est la rigueur de Swâmiji, sans évasion possible, la vigilance et le travail sur les émotions qui ont permis la création de cette structure intérieure. Il est exact que l'atman ou la Nature-de-Bouddha est l'essence de chacun de nous. Mais pourquoi ceux qui le croient de toutes leurs forces, qui ont approché Ramana Maharshi et l'ont entendu répéter pendant dix ans : « Il n'y a que le Soi, vous êtes déjà libres, il suffit de vous éveiller », pourquoi ne sont-ils pas plus

transformés? Pourquoi ne s'éveillent-ils pas? Certains qui
avaient eu la chance de méditer tous les jours en sa présence
pendant des années demeuraient toujours esclaves de leurs
émotions, coléreux, jaloux, se critiquant les uns les autres,
brouillés au point de ne plus s'adresser la parole. « Sur mille
hommes un me cherche et sur mille qui me cherchent un me
trouve », dit la Bhagavad Gita.

Pour sortir du cauchemar, il faut construire cette structure intérieure sur laquelle le mental n'a plus de prise et qui
est libre dans tous les domaines : intellectuel, émotionnel,
sexuel. Et la nécessité de cette structure montre le lien qui
existe entre l'effort et les résultats et permet de comprendre
pourquoi certaines ascèses aboutissent tandis que d'autres
vous laissent piétiner sur place. Est-ce que les efforts sont
menés avec suffisamment de persévérance ou laissez-vous à
longueur de journées échapper la plupart des occasions de
progresser? Si je me suis laissé emporter, je reviens à la
conscience de soi, à la non-identification, à la discrimination
du spectateur et du spectacle, à la non-absorption du sujet
par l'objet. Bien des expressions peuvent être employées
comme synonymes de vigilance. Luttez pour ne pas demeurer englués dans le mental, ne pas vous complaire dans les
émotions négatives et revenir à l'adhésion à ce qui est.

Qu'est-ce qui fait qu'un jour ce Chemin produit des fruits
durables? L'absorption consciente des nourritures. Par l'augmentation quantitative des énergies grossières qui
s'accumulent un changement qualitatif peut s'opérer un
jour. Et chaque fois que vous convertissez une attitude négative en attitude d'ouverture, vous faites un pas dans la direction de cette cristallisation, soyez-en sûrs. Un petit peu de
cette matière subtile se dépose en vous. Mais elle ne va pas
saturer immédiatement et, tant que cette cristallisation n'a
pas eu lieu, il faut craindre encore des surprises, même chez
celui qui a beaucoup pratiqué. Quelqu'un peut avoir visiblement progressé puis, un beau jour, abandonner tout pour
devenir critique à l'égard de l'enseignement qu'il a suivi et

de son propre gourou. Que s'est-il passé? Il n'est simplement pas allé jusqu'au bout. Mais quand la cristallisation s'est opérée, il n'y a plus aucun risque. Il ne peut plus y avoir de rechute, il ne peut plus y avoir de contre-offensive du mental, c'est fini. Le but de vos efforts, que vous en soyez conscients ou non, c'est de créer peu à peu cette structure intérieure. Sinon vous n'obtiendrez pas de résultats durables et vous serez déçus, découragés : « Je rechute... je croyais que j'étais sorti d'affaire... je retombe à mon niveau ordinaire... ça ne va pas comme je le voudrais... »

Le Chemin consiste à se libérer de lois auxquelles nous sommes soumis et que les sciences humaines étudient : vous êtes en train d'échapper aux lois régissant la jalousie, la colère, la fascination amoureuse, l'agressivité, le jeu des compensations. Certaines lois qui s'appliquaient à vous cessent peu à peu de vous concerner. Une liberté s'éveille. Il faut que cette cristallisation ait eu lieu pour que tout un ensemble de lois ne s'applique définitivement plus à vous.

Ramdas racontait cette histoire : un homme avait parié qu'il réussirait à le mettre en colère. Pendant deux heures, celui-ci a essayé de « faire sortir Ramdas de ses gonds », selon l'expression consacrée. Ayant perdu son pari, penaud, il a tout avoué à Ramdas et lui a demandé de l'excuser. Même histoire concernant le Bouddha à propos de quelqu'un qui le couvre d'injures. Le Bouddha lui demande : « Si tu m'avais offert un cadeau et que je ne l'aie pas pris, qu'est-ce qui se serait passé? » L'autre, un peu étonné de cette question venant après toutes ses insultes, répond : « Il me serait resté sur les bras. » « Eh bien, ajoute le Bouddha, dis-toi que je n'ai pris aucune de tes insultes. » Un remarquable petit livre catholique bien simple et sans prétention ésotérique, intitulé *Confiance en la Divine Providence*, relate le même genre d'histoire : un moine chrétien du premier ou deuxième siècle après Jésus-Christ est assailli par une bande de païens qui se moquent de lui, « Ton Dieu est un faux Dieu, ton Jésus-Christ n'est jamais ressuscité, ton Dieu ne pourrait pas faire un miracle. » Et le moine leur fait enfin remarquer : « Vous ne voyez pas que mon Dieu est en train de l'accomplir, le miracle? Cela fait trois heures que vous cherchez à me pousser à bout et vous n'avez pas réussi à faire lever en moi la moindre émotion. »

Les deux affirmations sont vraies : d'une part nous sommes déjà nus sous nos vêtements, nous sommes déjà le Soi, celui-ci n'a pas besoin d'être créé, puisqu'il est là de toute éternité. Mais, d'autre part, quel est le moyen, dans cette existence humaine, de nous établir dans le Soi, de devenir l'instrument de la volonté divine? La création de cet organisme autonome, grâce à la vigilance et au travail sur les émotions. Ce sont les deux thèmes sur lesquels nous insistons sans cesse ici. Chaque fois qu'une situation se présente, revenez à l'adhésion, la non-dualité dans l'instant, être « un avec » la réalité telle qu'elle apparaît.

Vous constatez d'abord que vous ne possédez pas cette structure et que vous êtes toujours à la merci des émotions et du mental. Vous n'êtes pas sûrs de vous : est-ce que je ne risque pas encore de souffrir, d'avoir peur? Vous êtes plus ou moins avancés sur le Chemin, vous avez franchi certaines étapes mais vous savez que cette structure n'est pas encore cristallisée; elle n'est qu'ébauchée. Vous n'êtes pas autonomes. Et puis un jour, au contraire, vous ressentez cette autonomie. Quelque chose a vraiment changé. Vous ne fonctionnez plus comme avant. Les vieux mécanismes ne se produisent plus. L'existence vous ordonne : « sois fou de joie », vous n'êtes plus obligés d'obéir, l'existence vous ordonne : « tombe amoureux », vous n'êtes plus obligés d'obéir, l'existence vous ordonne : « sois furieux », vous n'êtes plus obligés d'obéir. Le mental a perdu son pouvoir, il n'y a plus de rechute à craindre. Vous réalisez que vous n'êtes plus un esclave. Les fonctionnements anciens avec lesquels vous avez tant lutté ont disparu. La cristallisation est achevée.

L'ÉNERGIE FONDAMENTALE

Bien que j'aie l'intention de vous donner de nouveaux éclaircissements sur le thème de l'énergie sexuelle, ce que je vais dire aujourd'hui possède une valeur qui dépasse la sexualité proprement dite et concerne tout être humain, qu'il soit marié, célibataire ou moine dans un monastère. Swâmiji disait : « Le sexe est l'énergie fondamentale manifestée. » Cette parole peut avoir un sens psychologique mais aussi un sens métaphysique si l'on se réfère à la bipolarité des contraires. C'est pourquoi les peintures ou les sculptures tantriques tibétaines représentent si volontiers des divinités tantriques en accouplement, parce que le masculin et le féminin sont toujours procréateurs, soit au sens naturel soit dans une acception mystique, comme nous le verrons tout à l'heure. On peut également considérer le célèbre diagramme circulaire du yin et du yang, une moitié noire et une moitié blanche qui s'interpénètrent, comme un symbole sexuel que l'on retrouve aussi dans le *lingam* de Shiva émergeant du *yoni*, coupelle qui figure l'organe féminin.

Bien sûr, les théories réductionnistes expliquent ces symboles en affirmant que la sexualité joue un tel rôle dans la vie humaine que les hommes la projettent dans des fantasmes mythologiques ou spirituels. Mais on peut aussi considérer qu'au niveau des principes, au niveau causal, ontologique, la manifestation universelle elle-même est constituée de cette bipolarité dont la sexualité humaine n'est qu'une application. Le sexe est l'énergie fondamentale manifestée, à condition de ne pas entendre le mot sexe uniquement à travers des souvenirs plus ou moins heureux dans ce domaine – quelques images érotiques ou quelques films pornographiques que vous avez pu voir – ou même par rapport à une sexualité harmonieuse. Le contenu de cette affirmation s'avère beaucoup plus vaste si l'on comprend que sexe et amour deviennent très souvent synonymes. Vous connaissez le célèbre vers de Dante : « l'amour qui mène le monde et les astres... » On pourrait dire aussi que l'amour – mais quel sens allons-nous donner au mot amour? – est l'énergie fondamentale manifestée. Et le langage populaire dit bien « faire l'amour » pour désigner tout simplement l'accouplement sexuel c'est-à-dire la tendance au rapprochement, à la jonction, à la communion.

Tout amour, même le plus élevé, est une forme de la sexualité. Je ne parle pas au nom de Sigmund Freud, mais de Swâmi Prajnanpad. Il faut vous souvenir que nous sommes tous nés de deux cellules sexuelles. Les êtres humains ne proviennent pas de la fusion d'une cellule osseuse et d'une cellule épithéliale! Vous êtes tous issus d'un ovule et d'un spermatozoïde. Cette cellule s'est ensuite non seulement multipliée mais différenciée pour constituer un être humain entier. Nous tirons notre origine d'une forme particulière de cette énergie universelle qui est la sexualité humaine. Et la sexualité humaine comprend non seulement le désir de l'union, mais aussi la production des spermatozoïdes chez l'homme et l'ovulation mensuelle chez la femme. Deux cellules sexuelles ont donc fusionné pour donner naissance un jour à un être humain achevé, ce qui confirme la priorité de l'énergie sexuelle, même si cette énergie se ramifie ensuite et se spécialise en énergie instinctive pour faire respirer nos poumons ou battre notre cœur, en énergie motrice pour accomplir les mouvements volontaires, en énergie émotionnelle qui alimente le cœur, en énergie intellectuelle au niveau du cerveau et enfin en énergie érotique proprement dite.

Quelle que soit votre position vis-à-vis de la sexualité, même si vous étiez un moine ou un ascète vivant dans la plus complète abstinence, la tradition tibétaine ou hindoue maintiendrait cette affirmation de la prééminence de l'énergie sexuelle. Mais quelle utilisation faisons-nous de cette énergie? Ici interviennent toutes les modalités qui peuvent se présenter chez l'être humain. Or, nous le savons, et la psychologie moderne l'a bien montré (certaines idées de Freud peuvent être discutées mais une part est indiscutable et vérifiée par tout spécialiste honnête des sciences humaines), on retrouve la sexualité partout dans la vie et notamment dans les anormalités ou les névroses. Un très grand nombre de psychologues et de psychiatres affirment qu'il n'existe aucune névrose dans laquelle on ne trouve pas au moins une composante sexuelle. Il ne peut pas en être autrement, à condition, je le redis, de ne pas entendre le mot sexe uniquement dans un sens trop restrictif et pourtant de l'entendre aussi dans ce sens restrictif, c'est-à-dire génital.

Dans le monde manifesté, toute création – quel que soit le niveau auquel vous entendiez ce mot – implique deux qui s'unissent. Et chaque fois que deux s'unissent, c'est une forme de la sexualité universelle. La tradition hindoue donne beaucoup d'images pour illustrer ce thème mais toutes ne sont pas convaincantes pour nous. Par exemple, on ne peut parler que parce qu'il y a une mâchoire supérieure et une mâchoire inférieure. Ou encore, est-il possible de faire de la poterie avec une seule main? Un potier ne peut façonner un pot sur son tour que s'il fait usage de ses deux mains puisqu'il faut une main à l'intérieur du pot et l'autre à l'extérieur. Ces exemples peuvent nous paraître assez puérils, ils font pourtant autorité depuis trois mille ans.

Au niveau métaphysique, le Un ne peut pas créer. Il ne

peut y avoir de création que s'il y a deux, c'est-à-dire si le Un s'est d'abord divisé. Nous ne pouvons être créatifs qu'en étant duels. Seul est à l'état non manifesté le silence absolu de la méditation profonde ou du samadhi. Cela paraît très évident en ce qui concerne la procréation d'un être humain ou d'un animal qui est dans la nature une fonction essentielle de la sexualité, même si elle n'est pas la seule. Quand la reproduction ne se fait pas par dédoublement de cellules, elle nécessite l'intervention de deux, le père et la mère. La propriété essentielle de l'énergie sexuelle est sa créativité, dans la dualité et par la tentative de cette dualité pour retourner à l'unité, c'est-à-dire la réconciliation des complémentaires ou même des apparemment contradictoires.

Mais la sexualité n'est pas seulement créatrice dans la procréation d'un être humain; elle est *toujours* créatrice et le moine ou le yogi qui n'exerce aucune activité sexuelle utilise cependant l'énergie sexuelle pour procréer intérieurement « l'homme nouveau ». La naissance humaine est due à l'énergie sexuelle du papa et de la maman et la naissance spirituelle, la nouvelle naissance qui correspond à la cristallisation du corps subtil, est également produite par l'énergie sexuelle. Le yogi se procrée lui-même en tant qu'être renouvelé et immortel.

Cette procréation en nous d'un être libre et transformé commence par une fécondation qui nous vient de l'extérieur : l'initiation par le regard d'un sage ou par le son ou par le toucher, d'une manière plus ou moins solennelle. S'il ne se produit pas un avortement du « disciple » parce que les conditions de la vie sont trop adverses et que nous oublions ce que nous avons ressenti un moment, ce premier choc est le début d'un long processus. Vient une maturation que l'on peut comparer à une grossesse : cet être nouveau grandit en nous avec l'ascèse jusqu'à ce que se produise par saturation la cristallisation d'une matérialité très fine qui s'est peu à peu accumulée en nous, thème développé dans le chapitre précédent. Un jour se produit en nous une naissance, nous

constatons que nous ne sommes plus le même : cet homme-
nouveau que nous avons engendré ne fonctionne plus de la
même manière, il ne réagit plus, il n'est plus affecté et il lui
devient tout à fait aisé de mettre l'enseignement en pratique
au lieu qu'il soit obligé de mener une lutte incessante ponc-
tuée d'oublis et d'échecs. Mais cette procréation intérieure
ne s'accomplit pas toute seule. La nature ne la prend pas en
charge comme elle prend en charge la naissance d'un bébé.
Elle exige notre participation active et nous demande de
devenir, en quelque sorte, « collaborateur du Créateur ».

Cet être nouveau que nous avons procréé au-dedans de
nous n'est plus soumis aux lois psychologiques auxquelles
l'homme ordinaire – le vieil homme – est asservi. Appelez
cela éveil, libération ou illumination si vous le voulez. Il y a
donc eu une fécondation. L'initiation – vous le savez – joue
un rôle essentiel dans toutes les spiritualités, qu'il s'agisse du
choc de la rencontre avec un maître ou éventuellement avec
une écriture sacrée qui, un jour, change notre vie. Ce n'est
pas exactement une naissance, sauf si vous considérez que la
naissance peut remonter à la fécondation de l'ovule par le
spermatozoïde. Mais c'est au moins la naissance du disciple
en nous, à défaut de la naissance de l'homme nouveau.

Même si le yogi, fidèle aux Yoga-Sûtras de Patanjali, n'a
pas d'activité érotique proprement dite, contrairement à ce
que proposent d'autres voies, il ne peut être créateur de cet
homme-nouveau que parce qu'il y a « deux » en lui. Ce que je
vais dire maintenant n'est pas exclusivement vrai pour le
moine dont la vie sexuelle est entièrement intériorisée mais
pour vous aussi, même si vous êtes appelés sinon tous et
toutes, du moins presque tous et toutes, à mener une certaine
vie sexuelle.

*
* *

Vous portez en vous des valeurs masculines et des valeurs
féminines. Les valeurs féminines sont des qualités d'accueil

et de réceptivité puisque le vagin accueille le pénis et l'uté-
rus les spermatozoïdes. Réflexion et méditation sont également considérées comme féminines parce qu'elles s'appa-
rentent au travail qui se fait pendant la grossesse, un travail
de maturation au-dedans de nous. Par contre les valeurs dites
masculines concernent l'action au-dehors : donner, émettre,
promouvoir. Personne ne peut dire qu'il s'agit ici d'une
obsession sexuelle qui projette partout le pénis et le sexe
féminin, comme on l'a injustement affirmé à propos de Sigmund Freud. Nous abritons tous en nous un homme et une
femme. Il n'y a là aucune donnée qui puisse sous-entendre
des idées de supériorité du mâle, de phallocratie ou d'inféri-
orisation de la femme et j'ai tenté de montrer, dans un chapitre de *Pour une vie réussie*, comment les valeurs féminines
sont aujourd'hui tragiquement – je pèse mes mots – oubliées.
Toute femme possède en elle les richesses masculines, tout
homme a en lui les richesses féminines et la voie du yoga à
l'état pur est précisément l'union du masculin et du féminin
que nous portons en nous. Ces possibilités masculines et
féminines une fois unifiées, harmonisées, procréent l'homme-
nouveau au sens évangélique du mot. L'homme libre peut
alors devenir un instrument de la justice de chaque situation
ou de la volonté de Dieu et non plus une machine à réagir à
des sollicitations extérieures comme l'homme non régénéré.

Ces données masculines et féminines qui représentent la
bipolarité sexuelle d'origine se trouvent inégalement développées en nous, que nous soyons homme ou femme. Dans
une certaine mesure, on peut considérer que les valeurs féminines prédominent chez la femme et les valeurs masculines
chez l'homme. Je ne parlerai pas aujourd'hui de l'homosexualité qui est un cas à part, je dis simplement au passage
que ma conviction – contraire à celle de l'Église catholique –
est que l'homosexualité n'est pas un empêchement dirimant,
implacable, sur la voie spirituelle.

Tout être humain, qu'il mène ou non une vie sexuelle, aura
à vivre cet aspect particulier de la bipolarité, à savoir unir en
lui ses composantes masculines et féminines. Les idées que je

partage avec vous ne sont pas simplement intéressantes d'un point de vue ontologique mais vont permettre des applications concrètes et pratiques. Certains hommes sont bien ouverts aux valeurs féminines, ils se montrent capables d'écouter, de laisser mûrir en eux, d'être silencieux, accueillants, réceptifs à la grâce divine. La spiritualité suppose une ouverture, elle est en grande partie féminine. A Brindavan, tous les hommes pieux se considèrent comme féminins et l'on dit que Krishna y est le seul homme, tous les autres étant assimilés aux gopis [1], y compris un homme barbu, musclé, érudit.

Ces caractéristiques féminines étant à l'origine plus ou moins atrophiées, elles doivent être développées mais si nous n'avions que les aspects féminins d'ouverture et de réceptivité, cela ne serait pas suffisant pour procréer le sage en nous. Agir, projeter, aller vers le dehors, représentent des valeurs qui ont également leur importance sur la voie. Il doit être bien clair que les deux sont nécessaires.

Une femme peut présenter des traits masculins développés en elle, parfois au détriment de sa féminité. Un thème astrologique d'homme ou de femme peut nous donner des indications intéressantes à cet égard selon que les planètes sont réparties dans des signes masculins ou féminins (les signes d'eau et de terre sont féminins et les signes d'air et de feu masculins). Par exemple, le Bélier représente typiquement l'action masculine dans ce qu'elle peut avoir d'impulsif et de primaire. Il fonce – on a même autrefois utilisé des troupeaux de béliers pour défoncer des portails. Si le Bélier joue un rôle prépondérant dans le thème d'une femme, celle-ci devra assumer une composante masculine marquée. Comment réussira-t-elle à l'harmoniser avec ce qu'on appelle la féminité? De même certains thèmes d'hommes révèlent des données féminines prédominantes qui demanderont à ces hommes un effort particulier pour développer leur affirmation masculine.

1. Les bergères toutes amoureuses du séduisant Krishna.

Vous prenez donc conscience de l'importance des composantes féminines et masculines en vous, que vous soyez homme ou femme. Mais la procréation de l'homme-nouveau correspond à un niveau d'être considérablement – je ne dis pas absolument – libre des données du thème. Contrairement à ce que prétend un axiome dû à l'ignorance ou aux préjugés, il est faux de dire que « l'on ne change pas sa nature ». La nature même de l'homme c'est précisément sa capacité à changer. Bien sûr, vous ne transformerez pas un Japonais en Sénégalais et vous ne modifierez pas complètement votre être; un style demeurera mais, sur ce chemin, vous avez à développer et harmoniser toutes vos potentialités. Si notre thème nous aide à mieux nous comprendre, cette compréhension doit s'accompagner de la décision de changer notre nature, puisque telle est la dignité de l'homme, comme la dignité de la chenille est de se transformer en papillon. Et nous acceptons de nous équilibrer, donc de développer en nous la part qui demeure encore atrophiée. Le masculin et le féminin sont désignés chez les Tibétains comme le père et la mère (*yab-youm*) en nous qui procréent l'homme libéré, l'homme qui a retrouvé son image originelle.

Il peut sembler se présenter une contradiction entre ce que j'affirme souvent, à savoir qu'il n'y a rien à créer, qu'il suffit de découvrir, que vous êtes déjà nus sous vos vêtements, et ce que je dis aujourd'hui sur la nécessité de procréer. Il ne s'agit pas de deux approches incompatibles mais, comme l'on dit en Inde, de deux points de vue, deux angles de vision – *darshana* en sanscrit, mot clé de la logique hindoue. D'un point de vue il est exact que nous sommes déjà la Nature-de-Bouddha, le brahman, l'atman, mais seul peut s'établir en brahman cet homme ré-généré. C'est précisément la création de cet homme « deux fois né » qui explique la nécessité de l'effort sur les différentes voies. Ce que j'ai à dire intéresse votre sexualité la plus concrète (que vous soyez impuissants, frigides ou de grands amoureux) et concerne également votre vie spirituelle au plus haut niveau.

Toute sadhana comporte un double aspect, un aspect actif et un aspect purement réceptif de non-agir. Si certaines sadhanas sont plutôt féminines et d'autres plutôt masculines, elles peuvent cependant toutes conduire au but. Quand il est dit par exemple dans les Évangiles : « Le Royaume des Cieux, les violents s'en emparent par la force », cette parole concerne l'aspect masculin de l'ascèse, tandis que le non-agir et le silence intérieur représentent l'aspect féminin. Entre ces deux approches il y a donc un équilibre à découvrir.

Si vous êtes trop actifs dans la pratique, l'ego finit par y trouver son compte. Certaines sadhanas sont ainsi fondées sur une bataille. Je sais bien que Mohammed a parlé de la Grande Guerre Sainte mais ce qui constitue l'ego, c'est précisément le fait de se battre. Si l'ego ne se trouve plus d'adversaire, il n'y a plus d'ego. Ce qui caractérise l'ego depuis la naissance, c'est d'*être contre*. Il naît, grandit, se développe pourvu que nous puissions résister à quelque chose. Il se forme chez le petit enfant dès que celui-ci commence à s'opposer à papa et maman. Par exemple, le stade anal, dit agressif, représente une phase de la formation de l'ego en se dressant contre la maman. Et comme les grandes personnes vous ont tenu tête, l'introjection en vous d'influences extérieures ou de souvenirs traumatisants fait que vous condamnez une part de vous-mêmes. Certains, pour qui ces mécanismes ne sont pas clairs, utilisent un idéal qu'ils croient sincèrement spirituel ou des techniques de yoga et de concentration pour mieux museler cette part d'eux-mêmes qu'ils refusent. Et, tout en restant persuadés qu'ils combattent leurs faiblesses, ils mutilent en fin de compte la vie en eux et, par conséquent, leur propre sexualité.

Si vous cessez de nier un aspect important de vous-mêmes, c'est un pilier entier de l'ego qui s'effondre. C'est pourquoi le mot *oui* représente l'arme absolue face à l'ego. Tout psychologue qui a étudié la genèse du moi dans l'enfance sera d'accord avec cette manière de s'exprimer qui ne concerne pas seulement les disciples d'un maître hindou ou tibétain. Veillez à ce que la part active de la sadhana ne fortifie pas l'ego qui poursuit ainsi sa lutte de toujours : je vais me battre contre mes associations d'idées et les réduire au silence; elles me perturbent dans ma méditation, j'aurai raison d'elles en concentrant mon attention sur ma respiration et on va voir qui sera le plus fort.

Je ne nie pas que toute sadhana inclue une certaine lutte. Le mot concentration, dans le yoga de Patanjali, implique bien une bataille contre les pensées parasites. C'est une sadhana masculine. Mais, s'il est juste que le disciple puise sa joie dans la progression, il faut cependant se méfier du piège subtil qui guette tout chercheur spirituel et qui consiste à renforcer le moi, un super ego auréolé de spiritualité. Par exemple, en acquérant certains pouvoirs grâce à des efforts bien menés sur le « hara » ou sur la conscience du corps, vous risquez de vous fourvoyer : « Maintenant je vais être plus fort que les autres parce que je serai centré, bien structuré, avec un point d'appui solide dans le bas-ventre ». En fait, vous êtes tout simplement opposé à tel ou tel aspect de vous, très souvent sans le vouloir, par suite de réactions inconscientes.

Si l'on trouve la composante sexuelle dans presque toutes les névroses, cela est dû au fait que l'être humain combat trop souvent sa propre sexualité, d'une manière plus ou moins retorse, et il la combat parce qu'il en a peur. Regardez humblement dans quelle mesure cette affirmation peut vous concerner. Or l'énergie sexuelle, je le redis, c'est l'énergie fondamentale manifestée dont vous êtes nés. Si le yin et le yang sont réunis dans un équilibre parfait, il n'y a pas de manifestation, pas de création. Vous ne pouvez être créateurs de votre être structuré et éveillé, ou créatif tout court, que par la force sexuelle. Or la plupart des êtres humains rejettent une part ou une autre d'eux-mêmes; à l'origine de cette partie niée, vous trouverez toujours l'amour – et la haine qui n'est que l'inversion de l'amour. Le même homme qui écrivait « je t'aime, je t'aime, je t'aime » tire un coup de revolver sur l'objet de sa passion : « Je l'aimais trop, je n'ai pas pu supporter de la voir partir avec un autre, je l'ai tuée, monsieur le juge. »

Les réactions mécaniques manifestent soit cette force immense de fusion soit la distorsion de cette force qui se transforme en haine et en agressivité. Toutes les pulsions sont des formes de l'énergie fondamentale qui est la même chez le Don Juan et chez le moine, mais différemment utilisée. C'est l'amour qui conduit l'alpiniste sur les cimes et le navigateur sur la mer. Quand quelqu'un entre en conflit avec un aspect de lui-même, il s'agit finalement toujours d'un conflit avec sa force sexuelle. Et certains, certaines, même s'ils aiment faire l'amour, restent cantonnés dans une sexualité pauvre et limitée parce qu'ils ont peur de leur propre force vitale.

Donc toute voie initiatique comporte une certaine combativité mais la part féminine dans la spiritualité est beaucoup plus importante. Que vous soyez homme ou femme, vous ne deviendrez un sage que si vous épanouissez la part spirituelle en vous, c'est-à-dire la part féminine d'accueil, de silence, de contemplation et de don de soi. Le vocabulaire mystique utilise souvent des expressions réservées au domaine sexuel : de même que l'on dit d'un homme qu'il « prend une femme », on dit de Dieu qu'il s'empare de l'âme. Et pour que Dieu s'empare de nous, il faut que nous devenions féminins, que nous nous laissions pénétrer, imprégner par le divin. L'abandon, le lâcher-prise, représentent des données fondamentales dans la spiritualité.

Vous ne pouvez pas utiliser le yoga et les exercices de conscience de soi pour mieux vous battre et louvoyer dans l'existence, armés d'un sabre d'un côté et d'un bouclier de l'autre. Ne vous trompez pas. Au Japon la culmination des arts martiaux consiste « à ne jamais vaincre mais à ne jamais être vaincu non plus ». Et le grand accomplissement pour le maître d'un art martial, c'est de mourir dans son lit, parce qu'il suffit qu'il apparaisse pour que règne la paix. D'ailleurs la plupart des mots japonais qui désignent les arts martiaux signifient en fait les arts de la paix. Que l'aspect martial qui joue un grand rôle dans notre curiosité occidentale moderne ne vous induise pas en erreur. La paix est supérieure au combat.

Cette idée de sadhana à la fois masculine et féminine rejoint deux notions très importantes dans le vocabulaire de Swâmiji : « *The way of peace and the way of power* », « le chemin de la paix et le chemin de la puissance. » L'attitude masculine conduit au pouvoir et le pouvoir sur soi-même, la maîtrise de soi, a bien sûr sa place. Mais la voie du pouvoir – ou des « pouvoirs » au pluriel quand on recherche uniquement les *siddhis*, les pouvoirs miraculeux – comporte ses limites; et la voie mystique ultime c'est la voie de « la paix qui dépasse toute compréhension ». Ramana Maharshi n'avait apparemment aucun pouvoir : il n'était ni député ni ministre, il ne possédait aucun moyen financier, il se contentait d'être et de rayonner.

Quand on vous dit qu'il est indispensable d'acquérir une réelle maîtrise de soi, c'est vrai. Vous ne pouvez pas admettre de demeurer indéfiniment, année après année, le jouet de vos pulsions, de vos pensées et de tourner en rond dans les mêmes mécanismes, le même infantilisme et la même faiblesse. Si un guerrier se lève en vous, bravo, à condition que vous restiez ouverts au silence et à la réceptivité. Soyez forts, remportez des victoires, mais s'il existe une part de vous-même avec laquelle vous n'êtes pas en paix, faites attention de ne pas la condamner au nom de la sadhana. Vous seriez perdus. Si vous n'êtes pas d'abord réconciliés avec votre ambition, votre vanité, votre violence, votre agressivité, votre sexualité même dans ce qu'elle peut avoir de plus animal, la sadhana risque d'être récupérée par votre névrose à cause de son caractère combatif.

Il faut donc mener une sadhana équilibrée, sinon vous ne serez jamais libres. Toutes vos capacités de combat, de « rentrer dedans » comme on dit, au propre et au figuré, sont une manifestation mâle de l'énergie sexuelle en vous et elles ont leur place dans un processus de transformation vers l'ouverture, le lâcher-prise, le don de soi. Si une femme serre les cuisses et les genoux, si son vagin se rétracte, comment peut-elle être pénétrée? « *What does nature say?* » demandait Swâmiji. « Que dit la nature? » Cette attitude féminine s'avère essentielle car, en fin de compte, qui porte le bébé pendant neuf mois, sinon la femme? La femme est fécondée mais c'est elle qui fait le bébé; dans la procréation, son rôle est plus important que celui de l'homme. Les deux fournissent une cellule au départ mais ensuite le travail de gestation revient à la femme. De même, dans la génération de l'être intérieur, qui est le vrai but de la spiritualité que vous soyez homme ou femme, le rôle de la femme en vous prime le rôle de l'homme en vous.

*
* *

La procréation de l'homme-nouveau en vous correspond en grande partie à ce que j'ai intitulé la cristallisation du corps subtil qui cesse d'être amorphe, informe. Mais en même temps, vous êtes appelé à vous manifester, à agir; les oiseaux chantent, les paons font la roue, les arbres produisent des fleurs et des fruits. Pour que vous vous sentiez vraiment en harmonie avec l'univers, que vous deveniez pleinement homme, il faut que vous soyez créatifs. Il est dit dans les enseignements spirituels que l'homme devient le collaborateur de Dieu et parachève la création.

Bien sûr, je ne reprends pas à mon compte les absurdités que l'on a pu écrire à cet égard : « Dieu a fait disparaître le brontosaure et le diplodocus, personne ne peut le nier, donc quand l'homme aujourd'hui détruit toutes les espèces animales, il agit comme collaborateur de Dieu qui a l'intention de faire disparaître les lions, les tigres et les éléphants comme il a fait disparaître les brontosaures. » En résumé :

allez-y, saccagez la nature, pas d'écologie, qu'il ne subsiste plus un seul éléphant et un seul tigre à la surface de la planète. Voilà le résultat de cet insidieux raisonnement. L'homme est dit collaborateur de Dieu dans la création et malheureusement cette phrase mal comprise dans notre christianisme a conduit à des abus aujourd'hui abondamment dénoncés et qui font froid dans le dos quand nous imaginons ce que serait la destruction de la planète.

Si vous êtes créateurs vous jouez votre rôle d'êtres humains. Or la plupart des êtres humains se révèlent peu créatifs. Ils ne peuvent même pas se renouveler eux-mêmes, ils imitent, ils plagient, ils réutilisent. Pour une idée vraiment originale dans un scénario, vous trouverez cinquante scénarios qui reprennent indéfiniment les mêmes ingrédients. Et même si vous n'êtes pas ce que l'on appelle des créateurs à proprement parler, décorateur de théâtre, metteur en scène, écrivain, potier, céramiste, vous avez à être créatifs d'une manière subtile afin que votre vie entière devienne une création permanente. Un danseur crée chaque soir un spectacle sous nos yeux. Le spectacle naît avec son entrée en scène et meurt lorsqu'il retourne dans les coulisses.

Réfléchissez à ce mot. Comment puis-je devenir créatif partout, dans tous les domaines, à tous les niveaux, au lieu que ma vie ne soit qu'une reproduction, une imitation du dehors, une soumission à « cela se fait, cela ne se fait pas », sans aucune solution originale. Vos comportements sont répétitifs – et la répétition est le propre de la névrose. Ils recopient, soit par imitation directe, soit par imitation négative, c'est-à-dire en faisant le contraire des modèles qui se sont inscrits en vous; et si vous êtes esclaves de certaines lois imbéciles mais bien cruelles que votre mental a édictées, vous ne pouvez plus vous renouveler. Plus vous êtes libres, plus vos vies sont naturelles, spontanées, originales, « a festival of newness » disait Swâmiji.

Or pour être fécond, il faut être deux, donc il faut vraiment réaliser en vous l'équilibre de l'homme et de la femme, même si cette harmonie intérieure ne joue son rôle exclusif que dans les voies qui suppriment complètement la manifestation normale de l'activité sexuelle, donc qui comportent d'abord un aspect de combat avec soi-même. D'autres voies par contre font place à l'érotisme, telles les voies dites « dans le monde ». Chez les Tibétains, les deux voies coexistent et vous avez tous entendu parler, sous une forme hélas souvent dégénérée, de la voie du *tantra*, dans laquelle, en effet, la sexualité se trouve sacralisée. Mais certains moines tantriques, les gélukpa et le Dalaï-lama par exemple, n'ont aucune vie sexuelle.

Le principe du tantra, qu'il soit hindou ou tibétain, réside dans le fait de ne jamais être contre quoi que ce soit. De toute façon, une vie humaine ne peut être juste que si elle est fondée sur un oui massif à la sexualité : un moine dont la vocation monastique repose sur le refus de la sexualité sabote sa vie dc moine. Normalement, un moine entre au monastère plein d'énergie sexuelle. Les textes anciens sont éloquents à cet égard, comme en témoigne la question que l'on posait autrefois à celui qui entrait au monastère : « Tu veux vivre dans la chasteté, as-tu de belles érections? » Pleinement assumée, la sexualité peut ensuite être utilisée dans un but spirituel mais malheureusement, pour beaucoup d'Occidentaux, ce n'est pas le cas.

Les méditations tantriques qui reposent sur la vigilance, sans essayer de se concentrer sur un thème, sont de nature féminine : j'accueille sans refus les associations d'idées, les rêveries, mais je ne suis pas identifié, je les laisse passer. Dudjom Rimpoché m'avait dit : « Le hinayana consiste à lutter contre les ennemis et les obstacles par la concentration tandis que, dans le mahayana, on ne redoute pas ceux-ci parce qu'on en connaît l'antidote, *shunyata*, la conviction du vide, de l'irréalité des phénomènes. Mais dans le tantrayana, l'ascète ne craint pas les poisons – contrairement à l'hinayaniste qui doit baisser les yeux pour ne pas être troublé par une femme – car il sait comment digérer ces poisons. » Swâ-

miji me citait souvent un proverbe hindou : « Ce qui est nourriture pour l'un est poison pour l'autre. » Toute substance
active opère soit comme un médicament soit comme un poison. Au niveau psychologique, nous avons été empoisonnés
parce qu'on nous a appris à condamner certains aspects de la
vérité en nous, telles les colères que pique un enfant si un
jouet lui résiste, ou d'autres pulsions qui se manifestent à
l'état brut dans la petite enfance. Donc l'enfant s'est habitué
à entrer en conflit avec son propre élan vital, sa force de vie
fondamentale, la libido de Freud, partout à l'œuvre. Il faut
que vous puissiez aborder ce thème et entendre le mot sexualité avec une oreille et un regard complètement neufs. Tout
ce qui vient souiller, ternir, condamner la sexualité – les
mauvais souvenirs de masturbation liés à la honte, notre
maladresse en face des filles ou des garçons dans notre jeunesse – est à dépasser. L'intelligence du cœur peut nous
convaincre que ces visions faussées, névrotiques doivent être
abandonnées pour une compréhension métaphysique qui,
peu à peu, va faire contrepoids aux empreintes du passé,
créer ce que j'appelle des contre-samskaras et descendre de
l'intellect dans le sentiment.

*
* *

Pour ceux qui mènent une vie sexuelle dite normale, il
reste encore un point à comprendre. L'échange sexuel est
procréateur, éventuellement d'un enfant, mais également de
l'homme-nouveau et de la femme-nouvelle chez chacun des
partenaires. Cette vérité est tout à fait perdue de vue dans le
courant de la vie, bien que le mariage soit demeuré un sacrement dans toutes les traditions. La littérature d'Extrême-
Orient insiste sur l'union du yin et du yang, y compris dans
la vie sexuelle. Les traités chinois, japonais et hindous sont
de véritables manuels de sexologie et retranscrivent ce que
les sculptures érotiques des temples de Khajuraho trans-

mettent visuellement, à savoir l'aspect mystique de l'accouplement.

Cette union du yin et du yang a lieu quand nous équilibrons nos potentialités masculines et féminines. Elle se produit pour le moine, l'ermite, ou le yogi qui pendant vingt ans ne va même pas croiser une seule femme et elle se produit également dans une vie sexuelle épanouie et détendue par une ouverture de la femme aux valeurs yang de l'homme et une ouverture de l'homme aux valeurs yin de la femme. Cette communion s'accomplit soit par des contacts avec ou sans pénétration, soit par la simple proximité qui permet de ressentir la vibration de l'autre et d'échanger les énergies. Chacun des partenaires détient une part de cette procréation à condition qu'il n'y ait pas de barrage, de refus, de peur, autrement dit de névrose qui vienne compromettre ce jeu de la nature en nous. Une des manières de procréer en nous « l'homme intégral » consiste à être deux *extérieurement*, donc à former un couple dans lequel la femme assimile les émanations yang de l'homme et l'homme les émanations yin de la femme. C'est d'ailleurs pour cette raison, et pas seulement pour des raisons psychologiques ordinaires, qu'un homme et une femme partagent la même couche. Pendant le sommeil s'opère une certaine imprégnation au niveau subtil : si les conjoints sont vraiment disponibles l'un à l'autre, une énergie irradie qui n'est pas la même chez l'homme et chez la femme et qui apporte une complémentarité.

Vous pouvez vous demander avec honnêteté, sans inquiétude, afin de bien vous situer, quels sont les déformations, les répressions, les traumatismes qui vous rendent plus ou moins inhibés. Il existe bien des façons de ne plus être normal sexuellement. On peut être limité dans ce domaine tout en exerçant une activité sexuelle apparemment satisfaisante qui ne conduira cependant jamais à aucune transcendance, parce qu'elle reste cantonnée à une détente purement génitale. Si nous sommes libres émotionnellement, la vie sexuelle mène toujours à un dépassement. La formule latine

« l'homme est un animal triste après le coït » ne se révèle vraie que pour les êtres humains fermés aux réalités spirituelles et dont la sexualité ne débouche pas sur cette créativité. A la fin d'un acte sexuel ou d'un rapprochement physique ne comportant pas d'acte sexuel proprement dit, on ne doit pas se sentir lassé ou déçu, voire culpabilisé, mais renouvelé. Selon les propres termes de Swâmiji, soyez d'abord *normal* car si vous êtes parfaitement normal, vous irez naturellement vers le *supranormal*. L'acte sexuel contribue à la croissance intérieure par la régénération qu'il apporte. J'ai beaucoup lu sur la question – des ouvrages de psychologues, de sexologues, de psychanalystes – et j'ai entendu depuis vingt ans de nombreuses confidences des uns et des autres dont la vie sexuelle n'était pas normale au sens que Swâmiji donnait à ce mot, donc n'était pas une re-création et ne les rendait pas créatifs.

Swâmiji m'a rappelé à plusieurs reprises : « Le tout est plus grand que la somme de ses parties. » Il m'avait donné un exemple simple, accessible à celui qui ne possède pas de formation scientifique : « Si vous prenez cinq brins de ficelle qui portent un kilo chacun et que vous les tressez d'une certaine manière, au lieu de porter cinq kilos, ils en porteront sept ou huit ensemble. » Cette loi s'applique au couple réel, qu'il s'agisse d'un couple durable ou occasionnel : quand un et un s'unissent, deux est plus grand que un plus un. De nouvelles possibilités de créativité se révèlent alors, qui concernent directement votre croissance intérieure mais, je le répète, à condition qu'il n'y ait rien dans le conscient ou l'inconscient qui vienne contrecarrer cet épanouissement naturel.

Ce que je dis aujourd'hui comporte, bien sûr, un aspect réaliste et en même temps relève d'un enseignement spirituel. Le tantrisme ne se réduit pas à la récupération qu'en ont faite certains professeurs de yoga pour mieux séduire leurs plus jolies élèves. Le tantra suppose l'acceptation parfaite, donc la prédominance de l'aspect féminin, qui s'ouvre complètement à la pulsion sexuelle – dans son expression directe ou sous des formes transposées – et, à partir de là, conduit à l'amour. La vie sexuelle a une valeur à la fois humaine et spirituelle. L'amour est la loi universelle. L'Inde l'a très bien montré en proposant un chemin progressif qui donne d'abord toute son importance à la sexualité jusqu'au moment où celle-ci passe au second plan parce qu'une autre communion que l'échange génital devient possible entre l'homme et la femme.

La force puissante qui meut l'univers n'est autre que l'amour. Deux corps s'unissent c'est l'amour, deux âmes fusionnent c'est l'amour, deux esprits communient c'est l'amour, un élan vers l'autre c'est l'amour. Pour que la sexualité soit une forme d'amour et que l'expression « faire l'amour » ne soit pas une dérision, il faut que celle-ci soit vécue sans restriction et sans arrière-plan et qu'il y ait amour au moins ici et maintenant. Qu'est-ce que je veux dire par là étant donné la multitude de sens que peut avoir le mot amour et qu'en français cet unique terme sert aussi à désigner la convoitise, la passion, la fascination, et autres formes particulièrement retorses de l'égoïsme?

Il n'y a amour que s'il y a participation de la totalité de l'être, fût-ce dans l'instant. Vivre le moment présent est la clef de voûte de toute vie intense et de toute spiritualité, mais spécialement d'une sexualité juste, ici et maintenant, seconde après seconde, sans passé, sans futur, dans une implication totale, intellectuelle, émotionnelle, physique dont les êtres humains se révèlent la plupart du temps incapables. Notamment cette implication totale dans l'instant leur paraît irréalisable s'il s'agit d'une relation sans avenir, bien qu'elle existe dans certaines unions rituelles sacralisées mais éphémères. Je n'entre pas dans le cas particulier de chaque être humain et de sa vie sexuelle, mais il est possible, même au cours d'actes sexuels qui ne sont pas fondés sur le sacrement du mariage ou sur une union durable, qu'il y ait amour, au moins dans l'instant, dans la plénitude du ici et maintenant. On en connaît beaucoup d'exemples dans l'histoire de certaines formes de spiritualité : les partenaires ne se reverront jamais plus, de manière à ce qu'il n'y ait aucun attachement ordinaire et qu'une réunification complète se produise, comparable à celle que procure une méditation réussie dans laquelle tête, cœur et corps se trouvent réunis en un don de soi momentané mais total. Car cette implication totale dans l'instant serait possible même avec des rencontres de fortune comme on dit. Mais en fait cela ne survient jamais parce que l'on a peur de se donner, qu'on n'est pas unifié, on ne se connaît pas soi-même et on ne peut donc pas compter sur soi, parce qu'on n'ose pas jouer le jeu.

Le don de soi suppose une liberté que l'être humain ne possède pas d'emblée. Un yogi cherche à s'appartenir pour pouvoir se donner. Ce don s'avère plus facile dans une union qui vous apporte une aide à cet égard, basée sur la confiance et comportant un engagement pour l'avenir comme c'est le cas s'il s'agit d'un mariage sacralisé. Mais l'abandon réel dans la sexualité ne concerne pas le don d'un homme et d'une femme pour la vie ou pour l'éternité devant le prêtre, il s'opère seconde après seconde, car seule la perfection de l'instant nous met en contact avec la dimension verticale de l'éternel présent ou l'éternité. Quand il n'y a plus ni passé ni futur, que subsiste uniquement le présent sans durée, cette dimension verticale religieuse se révèle et nous fait découvrir l'aspect métaphysique de l'existence. Or la sexualité apporte une aide aux êtres humains, même s'ils ne sont pas encore des yogis très avancés, pour se concentrer ici et maintenant, dans l'instant, et, par là, se retrouver hors du temps.

Pour cela une compréhension est nécessaire. Sur le chemin que je propose, tout commence par la compréhension. L'instant pur débouche sur l'éternité. Mais la manière ordinaire de vivre la sexualité sur un fond de convoitise fait que l'instant est toujours vécu en fonction de l'instant suivant dans une tension vers le but. En fait, il faudrait réussir à vivre l'acte sexuel non seulement sans passé – le cauchemar du passé qui vient fausser, ternir, souiller, inhiber nos possibilités – mais sans futur, même pas celui d'une demi-heure ou une minute plus tard. Cette expérience représente une réunification dans laquelle nous pouvons être soutenus par la puissance même de l'énergie sexuelle, l'énergie fondamentale dont, en fait, l'énergie intellectuelle, l'énergie émotionnelle et l'énergie physique ne sont que des ramifications.

Si ces trois fonctions différenciées sont « mises sous le même joug » (sont en yoga), la conscience d'être, et d'être vivant, se révèle à la fois plus intense et plus libre, avec un sentiment inhabituel d'aisance, de naturel et de spontanéité.

L'acte sexuel constitue un apport précieux pour conduire à un état de réunification. N'étant pas tout de suite de grands méditateurs capables d'entrer en samadhi sur commande, vous avez besoin d'aide au début du chemin. Par la perfection du ici et maintenant, par la réunion de la totalité de notre être et par l'activité simultanée de donner et de recevoir, l'aspect masculin et l'aspect féminin se trouvent en équilibre, en harmonie. Chacun donne et chacun reçoit et, comme dit l'une des grandes Upanishads, « *they fulfill each other's desire* », « ils comblent le désir l'un de l'autre ». Cet échange mutuel engendre un état sans désir, un moment de plénitude, donc un état créatif, re-créateur. Et cette recréation pour chacun implique une possibilité d'amour qui n'est autre que l'effacement momentané de l'ego.

Mais quand l'acte sexuel est fondé sur le jugement et la condamnation inconsciente, l'expérience se trouve faussée même si la femme a un orgasme et l'homme une certaine jouissance dans l'éjaculation. Par contre si l'effacement momentané de l'ego se produit, la culmination de l'acte sexuel représente toujours un commencement au lieu d'être une fin. Or, même si l'impression de rupture, presque de tristesse, est généralement plus marquée chez l'homme, chez certaines femmes l'élément d'anormalité se manifeste par une réaction négative après qu'elles ont été emportées par la pulsion sexuelle. Dans les conditions normales, l'aboutissement de l'acte sexuel, ce que l'on appelle communément l'orgasme, loin d'être un achèvement est comme une porte qui s'ouvre sur un autre monde. Des êtres humains ont fait ce genre d'expérience débouchant sur un état de grâce sans avoir jamais entendu parler de spiritualité, disons même « en s'envoyant en l'air », j'emploie à dessein une expression cavalière. J'ai entendu plusieurs témoignages de personnes décrivant des unions sexuelles qui rappellent le samadhi.

L'effacement de l'ego ici et maintenant s'opère par la soumission à l'énergie universelle que vous acceptez complètement en vous : vous vous fondez dans la sensation à laquelle vous osez donner une immense importance. Il n'y a pas que l'intellect dans la vie, osez devenir un peu animal. Le dynamisme, bien qu'il soit vécu de seconde en seconde, représente une continuité, un processus en cours, une pulsion. Tout est mouvement dans l'existence, rien ne demeure statique; même dans les méditations les plus immobiles, le sang et le prana circulent toujours.

Swâmiji disait : « Personne ne donne, personne ne reçoit, il y a seulement don et réception », *there is only giving, only receiving*. L'ego s'efface dans la non-dualité avec l'action. De même que nous nous exerçons à être un avec la respiration afin que seul demeure le souffle conscient – un, pas deux –, de même si un homme embrasse une femme, il y a seulement *kissing*, l'acte d'embrasser (la formulation est meilleure en anglais qu'en français). Ce que Swâmiji m'expliquait n'a pas une valeur uniquement en matière de sexualité, mais s'avère plus facile à réaliser dans ce domaine. Je me souviens aussi d'une image que me donnait Swâmiji : « Non pas *je regarde l'arbre*, mais *l'arbre est regardé*. » L'arbre est regardé, je ne vois plus *mon* arbre en fonction de mes antécédents, de mon contexte culturel, de mon inconscient. Si chaque fois que je regarde un chêne, je le vois par rapport au si beau chêne qui existait dans le jardin de mon grand-père, je ne vois plus l'arbre en lui-même je vois toujours celui de mon grand-père. Par contre, si l'arbre est regardé, je ne vois plus le chêne du jardin de mon grand-père, je vois le chêne actuel.

Cette expérience a une valeur générale dans l'existence mais elle prend un relief particulier dans l'acte sexuel car elle englobe alors tous les niveaux de l'être aussi bien physique, émotionnel que mental; tous les *koshas* sont concernés, les cinq sens participent. Ce n'est plus « je caresse la femme » mais « la femme est caressée » et moi, en tant qu'ego séparé, j'ai disparu. J'entre en contact avec le mouvement même de la vie. L'énergie sexuelle n'a pas eu besoin de vous pour faire un embryon quand vous étiez gros comme un insecte dans le sein de votre mère. Pas « je » caresse la femme, la femme est caressée; *there is only kissing*, il y a seulement le fait d'embrasser, il y a seulement le fait de caresser. C'est une réelle opportunité pour l'effacement de l'ego.

*
* *

Dans les exercices de méditation qui vous sont proposés ici [1] ne soyez jamais surpris si nous donnons une importance à la conscience non seulement du bas-ventre – siège du hara – ou du sacrum – siège de la kundalini endormie – mais à la totalité de l'étage inférieur, y compris l'anus et les organes génitaux. Pour un médecin, le centre de la sexualité ne se trouve ni dans les ovaires ni dans les testicules mais quelque part dans le cerveau. Pourtant la connaissance ancienne répertorie d'autres centres dans l'organisme dont vous avez tous entendu parler sous la dénomination de *chakras*. Pratiquer une légère poussée sur le hara à l'expiration n'a pas pour seul effet d'accumuler l'énergie dans le hara mais entraîne aussi une accumulation du prana dans les organes génitaux.

Cette technique peut être utilisée pour se maintenir jeune, comme cela se pratique dans la tradition taoïste justement parce que la force procréatrice se trouve située dans le bas-

1. Cf. *Approches de la méditation*, Éditions La Table Ronde.

ventre. L'énergie fine du prana s'accumule dans cette partie de votre organisme et permet de sentir le bas-ventre entièrement régénéré, plus vivant, plus vibrant, même s'il ne se produit pas d'érection en ce qui concerne les hommes.

Parfois les pratiques spirituelles augmentent l'intensité de ce qu'un psychanalyste appellerait la libido. Les moines ou les nonnes connaissent des tempêtes sexuelles, tout simplement parce que certains exercices de concentration intensifient l'énergie et que celle-ci n'est plus dispersée en vagabondage de la pensée. L'intériorisation, le recueillement, même dans des formes autres que les pratiques du hara, amènent inévitablement un surcroît d'énergie sexuelle, puisqu'en fait l'énergie sexuelle n'est autre que l'énergie tout court. Certains s'engagent sur la voie religieuse et sont perturbés parce qu'ils se sentent devenir presque obsédés. Cela ne doit pas vous inquiéter : si des phénomènes inhabituels se produisent et que vous en êtes le pur témoin, ils disparaîtront très vite pourvu que vous ne les refusiez pas. Acceptez une fois pour toutes qu'il n'y a rien de tendancieux, rien de « tantrique » (au sens européen du mot) dans le fait d'accumuler de l'énergie dans le bas-ventre; tout est pur à ceux qui ont le cœur pur, même si cela nous est devenu bien difficile.

Il est tout à fait normal de sentir sans réticence une force, une énergie s'accumuler, comme on dit, « au-dessous de la ceinture ». Regardez la connotation méprisante que cette expression revêt en français : « au-dessous de la ceinture ». Baiser, bouffer, ce n'est pas du tout spirituel, ça! Le hara se trouve au-dessous de la ceinture, le siège de la kundalini pour un yogi réside également au-dessous de la ceinture, et l'énergie la plus précieuse, celle à laquelle les textes mystiques se réfèrent pour évoquer les plus hauts accomplissements spirituels, la sexualité, trouve aussi son origine au-dessous de la ceinture. En Inde Dieu est décrit comme un homme et une femme si tendrement enlacés que chacun ne sait plus qui est l'homme et qui est la femme. Il s'agit aussi d'une image trinitaire : l'homme, la femme et l'amour. L'activité entre toutes sacrée, c'est l'activité sexuelle. Qu'elle ait été abondamment profanée, je suis d'accord, mais il faut revenir à la compréhension de sa véritable dimension.

Il est exact que la pratique du hara peut avoir d'heureuses répercussions sur la vie sexuelle. Je me souviens encore de Sensei Deshimaru, que j'ai beaucoup aimé et respecté, disant dans son mauvais français en imitant un membre masculin avec son bras dans un geste aussi grossier qu'explicite : « Zazen, zazen, oh... la madame il est content. » C'est bien la manière crue des maîtres zen. Pourtant les moines zen ne sont pas des moines dits tantriques avec des comparses, des shaktis, des dakinis dans leur monastère; ils utilisent donc cette énergie fondamentale manifestée pour leur croissance intérieure. Si vous n'exercez aucune activité amoureuse parce que les conditions de votre vie ne vous permettent pas d'avoir un ou une partenaire, ne vous inquiétez pas, ces exercices ne vont pas augmenter votre libido au point que cela devienne un supplice de ne pas pouvoir faire l'amour.

Je parle crûment afin de ne pas faire semblant de nier les problèmes qui se posent aux uns et aux autres. Comme dit Rajneesh : « Les gens viennent me voir sous prétexte de chercher Dieu; s'ils cherchaient Dieu, il n'y aurait aucun problème mais, en vérité, ils viennent me voir parce qu'ils sont frustrés sexuellement et ça, c'est beaucoup plus difficile à résoudre. » Bien évidemment, cet afflux de vitalité ne doit pas être compris uniquement comme une énergie qui va vous obliger à mener une vie sexuelle mais comme une énergie indispensable à votre développement, même si vous êtes condamnés au célibat par les circonstances. Cela concerne la Vie en vous. A partir d'un certain point, une augmentation quantitative amène un changement qualitatif. Or l'énergie sexuelle est la véritable énergie de l'Amour, et pas seulement l'amour émotion instable qui relève de la sentimentalité et de la faiblesse, mais l'amour réel, profond, immuable, celui du saint pour son prochain.

Cependant je ne veux pas qu'il y ait de malentendu à ce

sujet, les exercices de méditation n'ont pas pour but de vous rendre plus puissant sexuellement mais de produire en vous une énergie fine. L'énergie sexuelle est une énergie très fine, toute l'Asie le sait et l'enseigne, et nous avons ravalé la sexualité au rang d'une activité bestiale, nous l'avons calomniée, dégradée, souillée par les mauvais fonctionnements de notre mental. Pourtant c'est elle qui permet la transmutation.

Que vous ayez une vie sexuelle ou que les circonstances de votre existence vous condamnent à n'en avoir aucune, ne vous inquiétez pas. Prenez votre destin tel qu'il est aujourd'hui et soyez en paix avec lui. Mais je vous demande à tous et à toutes une réflexion avec un cœur ouvert pour vous réconcilier avec l'énergie sexuelle sans aucune arrière-pensée parce que dans les pratiques concernant ce qui est « au-dessous de la ceinture », notamment le hara, la force sexuelle se trouve impliquée.

En ce qui me concerne, j'avais reçu une éducation très religieuse qui voyait l'impureté partout : point de salut si l'on faisait l'amour hors du mariage auquel il fallait accéder vierge avec une jeune fille vierge; toute autre attitude trahissait l'idéal chrétien. Les groupes Gurdjieff m'ayant convaincu que les relations sexuelles, loin d'être une faute, pouvaient constituer une très fine « nourriture d'impressions », j'avais fini par me croire bien normal sexuellement mais il manquait encore quelque chose. C'est l'Asie qui m'a fait découvrir la dimension sacrée de la force sexuelle, quelle que soit la manière dont on l'utilise.

Rien ne paraît plus terrible à un homme que l'idée d'être châtré mais cette castration a bel et bien lieu si l'être humain se coupe de la force vitale en lui et de sa capacité à aimer. Je tiens à insister sur cette vérité paradoxale au premier abord : la force sexuelle, c'est la force de l'amour mystique. Si vous n'êtes pas en paix avec votre sexualité, vous pourrez être amoureux, mais vous n'atteindrez pas l'amour spirituel. Un yogi ou un moine du mont Athos qui ne prendront jamais une femme dans leurs bras mèneront pourtant leur ascèse avec l'énergie sexuelle. Et si vous refusez cette énergie en vous, simplement parce que vous la considérez comme une activité certes excitante mais animale, vous vous condamnez à une vie gâchée. Je sais par vos confidences quelles souffrances peut entraîner chez les hommes comme chez les femmes cette fonction naturelle quand elle a été distordue, déviée, dénaturée.

LE SEXE ET LE CŒUR

Qu'on l'admette ou qu'on le nie, non seulement le sexe est à l'origine de toute existence humaine mais il demeure, à l'état brut ou spiritualisé, le moteur fondamental de ces existences. Cette affirmation n'est pas uniquement freudienne. Elle s'exprime dans une grande part du symbolisme mystique ou métaphysique.

Or, si l'on s'en tient aux apparences, il semble qu'il y ait une injustice du sort dans le fait que certains hommes ou femmes ont une vie sexuelle aisée, quand d'autres ne connaissent que la frustration dans ce domaine. Donc, parler de la sexualité peut faire mal à tel ou tel, mais vous ne suivrez pas une voie spirituelle digne de ce nom en fermant les yeux, en fuyant et en trichant; et je maintiens en même temps, sinon ce serait trop cruel, qu'il n'y a jamais de situations désespérées sur le chemin de la liberté intérieure. Dans la vie, vous pouvez en rencontrer. Si vous êtes acculés à la faillite et au dépôt de bilan, c'est certainement désastreux du point de vue professionnel, mais sur le chemin, il n'y a jamais de situation désespérée, il y a seulement des gens qui désespèrent de la situation. Représentez-vous l'eau qui réussit toujours à passer! Elle s'infiltre dans le sable, elle contourne un rocher, elle coule jusqu'à ce qu'elle atteigne la rivière; la rivière rejoint le fleuve, et le fleuve se fond dans la mer. Ce préalable s'adresse à tous ceux à qui la vie n'a pas facilité une vie sexuelle riche. Cependant il faut bien voir, en deça des vicissitudes de vos existences dans ce domaine, que la fonction sexuelle, ou ce que Gurdjieff appelle le centre sexuel (et le mot centre est très bien choisi) n'en demeure pas moins une réalité et, qui plus est, une réalité immense, quelle que soit la forme que prenne l'énergie sexuelle des uns et des autres.

Comment retrouver dans l'acte sexuel proprement dit une spontanéité d'enfant? Le thème de la spontanéité domine la spiritualité universelle, pas seulement le christianisme : « Si vous ne redevenez pareils à de petits enfants, vous n'entrerez pas au Royaume des Cieux.» Le sage est comparé à un enfant (*childlike*) ce qui ne signifie certes pas un adulte infantile (*childish*). L'enfant, qui n'a ni passé, ni références, ni jugements de valeur, vit, s'exprime, joue dans la liberté et nous, nous avons, plus ou moins, mais hélas généralement plutôt plus que moins, perdu cette spontanéité. Il y a une simplicité d'enfant à recouvrer. Mais vous ne trouverez pas dans les jeux de l'enfant la dimension qui sous-tend la vie sexuelle. Vous n'arriverez pas, sans être d'une manière ou d'une autre en porte-à-faux avec vous-même, à ramener la sexualité à un passe-temps heureux; c'est beaucoup plus que cela. Il faut donc tenir compte des deux aspects : simplicité et grandeur.

Ce qui peut nous aider, nous qui avons perdu ce naturel de l'enfance et avons été influencés par toutes sortes de condamnations et d'opinions, c'est de contrebalancer cette formation qui a été la nôtre par d'autres idées fortes, convaincantes et tout à fait différentes, soulignant notamment la valeur spirituelle et même mystique de la sexualité. Imprégnez-vous de plus en plus de cette certitude. Et pour cela je vais reprendre certaines vérités qui se trouvent elles aussi très bien décrites dans le livre *Fragments d'un enseignement inconnu* à condition qu'on les lise attentivement sans rien en laisser échapper. Je vais même utiliser la terminologie employée dans ce livre, mais en rappelant qu'une bonne part de ma recherche pendant quinze ans a consisté à vérifier si ce que j'avais cru comprendre dans l'enseignement Gurdjieff était vrai et universel.

Nous sommes composés d'un centre intellectuel plus ou moins lucide, d'un centre émotionnel encombré d'émotions et qui, une fois purifié, deviendra ce que Gurdjieff désigne comme le centre émotionnel supérieur (à mon avis, le mot émotion n'est pas bien choisi), d'un centre physique, celui de la sensation qui comprend une partie motrice, celle qui s'éduque, et une partie instinctive qui ne s'éduque pas : on n'enseigne pas à un enfant comment téter, encore moins comment faire battre son cœur et respirer ses poumons; et enfin d'un centre sexuel.

Or chaque centre travaille avec une énergie plus ou moins grossière ou fine qui lui est propre. Nous assimilons l'énergie dont nous pourvoit la nature et elle contribue à la cristallisation du corps subtil, créant en nous une structure autonome qui fonctionne à un niveau de qualité indépendant des mécanismes ordinaires. Ce corps subtil nous permet d'entrer en contact avec les niveaux les plus élevés de la réalité, les états supérieurs de conscience, les sentiments divins. Et l'énergie qui est propre au centre sexuel en lui-même est également d'un très haut niveau de qualité, ce que nous avons complètement oublié à force d'avoir pris l'habitude, dans cette civilisation dite judéo-chrétienne, de considérer le sexe comme un plaisir certes mais comme une activité purement profane, voire une faiblesse spirituelle. Même aujourd'hui, la suspicion à l'égard du sexe par rapport aux plus hautes valeurs n'a pas disparu. Une certaine approche de la vie amoureuse peut en effet être dégénérée mais cela ne tient pas à la fonction sexuelle telle que la nature l'a créée.

La fonction sexuelle ne se réduit pas à une fonction bestiale même si l'homme est aussi un animal, un mammifère et s'il faut en tenir compte car « Qui veut faire l'ange fait la bête ». L'énergie du centre sexuel vibre au même degré d'intensité que celle qui anime les sentiments les plus fins : la paix, la sérénité, l'amour, la béatitude, tous les états intérieurs qui engendrent une dilatation du cœur. C'est ce qui explique qu'il y ait tant de connexions entre la vie sexuelle et la vie mystique – pour l'instant je ne tiens pas compte de toutes les dégénérescences – et que la continence bien vécue, par ceux qui sont qualifiés pour la pratiquer et qui connaissent les méthodes justes pour transmuter l'énergie, puisse donner de si grands résultats spirituels. Le fait que, dans la vie sexuelle accomplie, cette même finesse demeure est la raison pour laquelle on a si souvent utilisé le vocabulaire érotique dans la mystique, y compris dans les grandes Upanishads classiques (la Brihadaranyaka, la Chandogya) et pas seulement dans les Upanishads tantriques où le mot « maïthuna », qui signifie accouplement, traduit certaines réalités métaphysiques ou théologiques. Nous en avons un autre exemple dans le Cantique des Cantiques, que l'on n'a jamais osé supprimer de l'Ancien Testament. Même dans le langage populaire on emploie parfois le mot extase ou l'expression « septième ciel » pour désigner l'orgasme. Oui, mais de quelle sexualité s'agit-il?

Pourquoi utilise-t-on communément l'expression : « faire l'amour » pour parler d'un accouplement dans lequel il n'y aurait apparemment aucun amour? Parce que l'être humain sait par intuition que l'énergie sexuelle a la même finesse que l'amour. La sexualité est un élan, une rencontre, un accueil, un don à l'autre, même si ce niveau de qualité n'est pas toujours atteint, loin de là.

L'énergie propre au centre sexuel est la même que celle qui anime le centre émotionnel supérieur, le cœur qui, une fois débarrassé des émotions, dit toujours oui à la réalité. Tantôt le corps dit oui, tantôt le corps dit non : si j'absorbe une gorgée de pétrole je la recrache aussitôt. La tête peut aussi dire non : non, le prix de revient est trop élevé par rapport à mes possibilités, je ne passe pas commande de ce produit. Mais le cœur purifié n'a pas de contraire : il est uniquement amour. Il ne comporte pas de moitié négative contrairement au fonctionnement habituel mais vicié du cœur qui engendre les émotions ordinaires, associées aux pensées conflictuelles douloureuses que nous ne connaissons que trop.

Or la fonction sexuelle proprement dite ne comporte pas non plus de moitié négative : ou la réalité est neutre, indifférente – ce radiateur n'a aucun écho d'aucune sorte pour votre centre sexuel – ou elle est positive, heureuse, agréable. Cette affirmation peut vous paraître théorique pour l'instant, ou même sembler contredite par votre expérience personnelle. Seule une observation attentive vous permettra de vérifier que le centre sexuel en lui-même, tout comme le cœur purifié du sage, est sans dualité.

Le cœur parfaitement unifié voit la volonté de Dieu partout à l'œuvre et dit oui à tout, quitte à agir ensuite en réponse à la situation. Quel est le mot qui exprime entre tous le centre émotionnel supérieur? « Oui », comme le Oui de Marie à l'Ange de l'Annonciation. Et quel est le mot qui exprime le mieux le centre sexuel? « Oui! » Je me souviens de l'enregistrement privé (remarquable au point de vue théâtral autant qu'érotique) d'une grande comédienne qui exprimait toutes les phases d'une union sexuelle, depuis les prémisses jusqu'à l'aboutissement final, uniquement en modulant le mot Oui, le « oui » aussi bien voluptueux que métaphysique.

Si le centre émotionnel supérieur et le centre sexuel ne connaissent que le oui, par contre les fonctions ordinaires comportent toutes une partie négative. Le centre intellectuel a deux manières de dire non. L'une est juste : « Est-ce que vous voulez de la confiture? » – « Non merci, étant diabétique, je ne mange pas de sucre. » Mais le centre intellectuel a pris l'habitude de dire non par imitation, pour toutes sortes de causes extérieures à lui qui ont fabriqué le monde personnel dont nous sommes prisonniers. On nous a enseigné à refuser tel ou tel aspect de la réalité auquel il n'y avait pourtant aucune raison valable de dire non. Le centre émotionnel est encombré de refus que nous essayons de pacifier et de neutraliser par une thérapie ou par le lying. Quant au centre instincto-moteur, ses refus se manifestent par des contractions, des blocages, des fermetures : non à des sensations ressenties comme pénibles par association à d'anciens traumatismes.

Comment se fait-il, puisque le sentiment supérieur et le centre sexuel consomment la même énergie fine, que la sexualité soit en général si mal vécue? Nous savons quelle cause de désastres elle peut représenter dans les existences. Que se passe-t-il alors? Des connexions (comme des fils qui se touchent, ce qui n'est pas heureux en électricité) s'établissent entre le centre sexuel d'une part et la moitié négative des autres centres d'autre part. Je pourrais vous montrer que tous les enscignements ésotériques confirment ces vérités même s'ils ne les expriment pas aussi méthodiquement que le faisait Gurdjieff.

Peut-on imaginer un acte sexuel rayonnant et épanoui qui consisterait à dire non... non... non? Vérifiez, vous verrez que c'est impossible. Si cela se produit, c'est parce que le centre sexuel est entré en contact avec la moitié négative du centre intellectuel, du centre émotionnel ou du centre physique. Voilà ce qui se passe : une stimulation du centre sexuel pour une personne précise réveille l'émotion pénible liée à un souvenir enfoui dans la moitié négative d'un des centres ordinaires avec laquelle le sexe a instauré dans le passé une relation qui n'avait pas lieu d'être. Et le non se lève. Par exemple une femme supportera d'être caressée, mais l'idée qu'un homme puisse embrasser son sexe lui est insupportable alors qu'une autre verra là une preuve d'amour, une marque de tendresse ou une forme très appréciée de sensualité. Le plus souvent ces réactions négatives des autres centres ont leurs racines dans l'inconscient, d'où la nécessité de rendre consciente cette partie ignorée du psychisme.

Si nous réfléchissons à cette particularité du centre sexuel,
nous voyons combien souvent notre sexualité peut être perturbée. En effet la fonction sexuelle proprement dite, qui
dans la nature est purement agréable pour les animaux, ne
pose de réels problèmes qu'à l'être humain. On n'en a pas
créés autant à propos de l'audition ou de la vision! Le centre
sexuel se trouve contaminé par une énergie qui n'est pas la
sienne. Si le centre émotionnel recèle la peur d'être trahi, le
centre sexuel, entrant en contact avec ce centre émotionnel
ordinaire, a peur : « Non, je ne peux pas ressentir de sensations agréables parce que cela va mal tourner. » Aussi aber-
rant soit-il, ce mécanisme n'en est pas moins fréquent. De
même, le centre sexuel ne peut pas fonctionner normalement
s'il entre en contact avec la partie négative du centre intellectuel et que celui-ci contient des interdits : « cela ne se fait
pas, c'est immoral, c'est une concession à la faiblesse de
l'homme, un véritable saint n'a pas de vie sexuelle, c'est
lamentable de faire l'amour avec une femme dont on n'est
pas amoureux » –, toute la gamme des culpabilités et des
jugements de valeur que nous ne connaissons que trop. Si la
partie négative du centre intellectuel interfère, la sexualité
devient névrotique.

Mais il faut comprendre que la sexualité *en elle-même*,
telle que la nature l'offre à tous les êtres humains, demeure
toujours intacte. En elle-même, elle n'est jamais sadique ni
masochiste bien que ces perversions soient connues. Une
ascèse de purification et de conviction, destinée à créer des
contrordres plus forts que les inhibitions, doit intervenir
jusqu'à ce que vous puissiez être complètement réconciliés
avec la fonction sexuelle, quels qu'aient été votre passé,
votre éducation, vos déboires, votre nuit de noces désastreuse, la honte d'avoir couché avec des hommes riches que
vous trouviez laids et que vous n'aimiez pas ou celle d'avoir
fait l'amour avec des filles que vous méprisiez en sachant
que vous les laisseriez tomber demain après leur avoir pro-
mis ce soir que c'était pour toujours, les condamnations de

toutes sortes – y compris ce que les curés vous ont peut-être dit sur la masturbation.

De même que l'écran de cinéma n'est jamais affecté par le film projeté, qu'*anandamayakosha* est déjà présent en vous et que vous êtes appelés à aimer d'un amour qui n'a pas de contraire, de même l'énergie sexuelle proprement dite n'est jamais contaminée. Votre sexualité demeure parfaite, je le dis à tous et à toutes et en particulier à ceux qui souffrent et dont je connais les problèmes d'impuissance, de frigidité ou d'inintérêt total dans ce domaine. Vous êtes coupés de la spontanéité par les connexions malencontreuses établies avec les autres fonctions qui, elles, ont été abondamment perturbées. Si vous croyez que vous avez des problèmes sexuels, vous vous trompez : vous avez des problèmes psychiques. Consolez-vous, rassurez-vous, aucun, aucune d'entre vous ne possède un centre sexuel détérioré ; ce qui est détérioré, c'est le mental et l'émotion qui peuvent engendrer la névrose. Vous croyez que vous avez de mauvais souvenirs associés au sexe parce qu'un membre de votre famille a abusé de vous dans votre enfance – Dieu sait si Denise Desjardins, encore plus que moi, a pu vérifier le nombre de petites filles ou de petits garçons qui ont été perturbés sexuellement par les grandes personnes. Cela arrive plus souvent qu'on ne le croit et c'est ce qui est le plus censuré. Mais, en vérité, votre centre sexuel n'est jamais endommagé, seuls peuvent être blessés la pensée, le cœur et le corps.

L'énergie sexuelle reste toujours l'énergie fondamentale antérieure à la ramification en énergie intellectuelle, en énergie émotionnelle et énergie physique, indemne des traumatismes. Le travail de déconditionnement est à accomplir sur les perturbations du centre émotionnel, les mauvais samskaras imprimés dans le corps – je ne supporte pas que l'on me touche – ou les aberrations du mental avec les lois mensongères que nous avons inconsciemment édictées et par lesquelles nous vivons dans la prison de *notre* monde au lieu de vivre dans *le* monde. Mais le centre sexuel, source intacte de

la vitalité, persiste à vouloir fonctionner, comme les arbres
font des fleurs à chaque printemps, et il demande à être utilisé soit dans des techniques spirituelles qui nous conduisent
à la plénitude soit dans l'élan d'un corps d'homme et d'un
corps de femme l'un vers l'autre – sans tenir compte de
l'homosexualité pour le moment.

Le drame de beaucoup d'existences réside dans la contradiction entre une pulsion sexuelle active – et c'est normal –
et les négations de la sexualité par la part négative des autres
centres. La sexualité peut vous aider à revenir à la vérité de
la nature si vous l'utilisez comme point d'appui en considé-
rant qu'elle est intacte et peut venir à votre secours. Dans la
mesure où vous menez une vie sexuelle, vous pouvez lui donner sa chance de vous rendre créatifs, à condition qu'il ne
s'agisse pas d'une activité névrosée et dégradée.

Comment se libérer de tout ce passé? Votre chance de
salut réside dans le fait que le centre sexuel en lui-même
n'est jamais affecté. Et le centre sexuel c'est la force de vie
fondamentale, c'est la pulsion vers l'autre, c'est le fondement
de l'amour qui peut ensuite communiquer directement de
cœur à cœur et d'âme à âme. Certes, vous pouvez tomber
amoureux, être passionnés, fascinés, et prétendre aimer mais
il n'existe aucune possibilité d'aimer, au sens spirituel du
mot, si vous n'êtes pas pleinement réconciliés avec votre
sexualité. Si un moine dans le monastère assume complètement l'énergie du sexe, celle-ci peut être transmutée et il
accède alors à l'amour; mais ceux qui entrent au monastère
par peur de la sexualité ou en la condamnant ont beau prier
toute la journée, ils n'accèdent pas à l'amour, vieillissent
tristes et aigris et leur vie spirituelle tourne à l'échec.

L'énergie sexuelle en elle-même, non polluée par la partie
négative des autres centres, est l'énergie la plus sacrée, ce
qui explique toutes les allusions à la sexualité dans les
ouvrages mystiques. S'il est tout à fait légitime que vous uti-
lisiez cette énergie fine pour mener une vie sexuelle normale,
n'oubliez pas cependant son caractère sacré. Ne la gâchez

pas. Et si vous avez l'audace de la respecter pleinement, la sexualité deviendra pour vous une activité sacralisée qui vous comblera et vous conduira à l'amour, à la communion, à la non-dualité. Mais, trop souvent, l'énergie sexuelle ne peut ni demeurer simplement au niveau latent ni être mise en œuvre harmonieusement dans une union heureuse, soit parce que l'inhibition vous empêche de faire les rencontres que vous souhaitez, soit parce que la relation est mauvaise, même si l'homme aime la femme ou la femme aime l'homme. Que de femmes m'ont déclaré aimer leur mari mais ne pas supporter la relation sexuelle ou seulement de temps en temps, quand un certain équilibre émotionnel se produit en elles. Il faut comprendre que ce sont les autres fonctions qui sont touchées et se rétractent et que la sexualité proprement dite n'est pour rien dans ces peurs et ces souffrances.

*
* *

L'énergie sexuelle ne peut être vécue que de trois manières justes. L'une, provisoire, correspond à des circonstances particulières qui ne permettent pas d'avoir une vie de couple, mais ne comportent pas non plus de sollicitations dans ce domaine; par exemple, je suis détenu dans un camp de prisonniers de guerre où il n'y a que des officiers ou des soldats et la sexualité passe au second plan du fait de l'absence complète de femmes. Mon propre père, qui était psychologue et s'était trouvé prisonnier un an dans un camp d'officiers en 1940 avant d'être libéré comme blessé de 14-18, m'a raconté une fois que les jeunes officiers ne parlaient jamais de femmes mais avant tout de gastronomie! Leurs conversations autres que sérieuses consistaient à décrire le menu de la première communion de leur neveu ou celui du mariage de leur cousin. La « bouffe » était au centre de leurs préoccupations parce qu'ils étaient très mal nourris. Mais l'absence de femmes paraissait leur causer peu de problème. De même, quand je vivais plusieurs mois d'affilée avec mon compagnon Sonam Kazi au Bhoutan ou au Sikkim, ne rencontrant que des nonnes tibétaines tondues et ne se lavant pas tous les jours, ma sexualité était totalement au repos. Dans ces cas précis, il n'y a pas d'interférences nuisibles des autres centres et ces périodes d'abstinence momentanée sont tout à fait normales.

La seconde manière d'utiliser l'énergie sexuelle de façon juste, c'est la continence. Comme l'a écrit Daniélou – je ne parle pas du cardinal mais de l'indianiste – « la continence n'est pas une vertu, mais une technique ». Cette précision est intéressante. L'absence de vie sexuelle dans la vie spirituelle ne constitue pas un comportement particulièrement vertueux et admirable. Il s'agit d'une méthode en vue d'obtenir certains résultats déterminés même si elle est inspirée par l'amour pour Dieu. Que va devenir cette énergie qui n'est pas utilisée? Grâce à la qualité même du centre sexuel, elle va pouvoir être investie dans la méditation. Avec un peu de courage et de détermination, vous-même pouvez en faire l'expérience. Si vous sentez une très forte demande sexuelle et qu'elle ne puisse pas être satisfaite (en dehors de la masturbation) et si vous acceptez à la fois l'intensité du désir et l'impossibilité de l'assouvir – même si cela paraît très exigeant pendant vingt ou trente minutes – alors se produit une intensification quantitative qui aboutit à une véritable transmutation qualitative de l'énergie sexuelle. A ce seuil, la plénitude de l'adhésion à la puissance du désir opère un changement de niveau. Je suis en mesure de vous dire que certaines personnes qui m'ont écouté l'ont non seulement tenté mais réussi. Je connais même le cas d'une femme qui, lors d'une retraite au Bost, a vécu sa première grande expérience de méditation un jour où elle a éprouvé une demande sexuelle particulièrement forte à une époque où elle n'avait pas d'homme dans sa vie. Elle s'est concentrée dans son désir en étant complètement « un avec » celui-ci, sans prendre peur et le changement qualitatif s'est produit. A la suite de cette expérience très riche, elle s'est trouvée en paix pendant plusieurs jours consécutifs en continuant de vivre dans la vibration de ce moment merveilleux qui lui avait permis de connecter directement avec ce que l'Inde appelle *anandamayakosha* : elle n'était plus qu'amour et béatitude.

Et enfin, la troisième manière d'employer l'énergie sexuelle, c'est bien évidemment l'union sexuelle proprement dite : « Soyez complètement normal avant de vouloir être supranormal. » Et l'épanouissement sexuel normal, épanoui, tout comme la transmutation, peut jouer un rôle de premier plan sur le chemin. J'aurai l'occasion de revenir sur ce thème.

Il existe donc trois éventualités du point de vue spirituel : l'une dont il ne faut pas faire un drame consiste à rester quelque temps sans vie sexuelle; la seconde, c'est la transmutation et la troisième la vie sexuelle normale. En dehors de ces approches, il en existe une autre, que les psychologues appellent sublimation, mais qui n'est pas nécessairement libératrice : on nous dit que Beethoven a composé ses symphonies parce qu'il n'avait pas de vie sexuelle et que sa libido est entièrement passée dans son œuvre d'art; c'est précieux pour nous qui pouvons apprécier le talent, la grandeur et la puissance du message qu'il nous a transmis mais cela ne constitue pas une preuve de sagesse et de libération. Il s'agit cependant d'une manière socialement heureuse et à peu près heureuse individuellement d'exploiter l'énergie sexuelle en dehors de son accomplissement normal ou de la transmutation.

Mais que devient l'énergie sexuelle si elle n'est canalisée d'aucune de ces manières justes? Elle est consommée par les autres centres. Ce point doit être tout à fait clair pour vous aider à vous comprendre vous-même. Un appareil électrique ne pourrait pas fonctionner avec du gaz ni du fuel et un appareil à gaz ne fonctionnerait pas à l'électricité. Mais dans la complexité d'un organisme humain, ce malheur est possible. La pensée est alimentée par l'énergie sexuelle qui n'est pas celle qui lui convient, puisqu'elle se sert normalement d'une énergie moins subtile et intense. Le centre émotionnel ordinaire, qui comprend toutes les émotions grossières, travaille avec l'énergie sexuelle qui n'est pas plus la sienne, et le centre moteur en fait autant. Cela représente un immense gâchis.

Trois caractéristiques nous permettent de déceler ces interférences. Mais avant de les énumérer, il faut encore que je fasse une mise au point. Il arrive que l'on tire volontairement profit de ces interférences, nuisibles du point de vue spirituel, afin d'obtenir certains résultats. Le slogan « Faites l'amour, ne faites pas la guerre » contient une vérité et l'on sait depuis longtemps que les gens seraient beaucoup moins belliqueux s'ils faisaient bien l'amour. Si l'on a besoin de combattants, il vaut mieux qu'ils ne soient pas bien dans leur peau sexuellement. Un névrosé sexuel peut être avantagé dans la « *struggle for life* », la bataille pour la vie, et devenir un « battant », ce qui achève de créer la confusion si l'on ne regarde pas cette question de près.

J'en viens maintenant aux trois caractéristiques du mauvais fonctionnement de nos centres quand l'énergie sexuelle est détournée : premièrement l'intensité inutile, une intensité qui n'a pas de justification; deuxièmement l'inutilité des accomplissements ou des actions entreprises; et troisièmement la combativité. Je tiens à préciser que cela s'applique autant aux femmes qu'aux hommes, quelles que soient les différences qui existent entre la nature féminine et la nature masculine.

L'énergie sexuelle déviée comporte un aspect agressif : elle est alors employée pour se battre, attaquer ou critiquer; et cette combativité est aggravée par les deux autres caractéristiques : l'intensité et l'inutilité. Si le centre émotionnel fonctionne avec l'énergie sexuelle, la religion devient la condamnation des hérétiques et l'accent sera mis de façon exagérée sur le sort des pécheurs qui brûleront en enfer; dans d'autres domaines, certains s'enflammeront pour une cause, écriront des pamphlets, se déchaîneront devant leurs auditoires. Cette déviation se traduit par un fanatisme dans les émotions, une excitation, une intensité dans les idées : « C'est affreux! C'est épouvantable! C'est inadmissible! » Excès, combat, et finalement, inutilité.

Si le centre moteur est concerné par ce détournement de l'énergie sexuelle, le simple fait de passer l'aspirateur ou de nettoyer une baignoire devient un véritable combat de catch avec l'aspirateur ou la baignoire. J'ai aussi beaucoup observé l'inutilité des actions quand elles sont nourries par une énergie qui n'est pas la leur : par exemple, vous verrez une personne parler trois quarts d'heure à quelqu'un qui ne peut ni l'écouter et encore moins l'entendre ce jour-là parce qu'il est trop pris par ses propres préoccupations. La personne a parlé pour rien, sans même s'en rendre compte. Ce type d'action revient à planter des pièces de un franc en les arrosant tous les jours dans l'espoir qu'elles vont pousser. Toujours en liaison avec le centre moteur, si l'énergie sexuelle est mobilisée pour battre des records, pourquoi pas? Cela peut être intéressant. C'est une question d'état d'esprit. Mais un sportif qui mène une vie sexuelle très épanouie n'a pas la même approche du sport qu'un sportif dont l'énergie sexuelle anime le centre moteur.

Ces détournements de l'énergie sexuelle ne doivent pas être confondus avec la transmutation qui nourrit *anandamayakosha* chez les mystiques ni avec le contact qui s'établit, dans un acte sexuel particulièrement harmonieux, entre le niveau de conscience supra-mental et l'orgasme proprement dit.

On dit que toutes les névroses sont d'origine sexuelle. Pour bien comprendre cette affirmation, il faut savoir que les névroses sont dues en partie au fait que les centres ordinaires fonctionnent non pas avec leur énergie propre, prévue par la nature, mais avec l'énergie sexuelle comme je l'ai dit tout à l'heure.

Et le centre sexuel, normalement non duel, achève le

désastre : il devient le champ d'expression des autres fonctions avec leur dualité et leurs contradictions et il ne permet plus qu'une sexualité restreinte, faite de sensations localisées décevantes et frustrantes. La totalité de l'être humain ne participe plus à l'acte sexuel qui n'offre alors aucune possibilité de dépassement et de transcendance. Je ne nie pas que ces sensations physiologiques puissent apporter une détente précieuse. Parlons crûment : j'ai reçu beaucoup de confidences, comme si j'étais prêtre ou psychologue, et je connais certaines femmes totalement frustrées d'hommes depuis plusieurs années qui utilisent un pénis artificiel quand une demande trop forte se lève en elles; cela leur apporte un bien-être momentané. Je ne les condamne pas du tout. Je n'ai apparemment aucune morale, si ce n'est celle de vous voir enfin vraiment heureux, capables de vous oublier vous-mêmes pour penser aux autres. Un être heureux peut faire passer l'intérêt des autres avant le sien; un être frustré et malheureux est condamné à l'égoïsme. Je vous souhaite à tous ce qui est grand, noble, divin même – et le réalisme sans mensonge sur le Chemin.

Si je ne porte aucune condamnation, il n'en demeure pas moins que l'érotisme ordinaire ne permet pas de comprendre pourquoi les Upanishads et la métaphysique en général se réfèrent si souvent à l'union des corps pour décrire les plus hauts accomplissements mystiques : « ... Comme un homme et une femme tendrement enlacés, l'homme ne sachant plus s'il est homme ou femme et la femme ne sachant plus si elle est femme ou homme. » Pour décrire des expériences merveilleuses de fusion, de dépassement et de transcendance, les écritures sacrées n'hésitent pas à les comparer à l'acte sexuel.

Moi-même, à l'époque où j'avais une activité sexuelle normale mais sans plus, je n'arrivais pas à croire que la sexualité puisse être une activité mystique. J'étais attiré par les femmes, je trouvais cela excitant, je savais plaire, je me faisais éventuellement des reproches si je faisais souffrir une femme parce que j'avais envie de faire la cour à une autre mais, finalement, tout cela me paraissait assez décevant. Était-ce tellement divin? Et, même à l'intérieur d'une relation dite d'amour, je ressentais aussi une déception parce que la part négative de mes autres fonctions n'était pas assez purifiée. Une fois l'acte sexuel consommé, qu'en restait-il?

Par contre, si la relation sexuelle a permis d'expérimenter un état au-delà du mental, le plus précieux demeure après qu'elle est achevée. L'impression de tristesse généralement ressentie après l'accouplement n'apparaît pas dans la sexualité à laquelle se réfèrent les enseignements de l'Inde qui sont très explicites à cet égard. Ce qui, normalement, représente une montée et un achèvement, surtout pour l'homme ou chez la femme dans la sexualité clitoridienne, débouche au contraire sur une ouverture à un autre plan, même s'il est assez rare que cela se produise. Je ne dis pas que cela ne se produit jamais, mais les confidences que reçoivent ceux qui s'intéressent à ces questions, ce qui est publié de sérieux sur la question et mon expérience d'écoute des autres permettent d'affirmer que c'est peu fréquent. Cependant certaines femmes qui n'ont aucun intérêt pour la métaphysique mais dont la névrose ne se manifeste pas dans l'activité sexuelle font des descriptions lyriques de leurs orgasmes qui rappellent des témoignages mystiques et font rêver d'autres femmes qui n'ont jamais vécu de telles expériences. D'une manière générale, les hommes ne sont pas aussi souvent bloqués sexuellement que les femmes mais, en contrepartie, sont beaucoup moins capables d'une sexualité élevée et raffinée et beaucoup plus de femmes non préparées que d'hommes atteignent des états supra-mentaux au cours de l'acte sexuel.

Envisageons maintenant le cas d'une femme souffrant d'un blocage sexuel. Toute stimulation sexuelle, ou presque toute, sauf dans des conditions de détente et de confiance exceptionnelles, éveille en elle la demande normale mais éveille aussi au même moment la connexion avec la partie négative d'un (ou deux ou les trois) des centres ordinaires. Cette femme se montrera peut-être charmante avec son partenaire tant qu'elle n'éprouvera pas de désir sexuel pendant quelques jours; mais dès que sa propre demande surgit, des réactions négatives sont immédiatement stimulées et son partenaire lui devient insupportable sans qu'elle comprenne ce qui se passe en elle. Son mental s'empare de cette répulsion momentanée, échafaude un monde, ressasse le passé, projette sur le futur et ne fait qu'aggraver la situation. Non seulement la femme en question ne peut pas connaître une vie sexuelle pleine et harmonieuse mais, qui plus est, son énergie déviée aggrave les perturbations émotionnelles et mentales. Il va donc falloir que son compagnon et elle-même fassent preuve de beaucoup d'habileté pour retrouver l'aisance dans ce domaine.

A cause de ces mauvaises connexions, notre vie amoureuse demeure insatisfaisante. L'énergie sexuelle n'est ni utilisée par le centre sexuel ni transmutée et elle nourrit indûment les autres fonctions. En outre, cette utilisation de l'énergie du centre sexuel par les centres ordinaires crée une tension, un excès, une combativité, une inutilité qui vont nourrir les obstacles à la satisfaction normale. Cette interaction donne l'impression d'un inextricable cercle vicieux.

D'un point de vue technique, votre travail sera donc de réussir à ce que les sollicitations du centre sexuel ne déclenchent plus dans les autres centres de réactions négatives qui n'ont, en vérité, aucun rapport avec lui. Le fait de sentir se lever un désir sexuel est juste et naturel – vous verrez ensuite, dans l'ensemble des paramètres de votre existence, si vous lui donnez suite ou non. Ne ruinez pas votre destin parce qu'un jour une montée de désir vous a submergé, emporté et conduit à des actes lourds de conséquences, et ne niez pas non plus une demande sexuelle. Mais il est déplorable pour votre épanouissement dans ce domaine qu'une sollicitation du centre sexuel vous connecte avec des réactions négatives enracinées dans l'inconscient.

La question devient donc très précise. Comment éviter que la moitié négative du centre moteur, du centre intellectuel et du centre émotionnel, ou les trois ensemble, ne vienne interférer? Tout travail sur la moitié négative de ces centres sera bénéfique à votre vie sexuelle et, d'une manière générale, l'ensemble de votre « chemin » vous aide à les purifier. Chaque fois que vous vous efforcez de convertir un refus en adhésion ou une contraction en détente, chaque fois que vous remettez en cause un préjugé ou une des prétendues lois qui constituent votre monde subjectif, même si apparemment cela n'a aucune relation directe avec la vie amoureuse, vous servez l'avenir d'une sexualité épanouie. Je ne dis pas que votre vie amoureuse sera miraculée si vous acceptez sans émotion que votre paire de lunettes s'est cassée en tombant. Mais si vous prenez définitivement l'habitude de dire oui à ce qui est, le oui finira par imprégner votre existence et par atténuer la force négative des autres centres.

Une fois établis, les refus ne disparaissent malheureusement pas si vite, d'où la nécessité d'une sadhana bien menée pouvant inclure un travail sur l'inconscient; mais au moins, si vous avez pris conscience de la force de vos réactions et de leur anormalité, vous savez comment orienter votre tentative et ce que vous pouvez attendre des « lyings ». Bien entendu, ceux-ci auront indirectement un effet bénéfique sur la sexualité, même si ce domaine n'y est pas directement abordé, puisqu'ils vous apprennent à lâcher les vieilles peurs. Mais, pour agir efficacement, il faut que ces lyings relèvent d'une acceptation profonde. Il ne s'agit pas d'en rester à : « Salaud, salaud! Papa, tu es un salaud. » Ce type d'abréactions ne peut être que préparatoire. Les lyings réellement libérateurs sont ceux qui débouchent sur le oui à tout : « Oui à la souffrance, oui à la peur, oui au désespoir, oui à la mort de maman quand j'avais quatre ans, oui à la colère terrifiante de papa quand j'en avais six... »

Un thérapeute m'a donné deux photographies d'une femme que je ne connais pas, l'une prise au cours d'un lying,

montrant un visage tordu de souffrance et l'autre, juste après
la séance, révélant un visage tellement intériorisé et lumineux qu'on se demande si cette femme vient de connaître un
orgasme merveilleux ou si elle est en samadhi. Je l'ai moi-
même constaté dans certains lyings intenses que j'ai fait
faire au Bost. Cela ne peut se produire que s'il s'est opéré un
oui inconditionnel à tout ce qui était en principe cause de
souffrance pour la personne qui revit des traumatismes
anciens et oubliés.

Chacun peut se poser la question : dans quelle mesure la
moitié négative d'un de mes centres réussit-elle encore à
intervenir? Et à cet égard, je vous affirme qu'une nouvelle
compréhension de la noblesse de la sexualité peut vous aider.
Dans le pur état d'amour, de paix, de béatitude, de réconciliation au-delà des émotions ordinaires, il y a une qualité de
« oui » que l'on retrouve dans un acte sexuel heureux et spontané, sans arrière-pensées, avec tout ce que ce « oui » peut
éventuellement comporter d'érotique. Et une tout autre
connexion peut alors s'établir entre le sexe et le cœur lui-
même. C'est pourquoi certains actes sexuels vraiment réussis
apportent, non seulement au niveau du sexe mais aussi au
niveau du cœur une impression merveilleuse, même pour des
personnes qui ne sont concernées par aucun chemin spirituel
comme je le disais tout à l'heure.

Cette non-dualité similaire du sexe et du cœur, qui leur
permet de fusionner si le centre sexuel fonctionne avec son
énergie propre, explique l'utilisation de la sexualité dans certaines pratiques tantriques qui ont pour but un dépassement
du niveau de conscience habituel. Dans ce contexte précis,
les rapports entre partenaires peuvent avoir lieu en dehors
d'une relation d'amour conjugal durable. Tout a été expérimenté par l'humanité et en particulier en Inde. Dans certaines pratiques tantriques, qui ne sont pas du tout des
formes de débauches mais restent tenues secrètes et ne sont
pas exportées en Occident, la relation sexuelle doit avoir lieu
entre un homme qui ne connaît pas du tout la femme et une

femme qui ne connaît pas du tout l'homme, de manière à ce que ce soit l'homme en lui qui rencontre la femme en elle et inversement, mais sans faire lever de réactions dans les autres centres.

Souvenez-vous que la demande sexuelle est naturelle : « *It is but normal and natural.* » Un poème de Jean Cocteau qui me touchait dans ma jeunesse commence ainsi : « Si tu aimes, pauvre enfant, n'aie pas peur, c'est la loi universelle. » Quel que soit le degré de névrose d'un être, son énergie sexuelle ne disparaît pas; bien sûr, il y a des différences, elle est plus ou moins puissante selon les êtres humains. En principe, plus vous avez une pulsion sexuelle forte, plus vous êtes qualifiés pour le yoga ou le mysticisme. C'est pour cette raison que les eunuques ne pouvaient pas devenir prêtre ou moine. Mais, en réalité, la plupart des êtres humains ont un centre sexuel fort même s'il est réprimé puisque le centre sexuel a la particularité de travailler avec une énergie très fine. L'acte sexuel ou la vie sexuelle pourraient donc normalement représenter une très riche « nourriture d'impressions ».

*
* *

Quelles que soient vos difficultés dans le domaine sexuel, regardez la vérité sans crainte. Pour retrouver cette spontanéité d'enfant à laquelle vous aspirez, il faut neutraliser les connexions négatives qui ont pu s'établir, à commencer par les plus grossières, celles qui ne sont pas directement enracinées dans l'inconscient, mais qui pèsent sur vous. Il s'agit notamment de tous les jugements de valeur par lesquels la sexualité se trouve condamnée ou rabrouée : c'est mal, c'est vulgaire, c'est un péché. Afin de contrebalancer ces a priori, il faut vous appuyer sur l'assimilation d'idées nouvelles : c'est bien, Dieu est avec moi, je n'ai pas peur de ressentir. La grande faute du christianisme historique, et beaucoup de théologiens en sont conscients, consiste à avoir durci des

paroles de saint Paul qui étaient souvent des paroles de circonstance, et à avoir tout juste toléré le sexe comme une
concession nécessaire pour mettre des enfants au monde.

Utilisez la certitude contraire qui peut contribuer à faire
disparaître une conviction erronée, même si vous ne la sapez
pas à la base par le lying. Et essayez de voir ce qui se passe,
ce qui se lève encore en vous physiquement, émotionnellement ou mentalement pour vous suggérer : « Non, non, il ne
faut pas ressentir de tout son être. » Vous pouvez aussi orienter des lyings directement sur ce thème, en sachant ce que
vous voulez retrouver. « Comment, il ne faut pas? Mais non!
Mes parents, c'était mes parents, mon éducation catholique
correspondait aux idées de mon milieu, mais que dit la
sagesse ancienne? » Et finalement, qu'a vraiment dit le
Christ? Vous redeviendrez pareil à un petit enfant si vous éli-
minez ce qui vous empêche d'être naturel. Un ordre souter-
rain, selon l'expression de Denise Desjardins que je trouve
éloquente, vous intimera : « Non! » Comment retrouver une
spontanéité d'enfant, non pas dans de petits amusements
mais dans un jeu d'adultes qui peut devenir grandiose.
Même si c'est rare, vous pouvez aspirer à une sexualité
divine dans laquelle cette simplicité de l'enfant a son rôle à
jouer.

Chaque fois que vous osez vous retrouver heureux comme
un enfant, même en dehors de toute connotation sexuelle,
vous favorisez cet épanouissement que vous avez si justement pressenti. Osez être enfant! Pas infantile, enfant! Osez.
Il a fallu Swâmiji pour qu'au lieu de commander sobrement
« deux boules vanille » dans un café, j'ose choisir la glace
dans laquelle il y a à la fois la crème Chantilly, le chocolat
chaud et les fruits confits. Jamais je n'aurais pu le faire si je
n'avais pas rencontré ce swâmi hindou : « On ne dépense pas
l'argent comme ça, pour des sucreries! » Chaque fois que
vous avez l'audace de redevenir semblable à un petit enfant,
quelle bénédiction! Et, pour cela, utilisez votre intelligence :
« Non! Ce n'est pas mal. Le Christ lui-même dit que c'est

bien! Pourquoi devrais-je être plus royaliste que le roi, plus chrétien que le Christ? » L'intelligence peut vous aider vous qui, comme moi, avez peut-être reçu une éducation religieuse.

Si nous regardons jouer un enfant, nous sommes émerveillés de voir à quel point il vit dans l'instant présent! Il ne prévoit pas ce qui va se passer dans deux minutes. Naturellement, cela peut paraître bizarre de parler de technique ou d'effort dans ce qui doit être spontané. Et pourtant on peut aller vers la simplicité en essayant de vivre de seconde en seconde ce qui a une connotation sexuelle : chaque geste est accompli pour lui-même et pas en fonction de l'étape suivante. Sinon le geste n'est pas vraiment vécu dans la pureté et l'innocence. Si une femme caresse le genou d'un homme et qu'il pense « Quand va-t-elle me caresser le sexe? » quelle erreur! En vivant dans l'expectative, comme si son geste n'était qu'un préalable, vous manquez la perfection d'un instant. Être projeté dans un futur d'une minute, dix secondes, deux secondes, suffit pour perdre ce que cet instant peut receler de précieux.

Enfin encore un point important, la sexualité entre un homme et une femme – même un époux et une épouse chrétiens qui ont voulu sanctifier leur mariage par le sacrement de l'Église ou ont placé une icône dans leur chambre – doit être complètement libre. Entre époux, il ne doit y avoir aucune restriction. Certaines tentatives du clergé, même au début du siècle, pour déterminer ce qui était licite ou non, ont sombré dans l'absurde : des ecclésiastiques qui n'avaient jamais touché une femme édictaient entre eux s'il était permis de caresser le vagin avec le doigt entier ou seulement avec une phalange. En amour, dans l'amour, tout doit devenir possible. Les enfants jouent parce qu'ils osent tout se permettre : « VRRRRRRRRR... je suis un avion », disent-ils en écartant les bras pour simuler les ailes. Ils ne se demandent pas si c'est licite ou non.

Le mariage monogamique vécu dans la fidélité a un carac-

tère sacré en Inde aussi. Dieu sait si la femme hindoue traditionnelle est chaste et pudique; elle se sentirait déshonorée si
elle troublait sensuellement un autre homme que son mari.
Mais, dans ce contexte de pudeur et de délicatesse, Swâmiji
disait – c'est valable bien sûr pour les deux sexes – « la
femme est pour son mari tout ce que toutes les femmes
peuvent être pour l'homme : s'il est malade, elle devient une
infirmière; s'il a du travail et qu'elle l'aide, elle est une associée; s'il est fatigué ou triste, elle joue le rôle de mère; s'il lui
explique certaines choses qu'elle ne connaît pas elle devient
une fille », et Swâmiji m'a dit à moi : « ... *and a mistress* » –
et une maîtresse. Mais à un autre d'entre nous il a dit : « *a
courtesan* » – une courtisane – et à une autre encore : « *a
prostitute* » – une prostituée. Et l'homme, bien entendu, doit
remplir lui aussi tous ces rôles auprès de son épouse. L'Inde
que j'ai connue n'est pas phallocratique. La femme y est
même divinisée en tant que mère. Et Dieu y est autant Mère
que Père.

Cette simplicité d'enfant n'est possible que si vous pouvez
vous convaincre de dépasser toutes les images qui font lever
en vous des refus et toutes les restrictions. Dans la communion des corps et des cœurs, il ne doit y avoir d'autre principe
que la spontanéité et un grand accueil de la spontanéité de
l'autre. Ce dépassement de ce qui ferait lever un refus vient
d'une décision possible à tout disciple tant soit peu avancé.
« Oh non!... Oh oui! » Même « Non, tu me fais mal! » peut
s'épanouir en « Oui! Oui! Oui! » Le « mal » en question
change de signe en un instant – sauf si le mari se révélait
vraiment maladroit et brutal, fût-ce sans le faire exprès.
Vous ne pouvez retrouver votre propre limpidité que si vous
admettez complètement celle de l'autre. La spontanéité,
c'est une liberté d'enfant, un lâcher-prise du mental, une
conscience élargie, mais pas un emportement. On peut être
vigilant et inventif, ce qui permet d'éprouver un état de
grâce, comme un enfant qui joue. Mais il faut que chacun
sente que tout est admis. Imaginez qu'une femme ait envie

tout d'un coup, au cœur de l'acte sexuel, de chanter.
« Qu'est-ce qui lui prend? » Mais pas du tout, peut-être que
l'homme va oser en faire autant et qu'ils vont improviser la
mélodie d'un instant béni. « Quoi? Ce n'est pas dans mon
manuel. Il y est écrit qu'il faut connaître les zones érogènes,
que celles-ci changent selon les types astrologiques, mais il
n'y est enseigné nulle part qu'il faut chanter. » Non, mais la
spontanéité n'a que faire des manuels de sexologie.

   C'est une décision à prendre. Il n'y a que le premier pas
qui coûte : « J'ose ... j'ai osé, et ça s'est bien passé. » Il suffit
d'une entente et d'une complicité entre les deux partenaires.
Vous verrez combien cette liberté est plus riche que de chercher dans la ligne des innovations érotiques : certains couples
essaient de savoir si c'est plus excitant quand la femme porte
de la dentelle noire ou quand elle n'est qu'à moitié déshabil-
lée, s'il faut mettre ou non des miroirs au plafond, ou choisir
tel ou tel type d'éclairage : il s'agit de médiocres sous-
produits de la spontanéité. Dans ces cas-là le centre sexuel,
au lieu de travailler avec son énergie fine, travaille avec
l'énergie beaucoup moins raffinée de la pensée, de l'émotion
et même du centre moteur. La pensée, avec le fonctionnement dualiste et la lenteur qui la caractérisent, intervient
pour inventer de prétendus raffinements. Qu'est-ce que le
centre intellectuel vient faire là-dedans, avec des images et
des souvenirs qui vous volent l'instant présent? « Ça va être
tellement excitant! » Mais non! Cela ne constitue pas une
erreur en soi de tenir compte de certains détails, comme
d'être plus touché, pour un homme, par un certain type de
chemise de nuit en fonction de sa sensibilité mais cela
revient à cantonner la sexualité à un niveau plus grossier, en
liaison avec les perceptions et conceptions ordinaires, qui
n'ont jamais rien de transcendant. Qu'est-ce qui est transcendant? Le centre émotionnel supérieur, pour parler comme
Gurdjieff, *anandamayakosha* pour employer le terme sanscrit, et le centre sexuel quand il n'est pas connecté avec les
perturbations des autres fonctions. Le centre sexuel n'a pas

besoin de ces fioritures qui représentent les demandes des autres centres. Ne les condamnez pas, expérimentez un peu, tenez-en compte, mais faites-le pour les dépasser car elles vous exilent de la spontanéité et de la totale liberté par rapport au passé.

Par contre, si un élan se lève qui, si je puis dire, n'est pas prévu au programme, osez l'assumer et le vivre. Pas de censure dans la sexualité autre que l'amour mutuel, c'est-à-dire le fait de tenir compte de l'autre. Or dans la sexualité, comme dans le rituel, je le dis souvent, tous les sens sont concernés.

Souvenez-vous que trois activités apparemment très différentes intéressent les cinq sens simultanément : l'union sexuelle, qui comporte une dimension sacrée, la liturgie et la cuisine, sacrée elle aussi pour les Hindous. Si vous écoutez un disque, vous ne faites appel qu'à l'oreille, si vous respirez un parfum de Guerlain – publicité gratuite –, vous ne faites appel qu'à l'odorat, si vous goûtez un vin, vous faites appel à la vision, à l'odorat, à la saveur, mais pas au toucher (le dégustateur d'un grand cru n'y trempe pas les doigts pour avoir la sensation du liquide) et le vin n'émet aucun son.

Dans les rituels, les pujas, les cultes, les cinq sens participent également : l'encens pour le nez ; le décor, les vêtements, les accessoires, le cérémonial pour les yeux ; le toucher est aussi impliqué : les Tibétains font tourner les moulins de prières, les orthodoxes caressent les icônes de l'église l'une après l'autre ou les embrassent, les musulmans essuient de leur main la pierre tombale de tel ou tel saint. Et il y a toujours absorption d'un sacrement ou d'un pain béni ou d'une substance consacrée ou d'un liquide. Les cinq sens sont concernés ensemble, donc les quatre éléments, donc la totalité de la création.

Les Orientaux ont eu l'audace de dire, en donnant même des détails très réalistes, que dans l'acte sexuel – *maïthuna* en sanscrit – les cinq sens participent : le goût parce que l'on absorbe la salive du partenaire, l'odorat puisque l'on sent les sécrétions masculines ou féminines qui représentent un stimulant érotique, le toucher par les caresses et les contacts physiques et la vue puisqu'on regarde l'autre. La sexualité offre donc une très grande possibilité de passer à un niveau sensuel et sensoriel – et pas seulement sexuel – donc de quitter le mental qui nous maintient dans la contradiction, le conflit et le temps. L'acte sexuel a été comparé à une méditation à cause de cette possibilité d'éliminer la pensée et de communier avec les cinq sens ici et maintenant. Cette idée choque souvent et fait lever des réactions : « Comment ça? Mais je ne veux pas voir quand je fais l'amour, il faut le faire dans le noir! » Pourquoi faut-il faire l'amour dans le noir? Pourquoi avez-vous peur de regarder, de contempler? La vue participe, mais aussi l'odorat : pourquoi refuser une certaine odeur qui accompagne la montée du désir et peut se dégager d'un sexe d'homme, même s'il prend un bain tous les jours? Une femme sans inhibition trouve attirante cette odeur naturelle. Est-ce si répugnant d'embrasser le sexe d'une femme et d'absorber dans la bouche des sécrétions féminines?

Je sais que si je parle avec réalisme, je mets beaucoup de personnes mal à l'aise; pourtant, ce sont là des vérités qui ont été reconnues traditionnellement. La sexualité ne sera spontanée que si votre mental ne fixe aucune interdiction, mais ne décide surtout pas non plus à l'avance comment les choses doivent se passer. Il n'y a pas d'interdits. C'est faux. On vous a menti, de bonne foi. Ce qui est important c'est l'épanouissement, c'est le « oui » qui est un mot d'amour et de non-dualité. N'hésitez pas à utiliser ce qui, d'un point de vue, vous a fait tellement de tort : la prédominance de l'intellect sur le sensoriel ou le sensuel; n'hésitez pas à utiliser la compréhension intellectuelle pour corriger le mental. Une certitude de l'intelligence, née d'une vision exempte des colorations dues à des circonstances passées, peut convaincre même le cœur et le corps.

LA SOURCE TOUJOURS PURE

Tous les enseignements spirituels sont unanimes sur un certain nombre de points, entre autres sur la vie au présent, le ici et maintenant, qui implique d'être libre du passé, idée que vous connaissez et qui n'est certes pas propre à Swâmi Prajnanpad. L'empêchement de vivre à l'aise, naturel et unifié, provient de ce poids du passé. Mais ce que la plupart des enseignements qui se présentent sous une forme métaphysique ne disent pas dans la crudité des faits, c'est que le passé, c'est *notre* passé et qu'être libre du passé c'est être libre de votre passé personnel à chacun. Bien que ce point soit peut-être clair pour vous, je dois vous dire, quitte à paraître naïf, que pendant des années, jusqu'à ma rencontre avec Swâmi Prajnanpad, je n'avais pas réalisé cette simple vérité : j'étais imprégné des enseignements qui insistent sur cette liberté, sur la nécessité de vivre le présent sans la coloration du passé – si vous êtes libres du passé vous êtes libres du futur – sans comprendre que le passé n'a pas d'autre réalité que mon passé à moi (éventuellement un passé incluant des traces de vies antérieures, nous ne pouvons nier ce fait, mais avant tout le passé de cette vie-ci). La découverte pour moi auprès de Swâmiji a été d'entrer dans cette vérité très concrète – que m'est-il arrivé à moi Arnaud, qu'ai-je vécu dans ma propre histoire – avec cette petite réticence personnelle que nous quittions la spiritualité ou la métaphysique pure pour entrer dans ce que je considérais comme la psychologie ou la psychanalyse.

Ce passé correspond à celui ou celle que nous avons été : je ne parle plus maintenant d'événements, de situations, de traumatismes, je parle d'un être humain, un petit enfant, qui est devenu un adolescent puis un jeune homme ou une jeune femme découvrant la vie sexuelle et la vie professionnelle. Et cet être humain d'autrefois subsiste en vous, avec ce qu'il a connu de souffrances, de joies, de déceptions et de malheurs. Mais je le redis, ce n'est pas sur ces événements que je veux mettre l'accent, c'est sur l'enfant heureux ou triste que nous avons été. Cet être humain très concret, vous l'êtes toujours. Il vit en vous avec sa peine, sa peur, ses limites qui n'ont plus lieu d'être aujourd'hui puisque vous êtes adultes et, qui plus est, aidés par un enseignement de transformation personnelle.

Et ce que j'ai compris peu à peu à travers tel ou telle d'entre vous, en retrouvant sous un autre éclairage ce que j'avais moi-même vécu auprès de Swâmiji, c'est qu'une force affirmative en vous dont vous n'êtes pas conscients s'oppose à votre propre métamorphose. Nous sommes tous sûrs que nous ne voulons plus être infantiles. Dans ma propre histoire, je ne voulais plus être un petit garçon toujours en quête de sa maman, dont la vie s'était construite autour de ce thème fondamental : j'ai été divinement heureux jusqu'à l'âge de deux ans et j'ai tout perdu lors de la naissance de mon petit frère; je cherche désespérément le bonheur parce que je sais qu'il existe mais si je suis persuadé que je vais le trouver, je sais aussi que je vais le perdre car le bonheur est destiné à être perdu. Je ne voulais plus demeurer prisonnier de ces mécanismes d'autrefois, je voulais devenir adulte. J'avais dit à Swâmiji que de cette vérité au moins j'étais certain, même si elle paraissait rabattre un peu mes prétentions métaphysiques. Mais en même temps que je voulais, que vous voulez ne plus être cet enfant d'autrefois, une force très puissante refuse ce changement, refuse, je vais dire le mot, d'abandonner ce petit être qui vit encore en nous.

Notre terreur, non pas en tant qu'être libre assumant sa propre existence mais en tant qu'être dépendant encore infantile, c'est l'abandon : « Ma mère m'a abandonné pour s'occuper d'un affreux petit bébé qui venait de naître. » Il n'est pas question de commettre à notre tour un crime contre nous-même : « Jamais! Ce que vous me demandez Arnaud, jamais! La seule personne qui n'ait pas abandonné ce petit enfant puis cet adolescent c'est moi. Et vous me demandez aujourd'hui que ce soit moi qui, pour me " libérer du passé ", délaisse ce petit enfant que je porte en moi! »

Vous devez voir très clairement ce point sinon vous ne comprendrez pas ce qui vous empêche de larguer les amarres et d'être enfin adultes. Une voix très forte en vous crie : « Je continuerai à protéger ce petit enfant triste, cet adolescent plus ou moins meurtri et déçu que je porte en moi », comme s'il y avait deux, d'une part l'enfant de jadis et d'autre part l'adulte d'aujourd'hui. L'image de la chenille qui meurt pour devenir papillon ne vous semble pas terrifiante parce qu'il vous paraît très heureux de voler au lieu de ramper sur le sol. Mais la vérité de votre ressenti n'est pas : je vais mourir en tant qu'être infantile pour devenir adulte. Si cette transformation était ressentie uniquement ainsi : « Je ne veux plus être dépendant, je ne veux plus être vulnérable, je veux devenir vraiment mûr et en pleine possession de moi-même », le chemin serait beaucoup plus rapide et vous ne seriez pas confrontés à de telles résistances en vous.

Peut-être vous souvenez-vous de cette histoire que je raconte dans un de mes livres : je me trouvais à l'ashram de Swâmiji le jour de mes quarante-deux ans et le nommé

Nandakishore m'avait demandé : « Qu'est-ce que vous voudriez comme cadeau pour votre anniversaire? » Un jour,
j'ai posé la question à Sumongal qui fêtait ses quarante
ans auprès de Swâmiji et il m'a répondu : « Comme
cadeau d'anniversaire je voudrais que pour mes quarante
ans j'aie vraiment quarante ans. » Cette anecdote m'avait
tellement frappé que j'ai éprouvé le besoin de la raconter à
Swâmiji au début de mon entretien. Et je me suis senti
tout à coup submergé et j'ai éclaté en sanglots : c'était
insupportable. Insupportable que pour mes quarante-deux
ans j'ai si peu quarante-deux ans. « Où elle est maman, où
elle est maman? » Ceci dit, à cette époque, je m'affirmais
aisément dans l'existence et je ne voudrais pas vous donner
une image ridicule du producteur de télévision que j'étais
alors et qui paraissait au contraire devenir beaucoup plus
adulte. J'ai soudain compris en face de Swâmiji que pour
mes quarante-deux ans je souhaitais simplement avoir vraiment deux ans. Que pour mes quarante ans j'aie vraiment
quarante ans, signifie que le petit enfant attendrissant avec
qui j'ai vécu tous les âges de ma vie, avec qui j'allais à
l'école, tantôt heureux, tantôt triste, qui rêvait monts et
merveilles à quatorze ans et qui pleurait à vingt ans parce
qu'une fille l'avait repoussé, c'est fini. Voilà ce qui est inécoutable. Eh bien oui, je ne peux pas à la fois avoir pleinement mes quarante ans et garder tendrement en moi ce
petit enfant pour le consoler moi-même, comme si c'était à
moi de le choyer et de le protéger.

Essayez de vous souvenir combien vous avez été amenés,
même jeunes, à devenir pour vous-même sans vous en
rendre compte un consolateur, un compagnon quand vous
étiez seuls, à vous blottir dans vos propres bras, à vous
replier sur vous-même. Vous avez été obligés de vous
occuper de vous-même, tout petits, parce que papa et
maman étaient partis au cinéma, vous laissant tout seuls à
la maison : papa et maman ne s'intéressent pas à moi. Par
rapport à cette émotion d'abandon – je vais me retrouver

tout seul, je vais être trahi – le fait de devenir adultes signifie pour vous que vous allez vous-même abandonner et trahir ce petit enfant que vous avez porté en vous jusqu'à aujourd'hui. Il y a donc une force très puissante qui refuse cette métamorphose. Quitter le passé, tourner la page, avoir vraiment l'âge que nous avons, c'est ne plus en avoir six, ne plus en avoir douze, ne plus en avoir vingt. Essayez de sentir ce que je dis là. C'est comme si l'on vous demandait le crime des crimes : abandonner – bye bye, au revoir, fini, je te laisse tout seul – ce petit enfant solitaire. A côté de votre aspiration légitime à ne plus demeurer un adulte infantile avec tout ce que cela représente d'égoïsme, de dépendance et d'incapacité à donner, vous avez l'impression insupportable qu'on vous demande de porter l'ultime coup de poignard au petit garçon triste, puis à l'adolescent idéaliste et malheureux, et enfin à l'homme qui, plus tard, a pris des coups dans sa vie professionnelle et sentimentale.

Soyez d'autant plus conscients de cette impression que vous allez trahir celui que vous portez en vous, qu'elle est fausse. La loi même de ce petit enfant c'est de grandir pour devenir adulte et les traumatismes, les blessures mal vécus ont empêché cette croissance. Il faut que vous ressentiez d'une manière exactement inverse : le plus grand acte d'amour que je puisse accomplir pour cette petite fille ou ce petit garçon c'est de l'aider à grandir, c'est de combler sa propre aspiration. Ce n'est pas moi qui demande à devenir adulte au détriment du petit enfant qui vit encore en moi, auquel cas j'ai l'impression que c'est moi qui le rejette sans pitié, c'est ce petit enfant lui-même qui a pour but et pour raison d'être de devenir adulte. Et le plus beau cadeau que je puisse offrir à cet enfant qui pleure encore au fond de mon cœur, c'est de lui dire : tu vas pouvoir t'ouvrir, t'épanouir, tu vas accomplir ta propre loi. Inversez complètement votre compréhension fausse de cette vérité que l'enfant « meurt » pour que l'adulte se

révèle comme la chenille doit mourir pour que le papillon
se révèle. Cela vous paraît à juste titre aussi cruel que la
mise à mort du taureau dans l'arène : « Depuis quarante
ans, j'ai cherché à consoler cet enfant par tous les moyens,
en lui trouvant une femme amoureuse de lui, en lui offrant
un public qui l'applaudit, en lui donnant les satisfactions
que procure l'argent, je me suis occupé de lui comme j'ai
pu et maintenant vous me demandez de le poignarder
comme un matador poignarde un taureau. Impossible ! »

Tant que cette conviction sera toute-puissante dans votre
subconscient vous résisterez de toutes vos forces à votre
propre maturité. Vous refuserez de tourner la page du
passé comme le demandent tous les enseignements spirituels, parce que vous n'êtes pas d'accord pour commettre
un crime contre ce qui vous est le plus cher, contre un
enfant que vous êtes le seul à n'avoir jamais trahi et le
seul à avoir toujours aimé. Inversez cette perspective. Ce
n'est pas le triomphe de l'adulte en vous sur l'enfant en
vous, c'est le triomphe de l'enfant en vous qui s'épanouit
et qui vous rejoint en tant qu'adulte.

Il n'y a pas de chemin d'évolution qui ne vous demande
de tourner la page du passé. Si vous ne le faites pas, vous
ne deviendrez jamais un sage, vous deviendrez un vieillard
infantile, une femme ou un homme qui se flétrit sur place
sans avoir fleuri. Il faut que vous rejoigniez cette petite
fille ou ce petit garçon blessés, cet adolescent tellement
sensible, vibrant, prêt à s'enthousiasmer aussi vite qu'il se
désespère, « cela fait des années que tu veux grandir, des
années que tu veux t'épanouir, des années que la petite
pousse veut devenir un grand arbre, je vais te le donner ».
Ce n'est pas la mort de la chenille pour libérer le papillon,
c'est le triomphe de la chenille. C'est par amour pour le
petit garçon ou la petite fille que vous portez en vous, que
vous allez l'amener à son propre épanouissement. « Je te
donne ton apothéose, tu vas pouvoir devenir vaste, vivre et
aimer, tu es destiné à cela : le mental et les blessures t'ont

empêché de croître, et maintenant j'enlève moi-même ce qui entrave ton épanouissement. » Faites-le pour l'enfant que vous portez encore au cœur.

*
* *

Nous pouvons réalistement non plus tenter l'impossible, mais revenir à cette nécessité que tous les enseignements proclament : être libre du passé. Et s'il n'y a plus le poids du passé, il n'y a plus de futur non plus. Les préoccupations, les peurs pour l'avenir ne sont que l'élongation du passé. J'interprète, je prévois cet avenir en fonction du passé et, si je suis libre du passé, non seulement je ne le projette plus sur le présent mais je ne le projette plus sur le futur. Être libre, c'est vivre pleinement dans le présent, libre du passé d'il y a vingt ans et de celui d'il y a deux secondes, libre du futur dans cinq ans et libre du futur dans deux secondes. Ne vous occupez pas de vous libérer du futur : la libération par rapport au futur se fait d'elle-même si le passé ne pèse plus sur vous.

Tout le monde a un passé, aussi bien un Tibétain, un Hindou, un moine zen qui entre au monastère à vingt-cinq ans et ce passé correspond à un passé général plus ou moins commun à tous. Même avec un mental relativement normal et sain, vous avez tous connu des joies, des peines, vous avez distingué ce que vous aimiez et ce que vous n'aimiez pas, vous avez divisé le monde entre le bon et le mauvais. Mais, en plus, vous portez un passé particulier : l'un a été psychologiquement tué par son père parce que celui-ci a piqué un jour une colère terrifiante, une autre a été abandonnée par sa mère qui l'a mise en nourrice, un autre s'est retrouvé orphelin à l'âge de cinq ans. C'est ce passé particulier que nous ramenons à la surface dans le lying ou en psychothérapie.

Or tous les disciples engagés sur une voie spirituelle ne font pas de lyings, tous ne s'allongent pas pour retrouver avec sa charge affective le vécu d'autrefois, tous ne pratiquent pas le « cri primal » ni l'abréaction propre aux débuts de la psychanalyse de Freud. Et pourtant tous sans exception cherchent à s'émanciper du passé. Donc pour cette libération n'utilisez pas uniquement le lying, même si Swâmi Prajnanpad l'a mis à notre disposition à l'intérieur d'une sadhana complète. Utilisez l'ensemble de ce qui peut vous être proposé et qui vous est accessible. Je ne parle pas de méthodes intéressantes en elles-mêmes mais qui ne vous concernent pas. Je ne m'adresse pas en ce moment à ceux qui vont accomplir la retraite de trois ans chez les Tibétains ou vont vivre dans un monastère zen et s'asseoir en zazen plusieurs heures chaque jour.

Bien sûr cela paraît extraordinaire qu'une voie spirituelle comme celle de Swâmi Prajnanpad, qui se réclame des Upanishads et du Yoga-Vasistha, vous propose d'intégrer ce qui a une valeur dans la psychanalyse ou les thérapies modernes. Et la plupart de ceux qui ont fait des lyings ont pensé que c'était *la* sadhana (au singulier) pour se libérer du passé. Non. On peut concevoir, je l'ai dit bien souvent, tout l'enseignement de Swâmiji sans le lying. Swâmiji lui-même, d'ailleurs, n'a jamais fait de lying, premier point.

Deuxième point, ce n'est pas Swâmi Prajnanpad qui est votre gourou même si c'est dommage pour vous, c'est Arnaud. Avoir Swâmiji comme gourou c'est avoir Swâmiji en face de soi qui nous met au défi, qui nous accule dans nos contradictions et qui attaque sans merci notre mental tout en étant plein d'amour pour notre ego, un amour infini. Or ce que j'ai compris peu à peu, et je l'ai souvent partagé avec vous, c'est qu'il n'y avait pas eu que Swâmi Prajnanpad dans ma propre existence, il y avait eu Ramdas et Mâ Anandamayi, il y avait eu les groupes Gurdjieff et le yoga, il y avait eu les rimpochés tibétains et les pirs soufis. J'ai donc pratiqué beaucoup de formes de méditation différentes qui, si elles ne m'ont pas conduit jusqu'à la racine du mental, ont cependant joué leur rôle. Je n'ai ren-

contré Swâmi Prajnanpad qu'au bout de seize ans de
sadhanas diverses; bien sûr sans Swâmiji et sans les lyings
je ne sais pas où j'en serais aujourd'hui, mais j'avais déjà
accompli avant de le rencontrer tout un travail qu'il n'a
pas eu à me faire faire et que j'ai continué par moi-même :
par exemple, chaque fois que j'en avais l'occasion, l'habitude de revenir à une posture juste, le relâchement des
tensions physiques sur lequel on insistait dans les groupes
Gurdjieff, les respirations que j'avais pratiquées dans le
yoga, même si je ne méditais plus systématiquement tous
les jours. Donc ce n'est pas exclusivement à partir de tout
ce que j'ai vécu avec Swâmiji, mais à partir de l'ensemble
de mon propre cheminement que je peux me situer
aujourd'hui devant vous et éventuellement vous aider.

Si j'ai maintenant réintroduit les méditations à Font
d'Isière, c'est pour vous fournir un point d'appui solide et
une aide dans ce travail de libération du passé. Pour certains, ces deux méditations quotidiennes ont été un émer-
veillement comme s'ils avaient toujours attendu cela.
D'autres ont éprouvé des difficultés, ont trouvé ces méditations ingrates et ont eu l'impression que cela ne faisait pas
partie du chemin de Swâmiji : « Vous n'en parlez pas dans
les Chemins de la Sagesse, vous avez même écrit dans le
troisième tome des Chemins de la Sagesse que la méditation était un état qui venait de lui-même quand les empêchements à la méditation avaient été neutralisés. » Vasa-
nakshaya et chitta shuddhi correspondent précisément à
l'érosion des empêchements à la méditation, tout ce qui
fait qu'on pense à autre chose ou qu'on ne tient pas en
place. En fait, les méditations telles que je vous les propose sont liées à mon propre cheminement, à ma propre
compréhension, à ma sadhana auprès de Swâmiji et à la
synthèse qui s'est faite peu à peu de ce que j'ai reçu
auprès des différentes traditions que j'ai côtoyées.

Il ne faut pas oublier que c'est grâce à ce que nous
appelons communément la méditation (à laquelle on ne

comprend pas grand-chose, tant qu'on ne l'a pas vraiment pratiquée) que les disciples zen, les yogis tibétains ou hindous se libèrent du passé, le point commun étant l'immobilité et la posture qui semble assez similaire sur toutes les voies. A un moment ou à un autre, toutes ces techniques font appel à la respiration : expiration profonde centrée dans le *hara*, *pranayama*, ralentissement de la respiration, suspension du souffle. Au mont Athos, dans l'hésychasme, la tradition mystique orthodoxe, la respiration accompagne la prière centrée sur la répétition du nom de Dieu. Et si l'on a reproché aux moines du mont Athos de « se fixer le nombril », c'est justement parce que des exercices insistant sur la respiration dans le ventre ont été mal compris.

Swâmiji disait : « Manger est une fonction de la vie, la respiration c'est la vie elle-même. » Cette respiration, quand elle s'accompagne d'un abandon dans l'expiration et d'une dilatation de la poitrine, peut devenir infinie. Il s'agit du mouvement même de la vie, d'un renouvellement dans lequel je meurs à chaque expiration pour être recréé à chaque inspiration. Et nous avons la possibilité d'aller avec ce mouvement naturel qui ne cesse pas puisque nous respirons même endormis, même évanouis.

Mais en quoi des pratiques d'immobilité et de respiration peuvent-elles vous aider à vous libérer du passé, de votre propre passé à vous? Là, je vais rappeler une vérité que je n'ai pas découverte et que certains kinésithérapeutes connaissent bien : le passé s'est inscrit dans notre respiration, notre respiration est marquée par notre passé. Le mouvement si beau de la respiration, du souffle – Dieu souffle sur la glaise pour créer l'homme – nous l'avons compromis, chacun à notre façon, au cours de notre propre histoire. Permettez-moi encore un exemple personnel qui concerne le retour à la conscience du visage méconnaissable de ma propre mère quand j'avais deux ans. Dans les petites notes que je prenais en anglais, se trouve cette phrase : « *Vision of nightmare, my mother has been changed* », « vision de cauchemar, ma mère a été changée. » J'ai revu en lying le visage, atroce pour l'enfant que j'étais, de ma mère quelques heures après la naissance de son second bébé accroché à son sein, qui me regardait sans me voir et que je n'ai plus reconnu. J'en ai eu, au sens propre, le souffle coupé. La résurgence de ce traumatisme a été précédée par trois lyings d'étouffement au cours desquels j'ai cru que j'allais mourir suffoqué. Rassurez-vous, la nature fait très bien les choses : au moment où j'allais vraiment étouffer, la respiration revenait d'elle-même. Jusque-là, je faisais deux litres et demi au spiromètre, ce qui est très peu et très humiliant pour un garçon; j'étais incapable d'expirer, j'avais la poitrine creuse et une espèce de tic respiratoire qui m'obligeait toutes les quatre ou cinq minutes à reprendre mon souffle. A part ça, j'avais été plutôt normal – et encore plus à quarante ans où j'aimais beaucoup la vie d'aventure que je menais et qui me faisait respirer largement quand je sillonnais l'Afghanistan, l'Himalaya et l'Inde. Ces lyings d'étouffement m'ont certes beaucoup aidé mais si vous pratiquez le retour à une respiration ample dans la méditation, cela peut vous libérer du passé bien plus que vous ne le croyez.

Ce n'est pas nous qui respirons volontairement; la respiration se fait par le diaphragme et les muscles du thorax et ces muscles reçoivent de l'inconscient des « ordres souterrains » qui les empêchent de fonctionner normalement. Ils finissent donc par se scléroser comme des muscles que nous n'aurions jamais utilisés; si nous restons un an allongés nous aurons beaucoup de mal à marcher quand on nous permettra de nous relever. Les muscles de la cage thoracique perdant leur pleine capacité, se raidissant et s'atrophiant, la respiration de la plupart des êtres humains se trouve ainsi très compromise et la méditation va dans le sens d'un retour à la vérité de la respiration. Même en dehors d'une civilisation peu spirituelle comme la nôtre, tout Japonais, tout Tibétain, tout Hindou, autrefois comme aujourd'hui, a eu une enfance et a subi certaines perturbations, peut-être moins graves que les nôtres, de la fonction respiratoire liées au passé.

La vitalité d'un enfant est liée à la respiration. L'enfant possède une force de vie et une spontanéité immenses : il court, il descend, il monte dix fois de suite sur un fauteuil, il saute, il remonte sur le fauteuil, il saute à nouveau – gratuitement. Bien sûr, un minimum d'éducation est nécessaire. Or, quand vous contraignez un enfant, vous agissez sur sa respiration et notamment sur une fonction importante pour l'enfant, qui est de pleurer ou de crier. Il tombe, il pleure; on lui refuse quelque chose, il pleure; un petit garçon le bouscule, il pleure. « Arrête de pleurer » ou : « Arrête de crier! » L'enfant que nous avons été n'a pu cesser de pleurer ou de crier qu'en bloquant lui-même sa respiration. Un petit enfant qui pleure avec de gros sanglots ne peut bloquer ses pleurs et ses cris qu'en ravalant sa respiration jusqu'à ce qu'elle ne soit plus qu'un pauvre souffle court. Quand un enfant commence à sangloter pour attirer l'attention, il est inévitable qu'au bout d'un moment plus ou moins long ses parents lui demandent de cesser et l'enfant, par peur que ceux-ci ne se fâchent ou par amour pour une maman bien aimée qui le supplie de se consoler, bloque sa respiration. Essayez de retrouver l'enfant triste en vous puis demandez-vous d'arrêter de pleurer. Vous verrez que pendant une minute vous n'arriverez plus à respirer convenablement.

Ce que nous cherchons dans la méditation, c'est peu à peu à rendre son aisance à la respiration, capable à nouveau d'ex-primer, c'est-à-dire éjecter au-dehors. Exprimer ne consiste pas seulement à hurler en thérapie, le fait d'expirer est également une expression. Si vous bloquez la respiration, vous avez tendance à le faire sur l'inspiration, centrés dans le haut de la poitrine et le ventre rentré, avec toutes les tensions que cela représente. Le lâcher-prise si bien décrit par Karlfried Graf Dürckheim dans *Hara* suppose de redescendre dans son ventre et de redonner toute son amplitude à l'expiration. Vous pouvez rééduquer la respiration par certaines pratiques qui viendront compléter et enrichir ce que vous aura apporté le lying. Ne vous privez pas de cette aide, car la respiration n'apporte pas seulement l'air pour le corps physique mais aussi le prana pour le corps subtil (*sukshma sharir*) et le souffle du Saint-Esprit pour le corps causal (*karana sharir*); elle nourrit les trois corps, y compris *anandamayakosha*. La respiration est la fonction sacrée par excellence et c'est pourquoi les mystiques donnent une telle importance au souffle.

Or, notre respiration a été compromise par notre passé personnel. Être prisonnier du passé équivaut à mal respirer, être libre du passé permet de respirer normalement, naturellement, comme un bébé non traumatisé qui dort paisiblement et dont on voit le ventre se gonfler et se dégonfler. Dürckheim dit magnifiquement dans son livre que la descente dans le hara nous permet d'accepter beaucoup plus facilement les chocs de l'existence, de garder l'équanimité dans les bonnes et les mauvaises nouvelles. Les exercices respiratoires vous aident à vous libérer de votre propre passé. L'enfant que vous portez peut-être en vous est le plus souvent un petit être blessé et meurtri – les camarades se sont moqués de lui à l'école, il s'est cru abandonné par maman, il ne s'est pas senti compris par papa – et il n'est plus capable de bien respirer. Permettez-moi cette formule : l'adulte infantile ne sait pas respirer, l'adulte digne de ce nom respire librement; l'adulte infantile souffre d'une respiration déformée, bloquée, l'adulte a retrouvé une respiration aisée.

*
* *

Encore un point, la respiration est liée à une fonction éminemment importante mais souvent perturbée qui est la sexualité. Frédérick Leboyer, qui a tant étudié le souffle, avait fait des observations sur la similitude de la respiration, d'une part lors d'un accouchement vécu dans la réunification (qui représente une grande expérience pour la mère) et, d'autre part, au cours de l'acte sexuel. La plupart des pranayama du yoga qui incluent aussi bien des respirations amples que des respirations courtes, se retrouvaient dans l'acte sexuel complet, notamment chez la femme. Vous pouvez en tout cas reconnaître qu'il existe un lien entre la respiration et la fonction sexuelle.

Bien que je ne sois pas pédiatre, j'ai pu observer à quel point les enfants, petits garçons ou petites filles tout à fait normaux, peuvent toucher avec joie leurs organes génitaux. Certains pédagogues sont arrivés à la conclusion qu'il ne fallait pas intervenir et je suis certain qu'ils ont raison. Bien sûr, cela paraît curieux de voir une fillette de trois ans caresser son petit sexe d'un air épanoui. Tous les pères et mères n'ont pas réfléchi profondément à ces données et il est probable que beaucoup d'entre vous avez connu une sexualité infantile contrecarrée par vos éducateurs – ce qui contribue à marquer la respiration. La plupart des adolescents se sont masturbés et la masturbation, si l'on se laisse vraiment aller, entraîne une modification de la respiration.

Écoutez-moi à cœur ouvert. Ce n'est pas la peine de toujours faire semblant que certaines réalités moins prestigieuses que la méditation n'existent pas. On ne se laisse pas vraiment aller parce qu'il y a presque toujours un interdit engendrant une culpabilité, qu'on nous l'ait dit noir sur blanc ou que nous le devinions. D'autre part, beaucoup de jeunes gens et de jeunes filles couchaient dans la même chambre que leur frère ou sœur par exemple, ou dans un dortoir de pension, et beaucoup d'adolescents se sont masturbés en freinant complètement les manifestations respiratoires possibles pour que le frère dans le lit d'à côté ne puisse pas soupçonner quoi que ce soit. Peut-être ces détails vous mettent-ils mal à l'aise. Si c'est le cas, cela prouve que vous êtes quelque peu concernés. Une certaine sexualité infantile plus ou moins brimée, puis une sexualité d'adolescent plus ou moins mal vécue ont contribué à créer une méfiance à l'égard de la respiration que nous avons appris à freiner comme nous l'avions fait dans notre petite enfance pour ne plus pleurer parce que papa ou maman nous le demandaient sévèrement ou avec beaucoup de gentillesse. Donc, même pour ceux qui pratiqueraient un yoga préconisant l'abstinence de relations sexuelles, il existe un lien entre la simplicité naturelle de notre rapport avec la sexualité et la respiration. Que nous ayons une vie sexuelle quelque peu compromise parce que nous n'avons pas retrouvé la spontanéité de la respiration, ou que nous soyons un yogi abstinent, dans les deux cas, la méditation dans laquelle la respiration joue un rôle prépondérant nous conduit à redevenir naturels.

Au premier abord, la posture de méditation, dans sa dignité hiératique, nous paraît artificielle et nous trouvons plus naturelles les poses que notre corps prend mécaniquement. Pourtant c'est dans cette posture d'immobilité que vous allez opérer un retour à la nature et redevenir vous-mêmes. D'abord être naturel, avant d'aspirer au surnaturel. Se réconcilier avec la respiration ne peut se faire qu'en acceptant la présence du centre sexuel en nous qui est le centre de la créativité aussi bien pour le yogi vivant dans la chasteté que pour l'homme ou la femme ayant une activité sexuelle que je souhaite épanouie pour tous.

Souvenez-vous : création, créativité, procréation. Un être qui n'est pas libéré de son passé n'est pas créateur ou il est névrotiquement créateur. Tout être humain est appelé à être créatif, cela n'est pas réservé aux artistes qui composent des symphonies ou peignent des tableaux. Et, nous l'avons vu, la créativité utilise l'énergie sexuelle, que ce soit pour procréer un enfant, pour procréer l'homme nouveau en nous ou pour produire une œuvre d'art.

Il existe donc une relation entre les blocages du passé, la

respiration, l'aisance avec laquelle nous assumons la fonction sexuelle et notre capacité à être novateurs. Et il y a une différence radicale entre la créativité et l'agitation : vous pouvez être actifs, faire des tas de choses et cependant ne rien créer. Par exemple, d'un certain point de vue, la pensée est créatrice de conséquences mentales en nous, elle engendre un karma, elle peut occasionner des perturbations mais elle ne crée rien; elle ne devient créatrice qu'au moment où elle se concrétise dans la main du sculpteur ou la main du peintre. Un danseur est créatif même s'il ne reste rien de sa danse quand il a fini de danser. Le fait de créer ne signifie pas seulement qu'une œuvre concrète va subsister.

On peut faire énormément de choses sans être créatif. Vous pouvez être l'inventeur de la bombe atomique, mais cela ne signifie pas que vous êtes créatif. Ce qui paraît très cruel dans certaines vies professionnelles, c'est qu'on ne se sent pas créateur bien que l'on travaille beaucoup : « J'ai tapé des lettres à la machine, j'ai manipulé de la paperasse, j'ai téléphoné, ou bien j'ai participé à des réunions, j'ai accru mes ventes de caoutchouc sur le marché de Manille depuis Paris en passant par Tokyo, je suis un grand homme d'affaires mais ma vie se répète jour après jour. » Par contre, si je cultive quatre plants de tomates dans mon jardin, l'apparition et la croissance de ces tomates sont bien visibles et, avec elles, je participe au renouvellement de l'existence. La spontanéité, au sens hindou du mot, équivaut à être tout le temps créatif.

Nous sommes notamment créateurs dans la mesure où nous aidons un autre à devenir lui-même. Créer ne consiste pas seulement à mettre un bébé au monde mais suppose de l'éduquer; l'attitude de la mère est créatrice parce que d'un bébé, elle va faire un enfant épanoui donc un futur adulte. Or la souffrance des êtres humains aujourd'hui, c'est de ne plus « danser leur vie » selon la belle formule de Maurice Béjart. Un artisan pouvait se sentir créateur quand naissaient de ses mains des grilles en fer forgé ou des pots en terre, mais la plupart des travaux de bureau, même à l'échelon des responsabilités importantes, ne sont pas ressentis comme une expression joyeuse de notre élan vital dans un monde toujours nouveau.

L'enfant passe son temps à inventer : il fait des pâtés de sable, il joue gratuitement, la vie foisonne en lui. Un enfant dont le développement a été entravé donnera plus tard un adulte sclérosé, un mort vivant coupé de ses racines. Bien souvent, l'enfant en vous a perdu sa richesse première. Bloqué dans sa maturation, il vous empêche d'avoir intérieurement l'âge de votre état civil. Il va donc falloir peu à peu le rééduquer pour l'amener à la pleine stature de l'âge adulte. Et la respiration bien vécue dans la méditation va contribuer à vous redonner la créativité intérieure et à vous réconcilier complètement avec l'énergie sexuelle, créative par excellence, qui pour la plupart d'entre vous reste associée à des malaises.

* *
*

Être prisonnier du passé, vous serez tout de suite d'accord avec moi, c'est ne plus être complètement vivant. Si nous étions complètement et intégralement vivants, l'enfant aurait disparu harmonieusement pour faire place à l'adolescent, l'adolescent pour faire place au jeune homme, celui-ci pour faire place à l'homme mûr et nous terminerions notre vie dans la beauté comme Ramdas qui, à quatre-vingt-deux ans, faisait envie à tous, tant il était lumineux et rayonnant.

Si vous freinez votre évolution, ne serait-ce que par peur du vieillissement, si c'est encore l'enfant, donc le passé, qui règne en vous, non seulement vous n'êtes plus créatifs, mais vous n'êtes plus vraiment vivants. La vie est un mouvement, *a process* comme on dit en anglais, une danse, un flux qui ne s'arrête pas, et être prisonnier du passé c'est être sous l'emprise d'un certain nombre de blocages qui entravent la vie en nous. Ces blocages peuvent être perçus physiquement : l'énergie ne circule plus et nous sommes incapables de vibrer avec elle, de suivre le courant de la vie, en un mot de nous épanouir.

Où y a-t-il en nous des durcissements? Plus il y a de vie, plus il y a flexibilité, moins il y a vie plus il y a raideur. Les branches d'un arbre encore vivant sont souples, celles d'un arbre mort se cassent facilement. Un être vivant peut se mouvoir, un mort est atteint de la rigidité cadavérique. Plus vous êtes fluides, plus vous êtes vivants. Aussi sentez-vous beaux, royaux, dans la posture de méditation, mais ne vous sentez pas de pierre comme une statue de Bouddha ou de pharaon parce que, sinon, vous êtes morts.

Le *lingam* de Shiva, le phallus, le sexe de l'homme en érection rigide et dur ne peut pas être symbole de la vie parce que tout ce qui est raide et rigide est contraire à la vie. Bien que la littérature hindoue abonde en images poétiques qui donnent à entendre que le membre viril est source de vie, « le sexe en érection d'où émerge la fontaine du sperme », l'attitude vraiment vivante, c'est l'attitude féminine, ce n'est pas l'attitude masculine.

L'attitude masculine agressive nous coupe de la vie. Or, dans le monde actuel, je l'ai dit tant de fois, même les femmes essaient d'être masculines et les hommes ont peur de la féminité en eux. Et la méditation consiste à retrouver la féminité en nous, que nous soyons homme ou femme. Dans la méditation nous devenons féminins, c'est la « conscience-coupe » de Dürckheim qui accueille, comme le Graal a reçu le sang du Christ, et non pas la « conscience-flèche » qui pointe vers son but. A l'intérieur de la posture bien tenue, qui donne une apparence de rigidité, vous redevenez flexibles, vous redevenez liquides comme la glace qui redevient eau et coule avec la rivière jusqu'à l'océan. Vous ne pouvez pas fusionner avec le brahman — ou avec un autre être humain si vous rêvez d'un amour parfait − tout en conservant votre propre forme limitée.

Le rôle des psychothérapies est, bien sûr, de faire disparaître tout ce qui bloque la vie pour lui permettre à nouveau de couler : nous laissons ainsi s'exprimer les cris que nous avons retenus ou les pleurs que nous avons dû ravaler. Si le lying prend si harmonieusement sa place dans l'enseignement du védanta, c'est parce qu'il suppose un lâcher-prise qui nous rend notre fluidité. Certains de mes lecteurs, qui pratiquent avec sérieux la voie tibétaine ou le zazen, ont été déroutés à l'idée de ces lyings, en ayant l'impression que Swâmi Prajnanpad n'était pas un gourou. Ils n'ont pas vu – ou Denise Desjardins et moi n'avons pas su faire sentir à l'opinion publique – la richesse du lying dans le cadre de l'enseignement global de Swâmiji. Dans le lying vous redevenez fluides, mais dans la méditation aussi, même si vous contrôlez au lieu d'exprimer. Ou plutôt, en posture assise, nous ex-primons par la respiration, en sentant que nous nous vidons peu à peu, à l'expiration, des vieux attachements, *samskaras* et *vasanas*, qui se dessèchent et s'évaporent. Ne comptez pas uniquement sur les revécus spectaculaires pour vous redonner la vie et pour vous libérer du passé. Retrouvez, ici et maintenant, la vie en vous.

Les blocages nous les connaissons : un événement a été vraiment douloureux, je me suis défendu contre ma souffrance, j'ai tenté de la nier, j'ai souffert de souffrir. La souffrance dans laquelle on se débat recèle une attitude passive, même si cela paraît paradoxal au premier abord. Elle est subie et nous met en position de victimes. Et certains se sont installés à ce stade-là. On qualifie souvent l'attitude passive de féminine, mais je préfère donner au mot féminin le sens d'une valeur précieuse et non d'une imperfection. Il s'agit d'une forme de blocage pernicieux : je souffre, je reçois des coups, je me recroqueville, mais je ne suis pas adulte dans ma souffrance, je ne l'assume pas et je suis incapable de la dépasser pour en être libre, dépassement qui ne s'accomplit que par l'acceptation, le non-conflit, la non-dualité.

D'autres cherchent à être actifs. Ils se débattent tout autant dans leur souffrance mais au lieu d'être victimes, ils essaient de frapper l'adversaire et leur refus s'exprime sous forme de colère ou d'agressivité. Si certains êtres ne se mettent jamais en colère, cela ne signifie pas pour autant qu'ils sont des sages mais qu'ils restent bloqués dans l'attitude de la victime. L'enfant dont la spontanéité n'a pas encore été brimée crie à sa maman « je vais te tuer » si sa mère lui refuse un troisième croissant et lance son jouet sur elle; ou bien, comme font les enfants gavés d'émissions de télévision, « pan! » en pointant deux doigts en direction de papa parce que, dans les westerns, il suffit d'un « pan » pour que l'adversaire soit éliminé.

Certains n'osent pas éclater en colère, ce qui était mon cas quand j'étais jeune; naturellement de temps en temps, « ça éclatait » mais je m'emportais rarement et je trouvais cela bien, et même encore mieux quand j'ai découvert les enseignements spirituels. Mais en fait, je m'étais tout simplement établi au niveau de la victime : « Mon frère est le grand triomphateur, moi je suis la victime, l'existence me donne des coups et moi je les reçois ». D'autres au contraire se sont installés au niveau de la colère, ils sont « tout le temps en pétard », mais il s'agit également d'un blocage. Aucune des deux réactions n'est supérieure à l'autre : être victime, c'est rester esclave du passé, tout comme être coléreux. Ceux qui extériorisent leur colère et qui finissent par voir des adversaires partout sont prédisposés aux maladies brutales, infarctus ou hémorragie cérébrale; ceux qui ont adopté une attitude résignée et passive seront plus facilement sujets aux maladies qui évoluent lentement, tels que les rhumatismes ou le cancer. Mais une nature irascible qui n'admet pas qu'on lui marche sur les pieds et passe rapidement à l'attaque constitue autant une rigidité qu'une nature triste installée dans l'attitude de victime. Dans les deux cas, la vie ne circule plus librement. Parfois une véritable cristallisation s'est produite sur la base de la peur et de la névrose et il va falloir détruire cette fausse structure. La méditation qu'accompagne une respiration consciente – sans compter tous les autres aspects de la méditation – vous permet, peu à peu, de retrouver une vie plus profonde que ces personnages de victime accablée de coups ou de coléreux qui essaie d'en donner pour se protéger de la souffrance. Car, non pas au-delà, mais en deçà de toute cette structure qui est le fruit du passé et vous empêche d'être créatifs, la vie elle-même demeure toujours éternellement intacte, même si la constitution de notre psychisme nous coupe d'elle de plus en plus.

La bonne nouvelle réside dans le fait qu'en deçà de ces blocages, non seulement l'ultime, l'atman est éternellement non affecté en vous, mais également la vie ou, si vous préférez, l'énergie (*atmashakti*). Si l'absolu vous paraît quelque peu lointain, sachez que la vie qui continue à vous faire respirer malgré vos blocages respiratoires, la vitalité est éternellement intacte. Elle est à chaque instant renouvelée et rien ne peut la contaminer, comme une source qui ne cesserait pas de couler pure mais qui serait immédiatement polluée au contact de saletés étrangères à elle.

Une parole de sainte Thérèse d'Avila m'avait émerveillé; elle s'adressait aux conquistadors qui étaient, à son époque, la gloire de l'Espagne : « Aventuriers, ô conquérants des Amériques, au prix d'efforts plus grands que les vôtres et de souffrances plus grandes que les vôtres, j'ai découvert un monde toujours nouveau parce qu'il est éternel. Osez me suivre *et vous verrez.* » Cette petite femme osait interpeller les héros qui ramenaient des tonnes d'or péruvien à la cour espagnole. Ce monde toujours nouveau et éternel – retournons à la sobriété de nos existences, nous qui ne sommes pas Thérèse d'Avila – est éprouvé comme une source de vie qui ne cesse de couler en nous ou, si vous préférez, comme le faisceau de lumière d'un projecteur qui émane éternellement transparent de la lampe et qui, passant ensuite à travers le film, se retrouve coloré quand il frappe l'écran. La méditation n'est pas seulement la recherche en vous de l'indicible, de l'au-delà de tout, c'est une manière de vous relier à cette source de vie dynamique, perpétuellement intacte en vous mais que vous ne percevez que filtrée à travers le mental, les *koshas*, l'ensemble des identifications. Quel que puisse être votre emprisonnement dans le passé, la vie en vous n'a jamais été affectée, à chaque seconde elle est parfaitement neuve et spontanée et la méditation vous aide à la retrouver.

Beaucoup se font une idée de la méditation inspirée par l'immobilité de la posture et par des termes comme atman, absolu, Non-Manifesté, et assimilent celle-ci à la recherche exclusive d'un silence, semblable à un lac sans une ride parce qu'il n'y a pas le moindre vent. Quand un lac est agité par le vent et qu'il se forme de petites vaguelettes à sa surface, les eaux ne sont plus transparentes et nous ne voyons plus le fond. Si le lac retourne complètement au calme, il redevient limpide et clair et dans cette transparence je vois nager les poissons. Si votre esprit est au repos, sans ce qu'on appelle dans le yoga les *vrittis* de *chitta* (les petites ou grandes perturbations du psychisme), la réalité autour de vous devient transparente et vous accédez à ce qui ne peut jamais être défini en mots, la profondeur ultime de la réalité. Nous nous représentons donc, et d'un certain point de vue c'est juste, la méditation comme l'absolu du silence : la respiration elle-même se ralentit, des rétentions de souffle adviennent spontanément et nous découvrons la conscience libre de toutes les formes, l'esprit vide comparable au ciel bleu et à l'espace infini.

Ces images sont véridiques mais elles vous aveuglent à une première vérité avec laquelle vous serez tous beaucoup plus facilement familiers qu'avec ce Vide, cet Infini qui ne font pas d'emblée partie de vos préoccupations. La méditation n'est pas seulement la recherche du Non-Manifesté en vous, c'est aussi la recherche de la manifestation ou de la

danse de Shiva à sa source, l'aspect énergie (*shakti*) de la
réalité, éternellement intacte en vous, source de vie toujours neuve, toujours spontanée, toujours créatrice, toujours renouvelée, jamais affectée par le passé. Cette
approche peut trouver plus d'écho en vous et elle est précieuse par rapport à votre tentative de vous libérer du
passé. Sinon vous vous flétrissez sur place comme un arbre
qui meurt sans avoir porté de fruits ou de fleurs. Quels
que soient votre fixation au passé et vos blocages, en vous
l'écran sur lequel se projette le film de votre propre destin
n'a jamais été touché. Il est parfait, ici et maintenant. Et
cette vie éternelle ne cesse pas de jaillir en vous, mais elle
ne cesse de passer à travers le film, elle est colorée, et
vous revoici aux prises avec les mêmes problèmes, en proie
aux mêmes difficultés.

Dans la méditation ne vous occupez plus seulement du
« non-né, non-fait, non-devenu, non-composé ». Rejoignez
cette fontaine qui ne cesse de sourdre et de bouillonner.
Cherchez, à travers le grand silence intérieur et la suspension des fonctions ordinaires, à vous sentir éternellement
neufs, avant la contamination par le passé, une source de
vie « surabondante », dit l'Évangile. C'est elle qui vous permet de poursuivre votre épanouissement. Et cette source
que rien ne peut tarir ni ternir quels que soient vos traumatismes anciens et la blessure de l'enfant qui pleure
encore en vous, vous la découvrez si vous rentrez en vous-
mêmes, si les pensées et les émotions contradictoires
veulent bien se taire un moment.

Cette profondeur correspond à la vie sans les dualités
heureux-malheureux, bon et mauvais. Comme disait Gurdjieff, « un bâton a toujours deux bouts ». Tout ce dont nous
avons l'expérience est un bâton qui comporte toujours deux
extrémités. Si l'une s'appelle succès, l'autre s'appelle
échec, si l'une s'appelle union, l'autre séparation; arrivée,
départ; santé, maladie. Mais *atmashakti* en soi n'a pas de
contraire. Elle n'est pas au-delà mais en deçà des opposi-

tions, des dualités – les *dvandvas* ou paires d'opposés. *Atmashakti* est la vie à l'état pur qui s'exprime ensuite par le yin et le yang. Si vous pouvez accepter la totalité de l'existence, les amis et les prétendus ennemis, les bonnes nouvelles et les mauvaises nouvelles, vous réintégrez la plénitude de la vie. Ce n'est pas « half-life » mais « full-life » qui vous permet de sentir la vie non duelle. Tel est l'enseignement universel dont vous pouvez faire l'expérience plus vite que vous ne croyez, à condition de vous montrer un peu persévérants.

Mais, pour commencer, vous ne trouverez pas tout de suite cette vie au niveau du cœur. Ou si vous la trouvez trop vite, vous la perdrez. Beaucoup ont connu des moments divins qui ont duré seulement quelques jours ou au mieux quelques semaines. La vie, vous la découvrirez d'abord dans vos entrailles, que vous soyez homme ou femme. Je vous ai dit : « Vous trouverez Dieu dans votre cœur, mais c'est dans le hara que vous vous trouverez vous-même [1]. » Ne laissons pas échapper le précieux apport de Karlfried von Dürckheim qui affirme que nous avons perdu, nous autres Occidentaux, le sens du ventre dont le christianisme a connu autrefois l'importance comme en témoigne le « ventre gothique » des statues du Moyen Age. Cette vie, atmashakti, se révélera dans votre bassin, tandis que vous trouverez l'atman dans le cœur. Ramana Maharshi rappelle que, pour se désigner lui-même (« qui, moi? »), un homme touche d'instinct sa poitrine : en effet il ne désigne pas son hara, je suis d'accord. Le Soi rayonne dans le cœur, *hridaya* en sanscrit, *qalb* en arabe, *heart* en anglais mais la force vitale a son origine dans le bas-ventre où elle ne cesse pas de jaillir, même dans la solitude, même dans l'épreuve.

Puisque cette source réside en vous, chaque fois que vous tentez de vous intérioriser, c'est peut-être aujourd'hui

---

1. Cf. Ce thème se trouve développé dans *Approches de la méditation*, également aux Éditions de La Table Ronde.

même, pas demain, que vous allez vous réunifier et ressentir cette vie qui s'exprime dans la respiration, dans la vibration de chacune de vos cellules, que vous pouvez percevoir si vous êtes complètement relâchés et immobiles. Vous savez qu'en détendant vos muscles vous en obtenez une certaine sensation, dans le training autogène de Schulz ou la sophrologie. Chez Gurdjieff, nous pratiquions également beaucoup d'exercices de sensation. Si vous êtes bien présents à vous-mêmes et complètement détendus, habitant votre corps, à partir de cette sensation associée à la décontraction des muscles, vous prenez conscience d'une vie inimaginable dans chaque cellule de votre corps, comme si vous pouviez sentir le métabolisme tout le temps à l'œuvre. Il ne s'agit pas d'un accomplissement extraordinaire nécessitant dix ans de retraite dans l'Himalaya.

* * *

Et pourquoi remettre à demain? La spécialité du mental c'est de toujours repousser l'échéance à plus tard (en anglais « to postpone »). Je pratique la méditation pour découvrir la vie en moi, mais pourquoi ne pourrais-je pas en faire tout de suite l'expérience?

Il ne s'agit pas seulement d'aller dans cette direction mais de sauter le pas – la porte est ouverte, sortez. Vous le savez, ce que vous aviez pris pour un serpent n'est qu'une simple corde, ne restez plus enfermé chez vous, allez dans le jardin! Là intervient souvent une peur : si vraiment je redeviens vivant, toute mon étroitesse, toutes mes habitudes de petitesse vont être emportées par le torrent de la vie en moi. Alors j'attends, je remets au lendemain. « Oh, c'est pour les grands yogis, ce n'est pas pour moi. » Nous avons l'impression, et je termine par où j'ai commencé, que si nous ne sommes plus liés par le passé, si nous retrouvons l'éternel présent, nous trahissons quelqu'un, nous allons poignarder nous-même l'enfant souffrant. Et vous demeurez cet enfant souffrant, alors qu'il vous est proposé de quitter le passé pour vivre enfin dans la plénitude du présent, où chaque seconde préfigure un avenir libre. Non plus un avenir figé, qui se répète indéfiniment, mais une fête de la nouveauté, la fête du renouvellement.

Essayez de bien voir ce qui aspire en vous à cette liberté par rapport au passé, qui débouche sur une vie vraiment nouvelle, donc un futur complètement ouvert. Et voyez aussi ce qui refuse cette transformation : c'est presque trop beau et je n'y ai pas droit parce que ce serait sacrifier l'enfant blessé en moi, que j'ai consolé en suçant mon pouce et en me blottissant dans mes propres bras.

Imaginez une femme mère de famille qui ne serait pas heureuse avec son mari et qui connaîtrait soudain le grand amour avec un autre homme. Elle pourrait penser : « C'est merveilleux mais je n'y ai pas droit, je ne peux pas abandonner mes enfants et je ne peux pas non plus les séparer de leur papa parce qu'ils seraient trop malheureux. » Ce déchirement s'apparente à ce que vous pouvez ressentir mais, en fait, vous vous trompez. C'est merveilleux, mais demain, demain. Pourquoi toujours demain? Pourquoi pas maintenant puisque la plénitude de la vie jaillit en vous sans cesse? Vous croyez à tort qu'un devoir vous interdit cette plénitude actuelle. Quel devoir? « Je suis responsable du petit enfant douloureux que je console depuis quarante ans, je ne vais pas l'abandonner pour vivre aujourd'hui heureux et épanoui ». Vous vous débattez dans cette contradiction d'autant plus irréductible qu'elle n'est pas clairement reconnue : vouloir une vie vaste et riche mais « plus tard ». Swâmiji m'avait cité l'histoire stupide et bien connue de l'écriteau en vitrine du coiffeur : « Demain on rase gratis », seulement demain et jour après jour demain. Bien sûr que ce sera toujours demain! Demandez à une mère d'abandonner son enfant! Même si vous lui tenez les plus beaux raisonnements en alléguant que c'est nécessaire à son épanouissement de femme et d'amante, elle refusera.

Rendez consciente cette contradiction, vous en mourez à petit feu.

La seule fidélité réelle à cet enfant blessé, c'est de lui offrir la vie. Depuis qu'il est né, il aspire à grandir et s'épanouir, à connaître la plénitude de la vie surabondante. Donnez-la-lui : vous lui donnez tout ce qu'il attend depuis toujours et qu'il n'a pas connu. J'ai vécu cette difficulté mais je ne l'ai pas comprise si clairement qu'en vous connaissant les uns et les autres. J'ai même l'impression, je pourrais le dire aujourd'hui, que ce petit Arnaud malheureux que j'ai bien connu ne cesse pas de me remercier de lui avoir rendu la vie complète qu'il avait perdue.

Oubliant un instant le poids du passé, des samskaras, de tout le niveau psychique, laissez la respiration vous prendre par la main et vous montrer comment accueillir le *prana*, le *ki*, comment vous ouvrir à cette énergie. Il existe un autre type de respiration consciente moins connu que l'exercice du hara qui consiste à respirer avec toute la surface de vous-même, comme si cette enveloppe était perméable. Vous vous ouvrez de partout et vous laissez le prana vous pénétrer non seulement par le nez, mais par chaque pore de votre peau. La respiration nous accueille au seuil du temple intérieur dans lequel la méditation nous fait pénétrer de plus en plus profondément et ensuite elle ne nous lâche plus, elle nous guide jusqu'à la source qui est elle-même désignée par le mot souffle : *pneuma*, *atman*. La respiration, pourvu que vous vous donniez à elle, vous conduit jusqu'au cœur de vous-mêmes, dans le Saint des Saints. Vous voyez qu'il ne s'agit plus du tout d'une approche physiologique. Dans certains ouvrages, il est bien question de pranayama mais on insiste beaucoup sur l'aspect physiologique : la respiration permet de mieux oxygéner le sang donc d'intensifier la fonction cérébrale ou, au contraire, de diminuer l'irrigation du cerveau et par conséquent l'effervescence des pensées. Une certaine approche du pranayama est dégradante pour la fonction sacrée de la respiration. C'est une récupération de la pratique par l'ego, oubliant que la respiration est la première manifestation de Dieu en nous.

Puisque nous nous appuyons ici sur l'héritage de Swâmi Prajnanpad, souvenez-vous de sa formule : « Manger est une fonction de la vie, la respiration c'est la vie elle-même. » Le Souffle c'est le Saint-Esprit pour un chrétien, l'atman pour un hindou, *ruh* pour un soufi, l'esprit, le vent, la respiration, toujours.

Lorsque vous tentez de méditer, perfectionnez quelques détails techniques comme la posture et l'attitude de la nuque mais surtout abordez ces exercices avec le sens du sacré, avec le sentiment qui vous animerait si vous deviez rencontrer le Bouddha lui-même. La plus grande rencontre qui puisse être faite, c'est celle de notre intériorité, de Dieu au cœur de nous-mêmes ou de l'atman dans la « caverne du cœur » des Upanishads. Pour y parvenir il faut des points d'appui, il faut une méthode. Intériorisez-vous, rentrez en vous-mêmes, essayez de sentir votre être essentiel. Pendant quelques instants vous êtes touchés, vous vous retrouvez vous-mêmes parce que vous avez inversé la direction de votre attention mais, très vite, les distractions reviennent, les pensées parasites vous emportent. C'est la raison pour laquelle il existe beaucoup de techniques très élaborées qui peuvent comporter des différences mais révèlent aussi quelques dénominateurs communs à toutes les approches justes. Vous vous apprêtez à une immense découverte, une sublime révélation au cœur de vous-mêmes qui ne vous a pas encore été faite et qui s'accomplira si vous êtes guidés selon certaines méthodes traditionnelles et cohérentes.

POUR UN CHRISTIANISME LIBÉRATEUR

Même si l'hindouisme, le bouddhisme et l'islam – ou, plus précisément des sages appartenant à ces traditions – ont tenu une place essentielle dans mon existence, le Christ, les Évangiles, certains pères des origines, tel Grégoire de Nysse, et la spiritualité cistercienne n'ont pas eu moins d'importance.

Mais depuis vingt ans, j'ai rencontré et tenté de comprendre bien des baptisés déçus par leur religion et quelques prêtres ouverts aux conflits psychologiques ou même aux drames des fidèles qu'ils dirigent. Quant aux sociologues ou psychothérapeutes athées, ils ne taisent pas leur sévérité à l'égard d'une « religion aliénante » et d'une « morale oppressante ». Personnellement, j'ai suivi presque pas à pas les difficultés de certains êtres déchirés entre l'enseignement religieux de leur enfance et l'appel repris par tant de livres, de revues, de programmes télévisés à une vie « libérée » des refoulements et des inhibitions.

En vérité, le christianisme est lui-même un message de liberté, de joie et d'amour. Qu'il nous conjure de ne pas jouer le jeu fatal de la licence et, osons dire le mot, de l'immoralité, c'est dans notre intérêt. « L'homme n'est pas fait pour le sabbat, c'est le sabbat qui est fait pour l'homme » a rappelé le Christ. Avant de condamner votre propre religion, faites un peu confiance à un Dieu d'amour qui ne veut que votre bien.

Swâmiji faisait souvent un geste : celui d'un poing fermé qui s'ouvre peu à peu jusqu'à ce que la main soit entièrement déployée. Il s'agit d'un mouvement d'expansion qui va du plus étriqué au plus vaste, « *wide* » en anglais, « *widening* ». C'est à la fois une croissance et une ouverture, de la même façon qu'un bouton s'ouvre et que la fleur s'épanouit. Il existe donc un lien très étroit entre ces deux idées : celle de la croissance, du plus petit vers le plus immense et celle de l'ouverture.

Ce mot « ouverture » a un contenu susceptible de vous transformer de l'intérieur à mesure que, si je puis m'exprimer ainsi, vous vous ouvrez à l'idée même d'ouverture. Et il y a différents niveaux d'ouverture : une ouverture grossière, une ouverture subtile et une ouverture spirituelle. De même, on peut distinguer une ouverture du corps, une ouverture du cœur et une ouverture de l'intelligence. Nous employons couramment en français les expressions « l'esprit fermé » ou, au contraire, « l'esprit ouvert ». Fermé ou ouvert aux perceptions nouvelles, aux idées nouvelles, à des aperçus nouveaux. Comment voulez-vous croître tout en restant fermés? « Ouverture » peut être un maître mot sur le chemin par son dynamisme : il suggère une progression et un avenir plus riche. Il n'y a pas seulement une porte fermée ou ouverte, il y a une porte qui s'ouvre peu à peu depuis la fermeture complète jusqu'à l'ouverture totale.

Il fait grand jour au dehors, le soleil brille mais, si nous avons fermé les volets plus les rideaux, nous sommes dans la pénombre; pour que ce soleil qui est là, qui n'est pas notre création, que nous pouvons uniquement accueillir, pénètre dans la pièce, il faut que nous ouvrions les rideaux et les volets. Sur le chemin nous n'avons pas à tout produire par nous-mêmes, une part de ce qui est à réaliser excède nos capacités et si nous nous en tenions uniquement à nos efforts, ceux-ci nous maintiendraient dans le monde de l'ego et du mental ordinaire sans nous conduire à la transcendance. A un moment donné, il y a justement intervention d'une Réalité qui nous dépasse et se révèle illimitée, éternelle, alors que les états de conscience ordinaires ne nous permettent pas de nous ressentir comme infinis. D'un point de vue, nous accueillons donc passivement la lumière quand nous ouvrons les volets et les rideaux. Que pouvons-nous faire si ce n'est recevoir cette lumière? Mais par contre c'est activement que nous ouvrons les rideaux et les volets. Vous devez être très actifs sur le chemin pour enlever les obstacles ou, si vous préférez, de nombreux efforts sont nécessaires avant de parvenir à l'état-sans-effort.

Quand nous ne sommes pas identifiés à un souci, une préoccupation, un intérêt particulier, nous avons une certaine conscience de nous. Cette conscience ne peut croître que par l'ouverture et cette ouverture s'opère dans deux directions – du moins c'est ainsi que nous sentons les choses au commencement : elle se fait à l'intérieur de nous-mêmes et à l'extérieur de nous-mêmes. Ce que nous avons conscience d'être ne peut croître qu'en s'ouvrant, mais en s'ouvrant à la fois au dehors et au dedans. On peut être doublement fermé : fermé au dehors et fermé à soi-même, coupé de ses racines profondes, de son énergie fondamentale, à cause de toutes sortes de mécanismes abondamment étudiés par la psychologie : les blocages, la séparation entre le conscient et l'inconscient.

En fait une seule et même vie œuvre à l'extérieur et à l'intérieur de nous. Si vous voulez que cette ouverture, qui commence au niveau où vous êtes, vous conduise non seulement à l'épanouissement humain, celui que tentent de vous donner les psychothérapeutes, mais aussi à l'épanouissement spirituel, il faut que vous admettiez déjà que la même unique vie, la même unique réalité anime tout l'univers et vous anime, que tout ce dont vous prenez conscience, aussi multiple que cela paraisse, est l'expression d'une énergie qui, en vérité, est une, *un seul sans un second*.

Vous savez que les Hindous considèrent l'intégralité du monde comme la danse de Shiva. Dieu s'exprime à travers l'univers. L'approche chrétienne habituelle conçoit au contraire Dieu comme un créateur extérieur à sa création – tel un potier, un sculpteur ou un peintre distinct de son œuvre – alors que les Hindous affirment que Dieu est à la fois transcendant et immanent, au-delà et en même temps intérieur à sa création. Si Dieu est un artiste créateur, il est comme un danseur qui s'exprime par la danse. L'univers représente la danse de Dieu, quel que soit le sens que vous donnez à ce mot, l'important étant de faire cette prodigieuse découverte que les mystiques ont appelée Dieu, Râm ou Allah. Tout phénomène est l'expression de Dieu. Vous ne pouvez trouver Dieu ou la Réalité ultime, que vous soyez introvertis ou extravertis, qu'à travers son expression, c'est-à-dire tout ce qui vous entoure, y compris les autres êtres humains. Plus vous pouvez vous ouvrir, plus vous vous rapprochez de Dieu.

Ouvrez toujours, c'est toujours Dieu qui frappe, même sous la forme d'un ennemi. D'où ces paroles « Aimez vos ennemis », « Pardonnez aux offenses », « Priez pour ceux qui vous persécutent. » Ouvrez toujours. On frappe à la porte, à la porte de votre être, ouvrez toujours, c'est Dieu qui frappe. Voici la Vérité ultime. Comment vous en rapprocher peu à peu?

Si l'intérieur et l'extérieur émanent de la même réalité, vous ne pouvez vraiment progresser sur le chemin de ce déploiement, comme un bouton qui fleurit, que si vous êtes prêts à vous ouvrir simultanément au-dedans et au-dehors de vous-mêmes. Sinon vous vous coupez de cinquante pour cent de la possibilité de croissance et vous vous mutilez. Si vous ne pouvez pas entrer en contact avec les forces vives en vous, avec la *shakti* en vous, vous ne pouvez pas vous ouvrir à l'extérieur. Nous abordons ici le domaine de la psychologie et de la névrose : si certaines tendances importantes, certains dynamismes en vous sont bloqués, refoulés, le mental reste

crispé, figé par la force d'inertie des habitudes et vous
empêche de vous épanouir. Si vous ne pouvez accueillir ce
qui est en vous, vous n'accueillerez pas plus ce qui vous est
extérieur et il n'y a plus de vie possible, ni humaine ni spirituelle.

*
* *

« Si ton mental vit, tu meurs, si ton mental meurt, tu vis. »
On peut aussi bien dire : si tu t'ouvres, tu vis, si tu te
refermes, tu meurs, même si tu donnes l'apparence d'exister.
S'ouvrir est directement lié à l'idée de croissance, qui relève
de l'être, par opposition à l'idée d'accumulation qui relève de
l'avoir. Si nous pouvions nous ouvrir aisément à la vie ou à
l'énergie qui s'exprime en nous, cela nous conduirait à Dieu
car Dieu se manifeste d'abord pour l'homme comme vie et
énergie. Toutes les formes de vie et d'énergie sont des manifestations de Dieu, idée universelle que l'on retrouve aussi
bien dans les théologies hindoues que chrétiennes. L'accès à
la réalité ultime, non manifestée, passe par la réalité manifestée.

Chacun devine ce que j'appelle la Vie en nous; on peut
dire de quelqu'un par exemple qu'il est très vivant ou qu'il
est considérablement éteint. La vie ne relève pas de l'intellect, bien loin de là! Regardez la vie qui existe dans
l'embryon; en neuf mois, elle transforme une petite cellule
issue de la fusion de l'ovule et du spermatozoïde en un bébé
entièrement constitué avec poumons, cerveau, système nerveux, cœur, artères, veines, circulation sanguine. Ensuite, la
vie va continuer à faire grandir ces organes. A mesure que le
bébé devient petit enfant et que l'enfant devient adolescent,
tous les organes augmentent de volume tout en fonctionnant
et en jouant un rôle qui paraît extraordinaire même si l'on
réfléchit en amateur à la physiologie. Hormis les cas de mal-
formation, la nature fait bien les choses. Nous avons tous
commencé par cette vie prodigieuse qui a fait de la cellule

originelle, l'œuf, un être humain en neuf mois. Notre mère n'y était pour rien, tout ce qu'elle pouvait faire consistait à ne pas entraver le processus de la grossesse en évitant ce qui est préjudiciable à une femme enceinte, et nous, en tant qu'embryons, nous n'y étions pour rien non plus.

Cette vie incroyable continue toujours à nous animer. Mais, peu à peu, nous la sclérosons, nous ne lui permettons plus de s'exprimer en nous. Rien n'empêche la *shakti* de s'exprimer dans l'embryon puis le fœtus et de créer un bébé; l'embryon ne ressent pas de peur spéciale de grandir, de prendre forme. La tragédie des êtres humains provient du fait que cette profusion d'énergie se trouve peu à peu bloquée, divisée contre elle-même. Au lieu d'aller uniquement dans le sens du déploiement, de l'intensité, de la participation à la vie de l'univers, il se forme deux coupures : d'une part une coupure, qui s'accentue de plus en plus avec l'âge, entre nous, chacun individuellement, et la totalité de l'univers : ce qu'on appelle le sens de l'ego; et d'autre part, une coupure entre nous et la force de vie en nous, due à des répressions, des interdits, des nécessités sociales. Et comme cette éducation constituée de « Non » n'est pas reçue consciemment et n'est pas non plus ressentie comme juste, cette vie si puissante que nous portons en nous se divise contre elle-même. Tel est le sens du « Royaume divisé contre lui-même » dont parle l'Évangile. Une part de l'énergie continue à chercher l'expansion, l'épanouissement et une autre part bloque, coupe, refoule à l'intérieur de nous. Et, comme conséquence, nous ne sentons plus que nous participons à la totalité, nous ne sentons plus que la même vie nous anime qui anime tout l'univers.

Dieu n'est autre que la totalité. Vous ne pouvez pas imaginer avoir une expérience réelle de Dieu si vous n'entrevoyez pas ce mot totalité. Que signifie le mot *cosmos* en grec? Il signifie totalité. Vous faites partie de cette totalité, de même que chaque vague fait partie de la totalité qu'est l'océan, et vous portez la nostalgie de votre grandeur infinie. Un jour la vague peut découvrir qu'elle est l'océan et que toutes les autres vagues sont aussi l'océan.

Cela ne sert à rien d'en vouloir au monde entier, à vos parents et à vos éducateurs, mais sentez tout de même comme une tragédie personnelle à quel point l'épanouissement en vous a pu être freiné et bloqué. On commence par dire à l'enfant : « Arrête, mais arrête, ne crie pas comme ça, tu es fatigant, ne bouge pas tout le temps », sans parler de toutes sortes d'autres interdictions que la société rend nécessaires, au point que nous n'osons même plus reconnaître certains mécanismes en nous. Ce blocage de l'énergie qu'engendre le refoulement correspond au surmoi des psychanalystes et au « *denial* » de Swâmiji, la négation de ce qui est, le déni de la réalité, à cause des jugements de valeur, « *sens of value* » : « Ce n'est pas bien de faire du bruit, c'est mal de crier. » Ensuite, peu à peu, la répression se complexifie.

Il existe quelques principes généraux sur lesquels tous les psychologues s'accordent et il y a notre histoire particulière. Nous n'avons plus eu le droit d'être, d'être et de nous manifester; je n'emploie pas *être* au sens métaphysique mais dans un sens très concret : être vivant et s'exprimer. Le mouvement de la nature est resté inhibé. Un arbre ne connaît ni les complexes ni les inhibitions; si des parasites peuvent manger ses feuilles, il n'en repousse pas moins à chaque printemps. Les animaux, quand ils ne sont pas apprivoisés ou parqués dans un jardin zoologique, se manifestent spontanément; le paon fait la roue, le lion rugit. Il n'y a que nous dans la nature qui nous coupions de l'énergie fondamentale. Imaginez un corps de ballet qui ne serait composé que d'estropiés, d'infirmes, de semi-paralysés : voilà les êtres humains. Comme les oiseaux chantent et les arbres croissent à chaque printemps! Plus vous progresserez, plus vous vous apercevrez que tout l'univers est divin. La danse des atomes, des électrons, des protons, des neutrons, vous pourrez même en avoir un aperçu dans certains états de conscience plus élevés. Tout l'Univers chante la gloire de Dieu et dans ce ballet on a introduit un certain nombre d'invalides qui sont les êtres humains. C'est tragique et merveilleux à la fois parce que nous avons la possibilité de retrouver notre visage originel.

Donc, chacun a son histoire personnelle et certaines psychothérapies permettent de clarifier pourquoi l'énergie s'est retournée contre elle-même. Ce conflit vient généralement de l'intervention des parents et des éducateurs, que nous avons « introjetée », prise au-dedans, par un processus de condamnation : c'est mal. C'est mal pour un petit garçon ou une petite fille d'avoir des sensations génitales et de se toucher le petit pipi, c'est mal de s'intéresser à certaines choses qui éveillent sa curiosité d'enfant. Les grandes personnes réagissent et vous voilà coupés de vous-mêmes, n'ayant plus pour vivre qu'une petite part de votre énergie. Une part importante de l'énergie cherche à s'exprimer, une grande part se trouve mobilisée pour empêcher l'expression, et il ne vous reste qu'une petite part pour vivoter.

Le monde au sein duquel vous avez vécu, vous Occidentaux, bien qu'il prône l'émancipation à cor et à cri, ne vous a pas donné de vraie liberté. Il s'agit d'un monde dans lequel l'intellect occupe une place hypertrophiée, donc anormale. Vous savez bien qu'autrefois beaucoup de Français ne savaient pas lire et écrire, ce qui ne les empêchait pas d'être de grands artisans – sculpteurs, ébénistes ou forgerons. Puis tous les Français ont passé leur certificat d'études, maintenant ils vont tous avoir le bac de terminale. Pour être menuisier, il faudra bientôt briller en histoire, en physique ou en chimie. En quoi cela peut-il faire un bon menuisier? Pour être ébéniste il ne faut pas un cerveau bourré de notions, il faut des mains intelligentes. La prédominance de la tête freine gravement notre épanouissement. La suprématie de l'intellect, du point de vue spirituel ou même humain tout court, constitue une erreur lourde de conséquences. Regardez tout ce qui encombre notre cerveau, que ce soit les lectures diverses, magazines, journaux, revues, ou les conversa-

tions : « Il paraît que ceci, il paraît que cela ». Cette
prolifération abusive de la pensée vous exile de vos forces
vitales et entrave votre développement naturel. Le destin
profond de l'homme n'est pas de demeurer stationnaire,
l'homme n'est pas fait pour piétiner sur place. Trop souvent
il se flétrit avant même de s'être épanoui et vieillit après
avoir accumulé cent mille idées étrangères, mais sans rien
connaître de la croissance intérieure qui est sa véritable
vocation.

Du fait que nous sommes coupés de nous-mêmes, la peur
s'est établie en nous. N'est-ce pas terrifiant de penser que
l'énergie divine en nous nous fait peur? Les êtres humains,
sauf ceux qui sont très évolués, ont peur d'eux-mêmes et sont
ainsi condamnés à la peur de ce qui est au-dehors d'eux
parce qu'il y a trop de risques que cela les mette en contact
avec ce qui est en eux. Pour opérer la réunification de l'extérieur et de l'intérieur, il faut travailler dans les deux directions en essayant de progresser d'un pas chaque jour. Tout
empêchement levé, tout blocage supprimé libère l'énergie
prisonnière et permet la croissance de l'être. Il faut utiliser
tout ce qui est à votre disposition pour retrouver ce processus
naturel d'épanouissement.

*
* *

Admettons à présent que vous assumiez les forces qui
résident en vous, après avoir plus ou moins réussi une psychothérapie et que la peur de ce qui est en vous-mêmes ne
domine plus vos existences. Vous pouvez alors vous ouvrir à
plusieurs niveaux : physique, émotionnel, intellectuel et
sexuel. Voilà la réalité de la nature. S'ouvrir intérieurement
au niveau physique revient à sentir la vie, l'énergie en soi, au
plan de la sensation et de l'impulsion motrice, par des exercices de conscience de soi, de méditation et à tenir compte
du besoin que nous avons de nous exprimer, de danser, de
bouger. Ces premières prises de conscience n'ont rien de très

mystérieux. Mais sentir plus subtilement l'énergie sous sa forme motrice ou sentir la vie du cœur en nous représente un immense accomplissement. Qu'est-ce qui bloque la vie du cœur : les tristesses, les peines, les révoltes, l'agressivité. Un travail psychologique mené méthodiquement s'avère nécessaire. Au niveau intellectuel, il faut également devenir réceptif aux pensées qui nous viennent sans les censurer, sans les empêcher de monter. Et puis c'est aussi s'ouvrir aux pulsions sexuelles qu'on porte en soi, sans crainte. Si vous poussez de plus en plus loin cette première ouverture très simple, à travers le manifesté – même le manifesté distordu de l'être humain – vous vous ouvrirez peu à peu à des niveaux de conscience qu'on appelle supra-mentaux ou mystiques. Ne serait-ce pas terrible de passer à côté de ces possibilités que vous portez en vous et de mener une vie étriquée alors que la nature a prévu pour chacun une vie si riche? Pouvez-vous admettre de n'avoir été vraiment vous-mêmes que pendant les neuf mois de grossesse de votre maman?

Il est absurde de croire que vous pouvez atteindre la grande Réalité en vous sans passer par les différentes étapes de la Manifestation, les plans causal, subtil et grossier. Vous n'atteindrez pas l'ultime, le brahman, Dieu en vous, l'absolu, uniquement en faisant silence. Il faut parcourir à l'envers le chemin de la Manifestation : c'est toute l'idée du yoga. Le non-manifesté se manifeste aux niveaux causal, subtil, grossier (*karana, sukshma, sthula*) et ces trois niveaux existent en vous. Pour trouver Dieu en vous, vous devez vous accepter puisque vous êtes, de toute façon, la manifestation du non-manifesté, la danse de Shiva.

Tout en vous est de Dieu, même les pulsions de haine. C'est la création telle que Dieu l'a faite mais distordue en l'homme à cause de la division intérieure due au mental qui vous étouffe et vous empêche de vous ouvrir. Il faut essayer – il n'y a pas d'autre chemin – de passer en soi-même par tous les degrés de la Manifestation. Pour reprendre une image que j'utilise souvent, vous ne pouvez pas atteindre directement la chemise sans passer d'abord par le pull-over qui la recouvre. Il s'agit de couches de plus en plus profondes. Vous ne pouvez pas atteindre l'absolu, en niant le relatif. Je l'ai tenté pendant des années et il a fallu que Swâmiji me montre que j'avais toujours abouti à des impasses pour me convaincre de procéder d'une manière plus intelligente.

Parfois, nous pouvons atteindre un état de conscience illimitée qui n'est qu'un jeu d'action et de réaction face aux limitations de l'existence. Cet état de conscience transcendant s'appelle techniquement *samadhi*, on en garde un souvenir inoubliable mais on n'est pas plus avancé pour autant. Des milliers de vies consacrées à la spiritualité ont été gâchées par cette vaine tentative : je nie la nature en moi. Un des méfaits de l'éducation, même religieuse, consiste à nier la vie en soi. Redevenez vivants à tous les niveaux : intellectuel, émotionnel, physique et sexuel.

A partir du moment où vous admettez la nécessité de redevenir vivants, la vie étant une vie de relation, vous vous apercevez que vous êtes considérablement coupés de la grande Vie par le sens de l'ego qui engendre le jeu de l'attraction et de la répulsion, du désir et de la peur, de la sympathie et de l'antipathie, etc. Si nous sommes emprisonnés dans l'ego séparé, nous ne participons plus à la vie universelle. Aussi faut-il s'engager dans la bonne direction pour parvenir à l'effacement de l'ego qui nous est proposé comme but, une direction dans laquelle vous êtes à la fois humainement et spirituellement gagnants et qui vous rapproche peu à peu d'un état transcendant dans lequel vous vous sentirez en communion avec l'existence universelle. Pour l'instant, comment pouvez-vous vous ouvrir? En admettant que la fleur, l'oiseau, les autres êtres, toujours, sont l'énergie divine manifestée, comment pouvez-vous diminuer la fermeture – les volets fermés dont je parlais tout à l'heure – qui vous coupe de la réalité?

Nos cinq sens correspondent à des ouvertures par les-

quelles nous recevons toutes les perceptions qui se transforment ensuite en conceptions, en idées. Ouvrez-vous intellectuellement, essayez d'entendre des idées vraiment
nouvelles au lieu de les rejeter tout de suite. Essayez d'ouvrir
votre cœur, nous savons que ce n'est pas facile et je vais en
reparler. Et ouvrez-vous physiquement. Certains êtres sont
fermés physiquement, refusant les sensations, refusant de
percevoir, refusant même d'inspirer. Vous allez découvrir
des résistances en vous, mais qui va gagner? Si vous êtes
décidés à être plus forts que les résistances, vous êtes sauvés.
Et pour ceux qui ont une vie sexuelle, qui ne transmuent pas
l'énergie sexuelle uniquement par l'alchimie intérieure,
ouvrez-vous aussi au niveau sexuel, à la participation, à la
sensation, à la communion avec l'autre.

Le langage courant abonde en formules qui montrent
combien ces idées, en fait, constituent le patrimoine de
l'humanité quand l'être l'emportait encore sur l'avoir. Par
exemple, vous retrouverez partout les mots *ouvert* ou *fermé*,
auxquels Swâmiji accordait une si grande importance. En
anglais, les Hindous utilisent deux mots *closed* et *locked*,
« *closed* » signifiant simplement fermé et « *locked* » verrouillé. Ne tentez pas d'ouvrir une porte fermée à clef, faites
d'abord tourner la clef dans la serrure. Parfois on ne fait pas
bien la différence entre les fermetures à clef, qui vont être
plus difficiles à ouvrir, et les simples fermetures qui peuvent
être converties en ouvertures pour peu que nous le décidions
vraiment. Il faut le tenter, vous rééduquer comme des convalescents, réapprendre à vivre et, si vous voulez atteindre les
plus hauts états de conscience, intégrer tous les niveaux de la
manifestation. Bien sûr, de grandes forces nous obligent à
nous fermer malgré nous, donc il faut une grande conviction.
Tourner nos cinq sens vers les perceptions extérieures s'avère
relativement facile : je regarde, j'écoute, je perçois les
odeurs, j'apprends à goûter, à apprécier. Étendez votre goût,
pas seulement au roquefort si vous n'aimez que ce fromage
mais à toutes sortes de saveurs, vos oreilles à toutes sortes de

musiques. Dieu est dans une symphonie de Mozart, c'est courant de le dire, mais Dieu est aussi dans un bruit de marteau-piqueur, indépendamment des possibilités de résistance de notre système nerveux.

« *Welcome* » – c'était le mot de Swâmiji – « bienvenue, bienvenue! » Si vous dites « bienvenue » à quelqu'un, c'est que vous lui ouvrez la porte. Vous ne pouvez pas dire « bienvenue » à quelqu'un en donnant un tour de clef supplémentaire. Bienvenue à cette perception, bienvenue à cette sensation, bienvenue à ce qui est nouveau, à ce qui me déroute. Très vite s'organisent en nous des systèmes assez complexes de refus et de sélection. Nous ne croyons plus du tout que c'est toujours Dieu qui frappe et nous n'ouvrons plus que parcimonieusement, ce qui nous empêche de grandir intérieurement. Nous appauvrissons les nourritures d'impressions qui nous parviennent du dehors et contribuent à la croissance de notre corps subtil.

Dans les Yoga Sutras de Patanjali, on traduit le terme « *pratyahara* » par « retrait des objets des sens », ce qui donne l'idée fausse que le yogi se mutile du point de vue des sens. A partir de là, on considère à tort qu'il s'agit de ne plus ressentir. Cette interprétation est totalement erronée et va à l'encontre de la tradition du yoga. Au cours des rites qui tiennent une si grande place aussi bien en Inde que chez les Tibétains ou dans les monastères, les cinq sens sont au contraire mobilisés pour favoriser l'ouverture. Les Tibétains font tourner des rouleaux, les musulmans touchent l'entrée de la mosquée ou du mausolée. Les orthodoxes baisent les icônes. Le toucher joue son rôle dans un rite, une liturgie ou une *puja*. L'ouïe aussi : on écoute les cloches, les gongs, les percussions, le chant, la musique. L'odorat se trouve concerné par l'encens. La vue est sollicitée par le décorum, les gestes liturgiques, les peintures, l'architecture. Et le goût participe par l'absorption de nourriture consacrée – pain béni ou Eucharistie – ou, dans d'autres religions, simplement par ce qu'on appelle les agapes.

Ce mot très intéressant vient du grec « agapê » qui signifie : forme raffinée de l'amour. La liturgie peut sembler en
marge de la vie. Mais l'agape, au contraire, se trouve
complètement intégrée à l'existence, comme le repas que les
disciples partagent avec un maître soufi ou le repas des
frères dans un monastère.

**

Vous ne pouvez vous ouvrir que par le mot magique entre
tous, le suprême mantra, le *oui*, qui est la traduction de
« aum » : A, oui à Brahma, U, oui à Vishnou, M, oui à Shiva.
Écouter c'est le oui de l'oreille, regarder c'est le oui de l'œil,
sentir c'est le oui du nez, goûter c'est le oui de la langue et
du palais, toucher c'est le oui de la sensation. Vous ne pouvez
vous ouvrir que par le oui. On frappe à la porte, vous avez
décidé d'accueillir, vous répondez « entrez » ou vous répondez « oui ». Refuser de s'ouvrir correspond au « non ».

Sur ces deux mots se fonde tout l'enseignement que je
tente de retransmettre. Puissiez-vous les entendre
aujourd'hui pour la première fois. Le chemin de l'épanouissement humain et spirituel passe par le oui, depuis les
premiers niveaux jusqu'au niveau ultime, dans une parfaite
continuité. Et le non est toujours anti-religieux. Je ne parle
pas, bien entendu, des non indispensables : si après avoir
commandé un certain matériau on vous en livre un autre,
vous dites non à juste titre. Le non que je mets en cause correspond à une attitude intérieure de refus qui n'est jamais
justifiée : je dis non à la pluie, je dis non aux nuages, je dis
non au soleil, je dis non aux êtres humains dont le comportement ne me plaît pas. Dire non, c'est dire non à Dieu.

Swâmiji m'avait indiqué un exercice, qui n'était d'ailleurs
pas spécifique à son enseignement et qui consistait à s'ins-
taller confortablement assis en méditation ou dans une attitude relaxée et à répéter simplement en soi-même le mot oui,
sans dire oui à quoi que ce soit de précis, sans s'occuper de

rien d'autre que de s'unifier. Si vous le tentez mais qu'il vous vient mille pensées, vous ne réussirez pas. Il se peut que cet exercice apparemment inoffensif – le simple fait de répéter le mot oui – fasse lever en vous un refus tel que cela vous paraisse presque insupportable. Cette réaction est vraiment intéressante à constater. Vous pouvez soit le dire à mi-voix soit le répéter intérieurement. Au bout de cinq ou dix minutes, cette simple répétition de oui peut transformer votre état d'être, votre niveau de conscience.

Le second exercice – celui-là il faut avoir le courage de le faire – c'est l'inverse : « non, non, non, non. » Vous pouvez modifier votre état d'âme simplement par la puissance du mot oui et par la puissance du mot non. Le seul mot oui possède un immense pouvoir positif, heureux, tandis que le non suffit à déclencher l'agressivité. Uniquement parce que je prononce le mot non, je me sens tendu, furieux, mal dans ma peau. Si vous voulez vous détruire, pas la peine d'absorber de l'alcool ou de vous piquer à l'héroïne, vous n'avez qu'à pratiquer cet exercice! « Non, non, non... » Cela va remuer en vous des souvenirs inconscients de plus en plus pénibles et vous aboutirez à un état intérieur qui vous coupe, vous emprisonne, vous empêche de communiquer – le contraire d'un état spirituel. Si vous ne voulez pas me croire, faites-le!

« Non, non, non, non! » « Oui, oui, oui, oui! » Vous ne connaissez pas la puissance de ces deux mots, juste les mots. Dans toutes les langues, ce sont des mots très brefs : *ya, nein* en allemand, *yes, no* en anglais, *si, no* en espagnol. Hélas, l'exercice du non se révèle parfois plus efficace immédiatement que celui du oui! Il existe tellement de refus refoulés et cristallisés en nous qu'il nous est plus facile de dire non au début : non à papa, non à maman, non à l'éducation, non au dressage sur le pot de chambre. L'être humain ordinaire, le « vieil homme » en nous est un non ambulant. Les non émotionnels entraînent la fermeture du cœur, les non physiques provoquent les contractions du corps – poitrine rentrée, tensions diverses – et les non intellectuels engendrent l'étroitesse de vue. L'ego et le mental se trouvent directement associés au refus, à la négation. Ils ne se sont formés et peu à peu figés que par le non. Non à tel comportement de papa, non à tel comportement de maman, non à ceci, non à cela, non, non, non.

Bien sûr, comme je le disais tout à l'heure, la vie en société a toujours nécessité une certaine éducation ou, osons dire le mot, un certain dressage des enfants. A partir de là s'instaure *la loi*. Je ne veux pas développer ce thème car je le traite dans mon dernier livre *la Voie du cœur*, mais simplement donner quelques éléments pour éclairer ce que je dis aujourd'hui. La loi, depuis les commandements du Décalogue jusqu'aux shastras hindous, nous dit comment nous comporter avec les autres : ne tue pas, ne vole pas, respecte ton père et ta mère. En réalité, elle nous commande de faire ce que nous ferions naturellement si nous avions l'amour. La loi nous commande : ne tue pas, ne fais pas de mal au prochain. Elle exige de nous ce que nous serions capables de faire si nous étions en mesure d'aimer et ainsi la loi finit par remplacer l'amour. C'est notamment la tragédie du Christianisme à travers l'histoire.

La Voie consiste à retrouver l'amour qui devient alors la loi. Si vous aimez, ce que vous faites se révèle bien plus juste que la loi elle-même. *Ama et fac quod vis*, aime et fais ce que tu veux. Vous pouvez être ferme, vous pouvez punir, vous pouvez caresser, comme une réponse qui naît de l'intérieur. Seulement nous avons besoin de la loi parce que tous les êtres humains ne réussissent pas à se purifier assez pour être capables d'aimer, au vrai sens du mot aimer. Je ne parle pas de l'amour fascination. Nous avons donc tous été soumis à la loi qui, la plupart du temps, a été mal exprimée par nos parents, nos éducateurs ou des gens qui nous ont impressionnés : « Tu peux t'intéresser à ce genre de livre? Bah, ça ne vole pas haut ta culture! » Une phrase de ce type peut bloquer un adolescent. Or, l'expansion à laquelle je vous invite représente une libération par rapport à la loi, au dressage et

aux conditionnements de l'éducation, même si ceux-ci
s'avèrent d'abord indispensables dans toute société.

Le péché originel n'est autre que le non qui a instauré la
dualité, la limitation et la souffrance. Il correspond à la voie
de la perdition. La voie de la rédemption passe par le oui.
C'est pourquoi l'on peut dire que le Christ est l'accomplissement de l'amen. L'histoire du Christ commence avec le oui
de Marie à l'Ange (il existe même une Notre-Dame-du-Oui)
et elle se termine avec le oui ultime du Christ : « Qu'il me
soit fait selon Ta Volonté », par lequel il se soumet à la mort.

Le oui à la vie de tous les jours est une préparation au oui
à la mort. Comment pourrez-vous dire oui à la mort – ce qui
est la culmination d'une vie réussie – si vous ne pouvez
même pas dire oui à la vie? Et comment pouvez-vous dire oui
à toutes ces morts successives qui font une existence, où
Brahma, Vishnou et Shiva sont tout le temps à l'œuvre, où ce
qui apparaît disparaît, comment dire oui à l'aspect mort de
l'existence, si vous ne pouvez pas dire oui à la vie en vous?

On vous a appris à ne pas dire oui à la force de vie, la
spontanéité, l'enthousiasme, le mouvement, la joie, l'expansion : « Non, tu ne t'exprimeras pas, non tu ne grandiras pas,
non tu ne t'épanouiras pas! » Et vous avez fini par reprendre
ce non à votre compte. Pourtant la vie demeure intacte et le
chemin pour la retrouver c'est le oui. C'est un mot magique.
Les deux mots sont magiques, aussi bien le non que le oui
mais l'un pour vous détruire l'autre pour vous sauver.

Lorsque je frappais à la porte de Swâmiji qui restait
ouverte pour mon entretien du matin, il m'accueillait avec
un « yes Arnaud », « oui Arnaud ». Il ne disait jamais « come
in », « entrez », mais simplement « yes » et je sentais que ce
yes était immense : Swâmiji dit oui à la totalité d'Arnaud qui
arrive tantôt anxieux, nerveux, plein d'agressivité, de peur à
son égard et tantôt plein d'amour pour lui. « Aimez vos ennemis », cela signifie bien sûr « dites oui à vos ennemis ». « Pardonnez à ceux qui vous ont offensés » implique : « dites oui et
comprenez ». Si l'on entend et qu'on est touché, le oui prend

racine en nous et nous donne vraiment envie de vivre cette
croissance à la fois humaine et spirituelle.

*
* *

Aucun non, aussi puissant soit-il, ne fait disparaître l'énergie sexuelle. Face à l'énergie en vous, il n'y a que le oui qui
se révèle juste et il conduit soit à la transmutation soit à
l'activité sexuelle proprement dite. La transmutation
consiste à reconnaître cette énergie, à « être un avec » sans
être « emporté par », à lui dire un immense oui; alors se produit une augmentation quantitative si intense qu'un changement qualitatif s'opère. C'est une loi de la nature. Je ne dis
pas que ceux qui n'ont pas une vie sexuelle ne peuvent pas
trouver Dieu, je dis simplement que la vie sexuelle qui joue
un si grand rôle chez la plupart des hommes et des femmes,
mariés ou non mariés, ne peut être heureuse que si elle se
fonde sur le oui. Et, point très intéressant et très remarquable, il s'agit d'une activité mise à notre disposition par la
nature à laquelle les cinq sens peuvent participer.

Il y a deux activités humaines auxquelles les cinq sens participent en disant oui. L'une n'est autre que la liturgie – c'est
ce que j'expliquais tout à l'heure –, l'autre est la vie sexuelle
telle qu'on la concevait traditionnellement c'est-à-dire
complète et, disons-le en langage moderne, audacieuse.
L'Inde a beaucoup insisté, d'une part sur la valeur de la
transmutation de la sexualité, d'autre part sur la chasteté –
la chasteté au sens de pudeur, pas au sens d'absence de vie
sexuelle. La femme hindoue traditionnelle se sentirait déshonorée si elle troublait physiquement un autre homme que son
mari. Et pourtant cette même Inde, comme tout l'Extrême-
Orient ancien, a donné une immense importance à l'érotisme. Les célèbres Kamasutras de Vatsyayana ne sont pas
des ouvrages pornographiques mais un véritable livre de
sagesse.

La sexualité est aussi le oui mis à la disposition de toute la nature : les animaux, les plantes ont une sexualité et celle-ci offre aux êtres humains la joie que les cinq sens, simultanément, puissent dire oui. Il s'agit bien sûr du oui mutuel de deux partenaires, qui peut éventuellement concerner l'homosexualité. Celle-ci n'est en effet pas aussi catégoriquement condamnée par l'Inde qu'elle l'est par le catholicisme traditionnel; dans l'hindouisme, elle est simplement réglementée.

L'être humain ne peut donc être heureux que dans l'épanouissement, la croissance; tout ce qui représente un mouvement d'expansion est ressenti comme heureux, tandis que la rétraction est ressentie comme douloureuse. Voilà la Voie. Cette dilatation peut se faire dans l'accumulation : je possèdais un appartement de cinq pièces, maintenant je viens de faire l'acquisition d'un duplex avec un living de dix mètres de long. Cet élargissement provient-il de l'accumulation d'un avoir, fût-ce d'un avoir subtil, ou est-ce qu'il procède d'une croissance intérieure, le poing fermé devenant la main ouverte? Toute la question est là. Ce que les enseignements spirituels qualifient de vrai bonheur, de vraies joies, ne concerne pas, bien entendu, l'accumulation selon l'avoir, mais un déploiement de l'être dans tous les domaines : intellectuel, affectif, physique et sexuel.

Seulement, ces vérités sont plus faciles à dire qu'à vivre. Une sclérose s'est installée, ancrée dans nos habitudes qui constituent en nous comme une seconde nature allant dans le sens du non : non à nos forces vives – chacun devra entreprendre sa propre résurrection –, non à tel ou tel aspect de la réalité. Sur la base de ce non à leur propre énergie, les êtres humains mendient l'amour. Ils vivent six mois ensemble, ils sont déçus, ils changent de partenaire, ils croient de nouveau trouver l'amour, ils sont de nouveau déçus. Cette quête insatiable de l'amour qui aboutit sans cesse à l'échec a pour cause ces multiples « non » cristallisés qu'il faut peu à peu éroder pour retrouver votre spontanéité.

Le point important, refusé par tant d'entre vous pour qui l'unique solution réside dans leur thérapie, c'est qu'il est possible de dire oui même s'il reste encore des non en nous.

L'enseignement de Swâmi Prajnanpad ne se résume pas aux lyings (encore moins aux vies antérieures qui vous ont tant fascinés) mais à cette opportunité toujours offerte à l'homme de vaincre le non par le oui. Tirez les rideaux, ouvrez les volets, laissez pénétrer la lumière.

Qui va l'emporter, vos possibilités de dire oui ou la puissance des non cristallisés en vous? Le chemin de Swâmiji est un chemin actif. Il disait de celui qui ne peut pas se prendre en charge : « *he is a patient* », c'est un pauvre malheureux qui demande à être soigné. Un disciple est un « *doer* », capable d'agir, pas uniquement de pleurer et d'appeler au secours. Swâmiji disait aussi : « *give a little push* », « donnez une petite poussée ». De même qu'un moteur à explosion de voiture est mis en route par un petit moteur électrique, le démarreur, et qu'ensuite le moteur tourne de lui-même, de même vous ne pouvez pas vous contenter d'attendre toujours que quelqu'un vienne à votre secours. Pourquoi ne voulez-vous pas donner « *a little push* »? Un *doer* capable d'agir s'insurge contre son statut de machine, de marionnette, et décide de dire oui ici, là, dans cette circonstance, à cet aspect des autres, à cet aspect de lui-même, donc de s'ouvrir. Ouvrir son cœur, son âme, son esprit, ouvrir son corps à la pénétration masculine s'il s'agit d'une femme dans la relation sexuelle, s'ouvrir à l'autre, s'ouvrir à tout. Croyez-moi, dire oui là où vous avez toujours dit non sera plus libérateur que les lyings, jusqu'à ce que vous deveniez oui, car être oui c'est être vivant. Aux chrétiens, saint Paul a rappelé dans la Deuxième Épître aux Corinthiens : « Le Christ Jésus n'a pas été oui et non; il n'y a eu que oui en lui. »

*
* *

Etre contre la vie c'est être contre Dieu, être contre la Création c'est être contre le Créateur, être contre la danse c'est être contre Shiva, être contre la *shakti* – pour reprendre le langage de Swâmiji – c'est être contre l'atman.

Nier le monde sous prétexte qu'il est irréel est une tentative stérile qui repose sur un malentendu : « Tout est Brahman, le film des apparences ne m'intéresse plus, je veux trouver l'écran immuable ». Quelles que soient vos techniques de méditation, vous ne vous établirez jamais dans l'écran immuable si vous niez le film projeté. J'ai longtemps essayé de le faire, sans succès, j'ai été sauvé de cette erreur par Swâmiji, d'autres l'ont tenté tout aussi vainement mais n'ont été sauvés par personne et ont continué à avoir peur d'eux-mêmes, peur de la vie, peur de la création, en s'imaginant qu'ils allaient accéder au non-manifesté. Vous n'y arriverez pas sur ces bases fausses ou vous aurez « *a glimpse* », un aperçu, et puis, revenus à votre état ordinaire, vous serez emportés de nouveau par la manifestation et le refus de la manifestation.

Que signifie « Dieu est en vous »? Comment sentir que Dieu réside en vous? La première marque de Dieu en vous c'est la respiration. Vous respirez sans avoir besoin de respirer, « ça » respire, ce n'est pas vous qui respirez c'est la Vie, d'où l'importance que revêtent les exercices de conscience et d'amplification de la respiration dans tant de techniques spirituelles, parfois conjuguées avec d'autres formes d'ouverture.

Souvenez vous : « Manger est une fonction de la vie, la respiration c'est la vie elle-même. » Si déjà vous osez découvrir que vous respirez et si vous laissez s'amplifier le mouvement de la respiration, vous pressentez Dieu en vous. Parfois la respiration se modifie naturellement en fonction de nos états d'âme, de notre participation à la nature; c'est toujours l'énergie divine à l'œuvre en nous. Aussi surprenant ou choquant que cela puisse vous paraître, la modification de la respiration quand vous faites l'amour, c'est la *shakti* en vous, c'est Dieu en vous. Les soufis répètent : « L'Islam c'est la dilatation de la poitrine. » Quelle belle définition! Mais la plupart des gens disent non à leur respiration, ils vivent poumons serrés dans une cage thoracique non développée.

« Dieu est en vous ». – « Prouvez-le-moi! » Je vous le prouve tout de suite : la respiration se fait sans votre participation, c'est la Vie qui respire d'elle-même. Qu'est-ce qui respire en vous? L'énergie universelle, celle qui fait pousser les feuilles des arbres à chaque printemps, et c'est elle qui vous permettra de remonter depuis le manifesté jusqu'au Non-Manifesté. D'accord, ne vous laissez pas fasciner par la création, ne tombez pas follement amoureux d'une femme qui devient un absolu pour vous, cela relève de l'idolâtrie. La nature vous fait alors oublier le Créateur. Naturellement, si vous ne voyez plus que la danse, vous ne verrez jamais le Danseur, si vous ne voyez que la créature – la créature étant aussi bien une fleur qu'un être humain, votre enfant chéri ou votre épouse bien-aimée – vous ne verrez pas le Créateur. Il ne faut pas s'arrêter au manifesté, il ne faut pas s'identifier aux formes. Dans l'exotérisme, l'idolâtrie consiste à se prosterner devant le Veau d'or mais dans l'ésotérisme, techniquement, l'idolâtrie revient à faire du relatif un absolu. C'est pourquoi il nous est dit et redit sans cesse : ne vous attachez pas au manifesté, au changeant, à l'éphémère, à l'évanescent. Cherchez l'ultime.

Cependant, ne vous méprenez pas sur ce type d'enseignement. Ne niez pas la Création sous prétexte de découvrir le Créateur. Certains, je vous l'ai dit, ont compris que pour chercher l'ultime il fallait tourner le dos au manifesté et interprètent ainsi le *pratyahara* ou l'intériorisation du yoga. En ce cas, pourquoi les cérémonies auxquelles les cinq sens participent ont-elles une telle importance? Et pourquoi le tantrayana, qui comprend, entre autres techniques, une sexualité ritualisée, fait-il partie des enseignements ésotériques? Vous ne pouvez pas trouver le surnaturel sans passer par la nature, mais en évitant d'être l'esclave ou l'idolâtre de cette nature. Naturellement si toute votre vie se limite au fait de danser le rock et de baiser – pardonnez-moi l'expression – cela ne suffira pas pour atteindre la plénitude de l'être humain. Mais si vous refusez un aspect quelconque de votre réalité, vous vous tuez et vous tuez le Soi. Je ne sais pas comment on dit « tuer Dieu » en sanscrit mais je sais par contre comment se dit le « crime contre l'atman ».

L'absolu c'est le relatif, le relatif c'est l'absolu : « le vide c'est la forme, la forme c'est le vide », enseignent les bouddhistes. Appliquons ces formules à nous-mêmes. Dieu nous anime, mais que sommes-nous devenus? Les mots de Swâmiji me reviennent à l'esprit : « *so miserable*! » si pitoyables! « *cripple* », estropiés. Tels sont la plupart des êtres humains comme une ombre sur la Création.

Par moments, vous êtes justes : si vous aimez nager, que vous nagez sans mental – juste l'eau, la pensée s'arrête – vous devenez normal, à l'aise, naturel. La tête ne s'en mêle pas, vous êtes oui, vous vivez. Vous aimez le tennis, vous jouez au tennis, vous ne pouvez pas « penser » sinon vous allez manquer la balle; pendant une heure vous ne pensez pas, vous êtes un avec la balle. Mais toute votre vie ne peut pas consister à nager, à jouer au tennis ou à chanter, sans penser. Soyez vivants, soyez vrais. Participez à la danse de Shiva et vous deviendrez beaux sinon, c'est triste à dire, l'être humain coupé de lui-même ne fait plus partie de la nature. Parfois même on finit par voir des visages que l'absence de vie et d'expression a rendu laids, au sens ordinaire du mot. Ce n'est pas notre faute, l'origine de cette fermeture remonte à notre enfance, à notre éducation et à la manière dont nous avons réagi. Pouvions-nous faire autrement que de ressentir « non, non, non, non »? Le non de l'enfance n'est autre que le non de la colère ou du désespoir. Dans les deux cas il engendre la négation, la négativité, et c'est à nous ensuite qu'il incombe de dissoudre cette sclérose pour retrouver notre spontanéité.

Certes, si vous voulez désagréger peu à peu cette carapace d'habitudes, de rigidité, de fixations fondées sur des refus emmagasinés sous forme de samskaras, le lying peut vous aider ainsi que la claire vision, la compréhension. Mais si vous choisissez la vie, si vous donnez chaque fois « *a little*

push », il se peut aussi que la vie, elle, soit la plus forte. Je
sais que la plupart d'entre vous ont du mal à l'entendre :
« Ah, tant que je n'aurai pas revécu ma relation à mon père
qui... » Non, vivez, vivez! La vie pousse en vous. Si vous choisissez la vie, vous l'aidez, ne serait-ce qu'un peu. Dites oui et
la vie elle-même va faire éclater ce qui vous empêche d'être
– à condition que vous soyez convaincus.

Swâmiji a réussi à me convaincre, avec beaucoup de peine
parce qu'une grande part de mon éducation protestante
allait à l'encontre de la vie. A six ans faire du bruit c'est mal.
A quatorze ans la sexualité c'est mal. J'étais inhibé, raide,
mal dans ma peau, j'osais à peine respirer, j'avais l'impression d'étouffer – un étouffement qui s'était créé net à l'âge
de deux ans et que les lyings ont débloqué, je le reconnais.
Mais un jour Swâmiji m'a dit : « *Father says it is bad, Swâmiji says it is not bad* », « Papa dit que c'est mal, Swâmiji
dit que ce n'est pas mal. » Il sentait que je pouvais l'entendre
et l'impact de cette parole a en effet été très fort. « Je peux?
– Bien sûr, Arnaud! » Il ne s'agissait de rien de terrible mais
d'une chose qui m'était nécessaire sur le moment et que je
n'osais pas m'accorder. L'histoire est toujours la même;
votre père vous a dit : « ça ne se fait pas, c'est mal ». Si ce
n'est pas le père, c'est la maman ou un instituteur ou la première femme que vous ayez rencontrée. Aux différents âges
(à l'âge de six mois ou à vingt ans), des blocages se gravent
en nous.

Une autre fois, Swâmiji m'a dit : « *If it is a sin, Swâmiji
will go to hell* », « si c'est un péché, c'est Swâmiji qui ira en
enfer », parce que c'est lui qui vous pousse à le faire. Toutes
ces phrases ont été libératrices pour moi et j'ai dit oui à
l'existence. Dire oui à l'existence ne signifie pas céder à des
explosions désordonnées de la vitalité qui suffoque sous les
inhibitions ou les peurs : « ça pète » comme on dit, on se
défonce, on s'éclate. Ces déchaînements intempestifs de
l'énergie qui a été trop réprimée ne conduisent nulle part. Il
s'agit uniquement d'une réaction à un étouffement qui nous

paraît insupportable et par laquelle on se laisse emporter. Ensuite viennent les remords qui nous condamnent à nous refermer encore plus le lendemain. Comment se désenchaîner sans se déchaîner?

Au lieu de réagir à vos frustrations en ruant maladroitement dans les brancards, choisissez la vie, choisissez l'expansion. Vous pouvez quelque chose. Choisissez le oui pour faire craquer les non, les empêchements. C'est une très grande possibilité et la respiration vous aidera. Osez respirer, vous vous ouvrez. Osez écouter, osez accueillir, ne vivez donc pas dans la peur! *Yes, yes, yes*. L'autre me critique, m'agresse : il s'exprime. Ne jugez pas, ne condamnez pas, comprenez, pardonnez, aimez. Ouvrez la porte de vos cœurs sous peine de vieillir sans avoir vécu.

*
* *

Le oui, l'ouverture et l'amour, voilà les clés qui ouvrent la porte de la prison. Vous ne pouvez pas aimer Dieu si vous n'aimez pas ses créatures. Cependant vous ne pouvez pas aimer les autres si vous ne vous aimez pas d'abord vous-mêmes. Comment voulez-vous vous tourner vers les autres si vous êtes réduits à cette situation tragique de nier la vie en vous, comme si c'était mal d'avoir des désirs sexuels, comme si c'était mal d'avoir envie de bouger, de faire du bruit et de crier? Ce n'est pas mal. Si vous redevenez vous-mêmes, une sagesse dirigera vos actions, vous comprendrez aussi bien ce qui vous fait du tort que ce qui vous permet de vous épanouir.

N'est-ce pas se moquer de Dieu, qui a justifié sa Création, affirme la Genèse, que de se détourner de celle-ci pour chercher le Créateur? Pourquoi a-t-il fait une Création si c'est pour que nous nous en détournions? Cherchons le Créateur à travers la Création. Il ne faut pas se mentir. Pour vous, aujourd'hui, la Création c'est Micheline, c'est Pierre, c'est vous tous. Où est Dieu en ce moment? Il est là. Il ne s'agit pas du tout de grandes phrases ou d'un mysticisme étrange comme si je voyais des choses que vous ne voyez pas. Si vous ne voulez pas voir les vagues, vous ne réussirez jamais à voir l'océan. Où est la vie? Elle est là. Où est Dieu? Il est là, en vous, hors de vous. Dieu vous anime et Dieu m'anime, je trouve Dieu en moi et je trouve Dieu en vous. Commencez au niveau le plus naturel possible, sinon vous pratiquerez la spiritualité du névrosé qui ne vous conduira nulle part. Soyez au moins naturels comme un arbre, comme un oiseau. J'ose. Votre métier ne vous le permettra pas toujours, car il est certain qu'être artisan, avoir un outil, faire quelque chose de ses mains permettait une plus belle expression que de faire uniquement de la comptabilité ou d'accumuler de la paperasse comme on dit. Mais essayez au moins de redécouvrir la nature, même si cela paraît de plus en plus difficile. Sous l'Occupation, j'ai vécu mon adolescence dans une France sans voitures; on faisait du camping sauvage un peu partout, on sillonnait les routes à bicyclette, on marchait trente kilomètres à pied en chantant. Cherchez une vie naturelle, et même animale.

La fonction par excellence qui aide à rester naturel, de l'homme des cavernes jusqu'à nos jours, c'est la fonction sexuelle. Quel dommage qu'elle soit contaminée par la tête, les peurs, les préjugés, les blocages. La nature a donné la sexualité à l'homme comme une grande bénédiction pour qu'il reste en contact avec la vie. Toute la nature est fondée sur la sexualité. Les fleurs par exemple sont les organes sexuels des plantes.

N'est-ce pas terrible de voir de quoi le mental est capable pour que nous ayons été à ce point pervertis et dénaturés! Redevenez normaux au niveau animal, soyez vivants, y compris sexuellement. Mais la Voie ne s'arrête pas là. L'une d'entre vous m'a dit récemment : « Moi j'ai vécu de grands progrès au point de vue sexuel, connu de très grands orgasmes mais ça ne me suffit pas, je ne peux pas croire que je sois appelée uniquement à cela. » Bien entendu la croissance totale d'un être humain ne se limite pas à une vie sexuelle réussie.

« Tout est sexuel, tout est bipolarité, tout est accouplement des contraires. » C'est une idée hindoue. La pulsion de la vie elle-même est toujours sexuelle, bipolarisée, faite d'attirances qui se complètent et veulent s'unir.

L'amitié elle-même est sexuelle parce que deux cherchent la communion, même s'il n'y a aucun attouchement. Vous cherchez toujours à communiquer, à communier. C'est sexuel d'aller au concert; il s'agit d'un rapprochement dans lequel je m'ouvre et je reçois. S'ouvrir, recevoir, même au niveau le plus élevé, c'est toujours sexuel.

Cette vie naturelle prend ensuite une forme plus haute qui n'est plus la communion au niveau des sens et des sensations que nous connaissons en nageant, en jouant au tennis, en faisant l'amour ou en respirant le parfum des fleurs. « Tu aimeras le Seigneur ton Dieu de tout ton cœur, de toute ton intelligence et de toute ton âme. » Cet épanouissement conduit à celui du cœur et à l'Amour. Bien faire l'amour permet toujours d'accéder à une qualité d'être plus élevée. Si vous êtes parfaitement épanoui sexuellement, vous verrez que la sexualité perdra d'elle-même de l'importance, remplacée par l'amour. On ne communie plus par les cinq sens mais par le cœur. Je m'ouvre donc je m'enrichis, mais j'enrichis mon être, pas mon avoir. L'amour du cœur est une autre forme de communion dans laquelle la sensorialité joue un moindre rôle mais vous ne pouvez pas brimer votre sensualité et croire que vous allez épanouir votre cœur. Brûler une étape vous conduira à un échec. La forme la plus parfaite de l'union entre un homme et une femme n'est plus l'orgasme physique mais celui des âmes. Cet amour purifié ne cesse de grandir dans la plénitude du oui.

L'amour commence avec la femme – ou le mari – et les enfants puis il s'élargit de plus en plus, il se purifie, il devient de moins en moins égoïste. L'amour pur prend racine dans le oui mais que c'est difficile d'être dans le vrai oui, même avec la femme qu'on aime, même avec son propre fils. Si vous parvenez à l'amour des créatures qui correspond au véritable oui, alors l'amour de la Création change de niveau et devient l'amour de l'Incréé. Nous ne nous sentons plus en communion avec tel ou tel aspect de cette Création mais avec la Vie elle-même ou avec Dieu si vous préférez. Pour désigner les différents niveaux d'amour, le grec classique disposait de trois mots : *eros, philia, agapê.*

A l'origine, les religions ont toujours tenté de nous considérer comme un être complet qui participe entièrement à l'existence, afin de nous permettre de vivre pleinement et de nous épanouir. Une vie sexuelle harmonieuse était sacralisée par un sacrement comme le mariage. En leur principe, les religions ne cherchaient pas uniquement à nous brimer! Par le cœur nous entrons en communion avec le niveau qu'on appelle subtil en Inde et qui, lorsqu'il est vécu parfaitement, conduit tout naturellement au spirituel. Je connais le cas de mères hindoues, imprégnées depuis leur enfance du caractère sacré de la maternité et que l'amour de leur enfant conduit directement à l'amour de Dieu. Elles se représentent que leur enfant est le petit Gopal – Gopal n'est autre que Krishna enfant – et leur amour pour l'enfant devient tellement pur qu'il se transforme en une prière spontanée, une communion avec Dieu au-delà de la manifestation grossière et même subtile. Vous sentez alors que vous êtes en communion non plus avec la Manifestation mais avec l'unique énergie infinie elle-même, la totalité. Je suis la vague et je suis l'océan en même temps car si une vague est en communion parfaite avec une autre vague elle découvre l'océan.

Nous pouvons raffiner notre amour pour notre enfant, notre femme, notre mari, notre meilleur ami en donnant un « *little push* » pour leur dire oui et aussi à nos « ennemis ». Pourquoi ne serait-il pas possible d'ouvrir son cœur? Si l'un ne vous est pas sympathique et que l'autre a une gueule qui ne vous revient pas, vous ne trouverez jamais Dieu ni le Royaume des Cieux qui est au-dedans de vous.

Dans l'ancienne société hindoue, l'amour de plus en plus purifié et la communion avec la vie elle-même procédaient d'un mouvement naturel. Si vous découvrez la vie qui dépasse l'ego vous n'aurez plus l'idée de dire : « c'est ma vie », mais « c'est la Vie ». A partir de ce moment-là vous n'avez plus peur de la mort. Ce qui naît meurt. « Ma vie » va mourir quand je vais mourir, mais « la Vie », elle, ne peut pas mourir. Vous êtes animés par la vie et la vie est éternelle. Et, étant libérés de la peur de la mort, vous connaîtrez alors la perfection de l'absence de crainte, la perfection de l'amour, la perfection de la communion.

Mais auparavant, il faut suivre un chemin *naturel* et, comme je le dis souvent, être d'abord normal avant d'aspirer au supra-normal. Beaucoup de gens n'ont pas compris pourquoi Swâmiji prenait tant de soin pour rendre normal sexuellement celui qui était névrosé dans ce domaine, lui qui avait vécu dans la chasteté stricte, ni pourquoi il témoignait tant d'amour pour nos natures blessées. Si Swâmiji prenait la peine de nous rééduquer complètement, c'était toujours dans une perspective spirituelle. Mais comment voulez-vous découvrir la grande Vie si vous n'assumez pas *votre* vie dans toutes ses dimensions? Si la spiritualité devient une compensation à notre anormalité c'est une spiritualité vouée à l'échec.

Un être libre comme Ramdas qui a *tout* abandonné à trente-six ans pour se donner à Ram n'est pas un être anormal. Je ne suis pas anormal parce que je ne fais plus de patin à roulettes alors que ma vie était centrée sur cette distraction entre dix et treize ans. Certains aspects de votre existence peuvent vous quitter librement mais si vous n'épanouissez pas complètement votre vie sous tous ses aspects, vous ne pouvez pas découvrir la Vie. Le crime contre *votre* vie c'est le crime contre *la* Vie et donc contre Dieu qui s'exprime par la Vie. C'est pourquoi Swâmiji demandait tellement : « Soyez normal, redevenez normal », pareils à des petits enfants sans inhibitions qui débordent de vie. « *Open* »,

ouvrez, « *widen* », élargissez-vous, « *flower* », fleurissez.
Lorsque le Christ guérit le sourd-muet, il lui murmure :
« *Effata* », ouvre-toi.

Ce que je viens de vous dire là, en fait, est une vérité
ancienne mais je voudrais que vous la sentiez intensément
vivante en vous, c'est le cas de le dire. On retrouve dans
beaucoup de traditions religieuses l'idée de renaissance intérieure que résume la phrase : « J'étais mort et je suis revenu
à la vie. » C'est le cas notamment de la Résurrection de
Lazare dans son acception ésotérique. Certains mystiques,
sachant que le décès de Lazare avait été dûment constaté,
qu'il était déjà entouré de bandelettes et commençait à sentir
mauvais, se sont méfiés de l'interprétation littérale de ce passage des Évangiles. Est-ce vraiment intéressant qu'un mort
ressuscite pour mourir vingt ans plus tard ? Pour celui qui
cherche le secret ultime, l'essentiel réside dans la découverte
de ce qui ne peut pas mourir et non pas dans la résurrection
momentanée d'un corps. Ce récit d'un mort qui redevient
vivant est un message spirituel. Lazare est mort et le Christ
lui dit : « Sors de ton tombeau, lève-toi. »

J'ai ressenti auprès de Mâ Anandámayi puis auprès de
Swâmiji que cette formule s'adressait aussi à moi comme
elle s'adresse à vous tous : « Arnaud, sors de ton tombeau. »
Le Christ rend la vie à des êtres humains qui n'osent plus
vivre, qui sont comme moribonds et c'est le sens des miracles
de Jésus qui permet aux sourds d'entendre, aux aveugles de
voir et aux paralytiques de marcher. Même si ces miracles
ont réellement eu lieu, les mystiques et la tradition ésotérique ne se sont pas limités à ces explications restreintes.
L'important c'est : en quoi, si vous êtes sourds, le Christ
peut-Il vous faire entendre, si vous êtes aveugles le Christ
peut-Il vous faire voir, si vous êtes paralysés le Christ peut-Il
vous faire marcher ? Cela s'applique à tous les enseignements
qu'ils soient non dualistes ou religieux.

Swâmiji m'a rendu la vie à tous les niveaux, mais cette
possibilité de retrouver la vie concerne chaque être humain.

Pour moi cette image de Lazare recouvert de bandelettes est un symbole très explicite : vous êtes figés, vous êtes morts, étouffés par la carapace du mental, des peurs, des idées fausses, des traumatismes, des illusions, des non : « Non tu n'as pas le droit de vivre, tu n'as pas le droit d'aimer, tu n'as pas le droit de respirer, tu n'as pas le droit de bouger, tu n'as pas le droit de t'exprimer, tu n'as pas le droit d'exister, tu n'as le droit de rien. » Et le gourou vous dit : « Enlève les bandelettes, lève-toi, sors de ton tombeau, reviens à la vie, tout comme Lazare ». Oui, ouverture, croissance, amour.

BONHEUR, GRATITUDE, AMOUR

Pourquoi se tourne-t-on beaucoup plus vers la spiritualité, la prière, se souvient-on beaucoup plus de Dieu lorsque l'on est dans la difficulté et la souffrance, que quand tout va bien? Dieu, dans son amour, dans sa compassion, nous soumet à l'affliction parce que ces « tribulations » nous purifient et nous rapprochent de Lui. Les saints en ont tous témoigné. Mais vous pouvez aborder cette question primordiale de votre ardeur ou de votre tiédeur sur la voie sans adopter la perspective religieuse dualiste.

Nous portons enfouie en nous une sagesse profonde, « *prajna* », la plus grande richesse de notre inconscient personnel. Cette sagesse, que j'ai appelée « grand inconscient », va attirer les épreuves qui nous sont nécessaires pour progresser. Quand on voit enfin clair dans son inconscient et comment on a fonctionné jusqu'à ce jour, on se rend compte que c'est une bénédiction.

Certes, ce n'est pas en soi une bénédiction de collectionner les malheurs. Mais c'en est une pour celui qui sait voir, accepter, dépasser la surface de l'existence et qui découvre, au cœur même de l'adversité, une paix et une joie incompréhensibles aux autres. Et pourtant, ce que je vais dire est plus difficile à entendre : le progrès spirituel réel vous demande d'être heureux. Première apparence, première vision : c'est par la souffrance qu'on progresse. Vérité plus profonde, plus difficile d'accès : c'est par le bonheur qu'on progresse. Il n'est pas facile d'être heureux et cela nous gratifie d'entendre affirmer qu'on évolue par la souffrance. Si en plus, quand nous sommes désespérés, on vient nous dire : « Pour progresser spirituellement, il faut être heureux », notre destin nous paraît encore plus cruel. Cette conviction gravée en nous et répandue : « Il faut passer par la souffrance pour se libérer » trahit la vérité la plus haute. La vérité la plus haute pour celui qui fait preuve de finesse, d'intelligence du cœur, d'habileté sur le chemin, c'est qu'on progresse bien mieux en étant heureux. Mais, de quel bonheur ? Le bonheur qui simplement nous distrait et nous donne l'impression de ne plus avancer ne peut pas être le vrai bonheur.

Swâmiji n'a guère employé avec moi le mot *bliss* en anglais, qu'on traduit par « béatitude » et qui est très usité en Inde : *the bliss of the Self*, la béatitude du Soi. Il employait toujours le terme *happiness*. Et un jour où j'ai, moi, utilisé ce mot, Swâmiji m'a interrompu : « *You don't know what is happiness* », « vous ne savez pas ce que c'est que d'être heureux » – alors qu'il y avait beaucoup de satisfactions dans ma vie, beaucoup de réussite, beaucoup de ce dont chacun rêve. Après des années dures, presque tout m'était enfin donné. « *You don't know what is happiness, Arnaud* ». Et *happiness* ne relève pas seulement de la béatitude du Bouddha ou d'un samadhi, c'est tout simplement être heureux.

Tous les mystiques tentent de nous faire partager leur découverte : le bonheur existe mais c'est en Dieu seulement que vous le trouvez. Dieu, si je peux employer ce mot, en lui donnant le sens que vous voudrez, un Dieu panthéiste, un Dieu personnel, un Dieu impersonnel, un Dieu ultime, la Déité, est le sommet du bonheur, le seul bonheur absolu. Cette affirmation correspond aussi à mon expérience et à ma conviction personnelles.

Mais d'abord, qu'est-ce qui nous permet de parler de « Dieu »? Même si l'on admet une révélation, cette révélation est passée par des hommes. Ou bien ces hommes-là ont déliré, projeté, imaginé, et quelle valeur cela a-t-il? Aucune. Ou bien ces hommes ont su de quoi ils témoignaient, auquel cas on est amené à dire que Dieu est une expérience accessible à l'homme. Ou bien (et c'est ce que pensent certains philosophes) il n'y a aucun Dieu, la théologie est un non-sens et la religion une maladie infantile de l'humanité, ou bien les hommes qui ont parlé de Dieu en avaient la « réalisation », même s'il s'agit d'une « révélation », parce que c'est une révélation incarnée.

Ceci avait amené Swâmiji à prononcer une parole qui, avec mon vieux fonds d'éducation chrétienne, m'a d'abord choqué avant que je m'ouvre à elle : « *God is the highest possibility of man* », « Dieu est la plus haute possibilité de l'homme. » Maintenant je suis d'accord avec cette parole. Il est affirmé par toute la théologie que Jésus-Christ était 100% homme. Jésus-Christ n'était pas 50% homme, 50% Dieu, il était 100% Dieu et 100% homme. Donc, au moins un homme a su de quoi il parlait. Dieu, et c'est vrai pour nous tous, est la plus haute possibilité de l'homme. Une phrase comme celle-ci nous interpelle beaucoup plus que de projeter un Dieu inaccessible dans des cieux lointains. Mais combien d'hommes s'approchent de cette possibilité? Et cette possibilité tient en deux mots bien connus qui, pour finir, se rejoignent et n'en font qu'un : l'amour (mais quel amour?) et le bonheur.

Ce bonheur, il faut l'entendre d'une manière tout à fait nouvelle. Être heureux représente le sommet de la spiritualité, même si lorsqu'on est ordinairement heureux, on a tendance à oublier la vigilance, à ne plus mettre en pratique, à se laisser emporter, en attendant que de nouveau ça aille mal et que se réveille en nous l'aspiration à ne plus souffrir, à éviter les émotions, à trouver une réalité en laquelle tout soit résolu.

La plus haute spiritualité émane du bonheur et non pas de la souffrance parce que Dieu est amour et bonheur, « béatitude » si vous voulez un mot suprême. Et comment le bonheur suprême pourrait-il être la culmination de la souffrance? Le bonheur ultime provient de la culmination de la joie. Les progrès sur le Chemin, les vrais progrès, se manifestent par une augmentation de notre bonheur : « Je suis plus heureux.» Mais de quelle satisfaction s'agit-il? Plus heureuse en tant qu'épouse, en tant que mère, en tant que musicienne, en tant que propriétaire d'une jolie maison. Seul le mental, l'aveuglement, nous fait accorder à la souffrance une valeur erronée. La souffrance se révèle parfois indispensable, elle fait partie de notre chemin et nous devons passer à travers elle pour libérer le terrain et accéder au bonheur. Mais il peut y avoir une erreur d'appréciation, de compréhension, une stupidité du cœur, qui nous fait associer d'une part spiritualité et souffrance et de l'autre bonheur et monde profane. Toute joie de vivre devient alors, dans cette approche, du matérialisme et de l'égoïsme : bouffe, bois, dors, baise. *Sun, sex and sea*, les 3 « S » du Club Méditerranée, le soleil, la mer et le sexe.

Je n'ai pas dit que le sommet de la spiritualité était le Club Méditerranée mais je maintiens que partout où règne le bonheur, Dieu s'exprime. Si vous portez en vous des nœuds, des blessures, vous avez du mal à admettre de tels propos. Lorsqu'on vous dit : « Le sommet de la spiritualité, c'est de vous lever la nuit et de garder les bras en croix », cela ne vous paraît pas impossible. Mais que le sommet de la spiritualité soit d'être heureux... Non, ça ne peut pas être vrai, Arnaud se trompe, c'est de l'hédonisme, de l'épicurisme.

Aussi cruel que cela soit à entendre, c'est pourtant vrai. Si vous êtes vraiment honnêtes, vous reconnaîtrez que c'est tout ce que vous voulez : être heureux. Alors pourquoi vous mentir? Je voudrais vous faire sentir la grandeur de ce qu'évoquait Swâmiji avec ce mot *happiness*. « *The Sage is a happy child* », « le Sage est un enfant heureux. » Ramdas a cité un

jour devant moi une parole d'Aurobindo assez connue :
« Dieu est un éternel enfant jouant dans un éternel jardin. »
Le sage est redevenu pareil à un petit enfant, comme l'a dit
le Christ. Mais voyez le malheur : ces mots sont tellement
connus qu'ils en perdent leur contenu si riche. Une telle
parole est terrible à entendre. Qu'est-ce que je suis, moi, par
rapport à un enfant heureux, « *a happy child* »? Je suis un
pauvre malheureux adulte, au sens le plus ordinaire du mot
adulte : qui a perdu la grâce, la fraîcheur, l'innocence de
l'enfant, qui n'est plus capable d'une joie pure, qui
complique tout, qui met de la souffrance partout, qui a peur
d'être heureux et qui, en plus, dès que ça va mieux, en effet
se rendort.

*
* *

Ici je veux partager avec vous un autre mot tellement
important dans le vocabulaire de Swâmiji : *heart-felt gratitude*, une gratitude ressentie du fond du cœur. La gratitude
est le premier sentiment réel d'où naîtront la foi, l'espérance
et la charité. Il n'y a pas de foi à laquelle le cœur ne participe pas. Et l'espérance nous promet : « C'est la lumière qui
est la réalité ultime, pas les ténèbres. » On peut se souvenir,
les jours où le ciel est gris, que le soleil n'a pas disparu à tout
jamais. Je vous propose tout d'abord de découvrir ce sentiment tellement précieux : la gratitude. Elle est l'opposé de la
frustration. Les adultes ne sont pas d'heureux enfants jouant
dans un éternel jardin, ce sont des enfants frustrés : « On ne
m'a pas assez aimé, on ne m'a pas assez reconnu, on ne m'a
pas assez comblé. » Je reprends les mots de Swâmiji, adres-
sés à moi à une époque pourtant où l'on m'enviait : « *When
Swâmiji saw that you were so miserable* », « quand Swâmiji
a vu que vous étiez si misérable, si pitoyable. » C'est ce que
disait le Christ : « Vous êtes des sépulcres blanchis. » On est
là, souriant, affable, mais qu'est-ce qu'il y a derrière? Une
souffrance! Être vraiment heureux c'est être vraiment heu-

reux. Et seul le fait d'être heureux fera grandir en vous ce premier sentiment hors duquel il n'y a pas de chemin qui conduise loin : la gratitude. C'est la gratitude qui conduit à l'amour. La gratitude envers Swâmiji m'a conduit un beau jour à ce que l'amour, le vrai amour, se lève dans mon cœur pour lui, non plus une ambivalence de besoin de lui et de peur.

Ne nous trompons pas sur le mot « amour ». Un Tibétain m'a dit : « Il n'y a pas de plus grand amour que celui du chasseur pour le gibier qu'il poursuit. » A quoi ce Tibétain a rajouté : « C'est l'amour du disciple ordinaire pour le gourou. » Oui, le chasseur va passer une nuit entière à marcher dans la neige pour tirer sur le chamois bien-aimé. Oh, quel amour! Il ne pense qu'à ça! Tout comme le disciple à l'égard du gourou qui ressent d'abord : « J'ai besoin de lui et il va falloir qu'il me donne ce dont j'ai besoin. Je vais l'utiliser. » D'accord. Mais, peu à peu, quel élément nouveau va changer notre cœur, ouvrir notre cœur? Au sens le plus spirituel : la gratitude. Et comment allons-nous éprouver ce sentiment de gratitude, pas seulement pour notre gourou mais pour nous-mêmes, pour la vie, pour le destin, sinon en étant enfin heureux? La gratitude à l'égard de la vie est le premier sentiment réel. Le reste n'est que fabrications du mental qui ne vous donneront jamais satisfaction et ne constitueront jamais un chemin de libération.

Comment pouvez-vous ressentir la gratitude dans la souffrance? Vous n'aurez de gratitude pour vos souffrances que si elles vous ont conduit à une qualité de bonheur que vous n'aviez pas connue jusque-là. Il n'y a rien d'intelligent à ne pas être heureux. Tout le monde aspire au bonheur. Les gens ne sont donc pas intelligents puisqu'ils ne découvrent pas le secret de ce bonheur. Il n'y a pas que le bonheur absolu, le bonheur ultime, le bonheur non dépendant et l'élément spirituel vient éclairer les satisfactions ordinaires et en faire vraiment une joie sans ombres. Je parle du bonheur tout court. Quelle peur d'être heureux — parce que ça risque de ne pas durer, parce que c'est mal d'être heureux pendant que des gens souffrent... Quel égoïsme! En quoi le fait que je souffre diminue-t-il la souffrance dans le monde? L'habitude de la souffrance a fini par constituer en vous un ensemble d'opinions ou de fausses visions. Vous voulez être heureux et en même temps vous ne vous en donnez pas le droit.

Si Dieu est la plus haute possibilité de l'homme, la plus haute possibilité de l'homme ne peut être que le sommet du bonheur. N'ayez pas peur. Soyez heureux. Et rayez cette idée de votre esprit : la spiritualité s'associe facilement à la souffrance, mais pas au bonheur. Le bonheur, c'est ordinaire, c'est humain, c'est pour tout le monde. Pour tout le monde? Hélas! Pour si peu.

A ce mot « bonheur » est associé celui de « recréation ». Le bonheur ne cesse pas de nous recréer. Ce qui est incroyable, c'est qu'à cause de mécanismes névrotiques nous nous sentons exister quand nous souffrons. Mais « exister », au sens étymologique « *ex-stare* », signifie sortir de l'être pour aller vers l'expression, la manifestation. Si nous existons en tant que manifestation de Dieu, vivre c'est être heureux. Sinon, il y a quelque chose qui ne va pas. Le mental interfère quelque part. Les sages sont des gens heureux. Et le disciple progresse à mesure qu'il est de plus en plus heureux. Et si nous voulons entendre ce bonheur uniquement comme un bonheur mystique, suprême, cela n'est pas juste. Ou alors partez dans un ermitage, devenez une grande carmélite comme sainte Thérèse de Lisieux. Mais même dans les couvents les nonnes savent rire. Terrible ou pas, difficile ou pas, ce qu'il y a de beau, de noble, de religieux, de mystique, c'est d'être heureux, même s'il y a aussi une manière sotte de comprendre l'euphorie. On ne peut pas danser toute la journée en poussant des cris de plaisir sous prétexte de célébrer la joie de vivre.

Pourquoi sentons-nous que le bonheur ordinaire nous endort au lieu de nous rapprocher de plus en plus de Dieu? Parce que nous n'éprouvons pas vraiment ce sentiment de gratitude. Regardez comme c'est curieux : « Ça va bien en ce moment, ça va, je mets beaucoup moins en pratique parce que ça va ». D'accord, vous n'êtes pas pris à la gorge par la souffrance. La souffrance est-elle aussi une bénédiction si elle devient le passage qui va vous donner la compréhension et vous permettre d'être heureux d'une manière nouvelle, différente. Le bonheur qui nous détourne de Dieu et du Chemin et qui nous rend moins motivés pour mettre en pratique est un bonheur médiocre, un bonheur mort, ce n'est pas le bonheur. Il ne fait pas naître en vous et il ne nourrit pas le sentiment de gratitude envers l'existence.

Quand on ressent de la gratitude, on se rapproche de Dieu. Même si vous ne prononcez pas le mot « Dieu », si, comme les bouddhistes, vous écartez l'idée d'un Dieu personnel, on se rapproche de la lumière, de la totalité, de l'énergie universelle, de l'amour. La progression naturelle consiste à être de plus en plus heureux, donc à éprouver de plus en plus de gratitude. La gratitude est le chemin normal et naturel, le reste appartient aux perversions du mental. La gratitude conduit à l'amour. Mais pas à l'amour-demande, l'amour du chasseur pour le gibier. Ne confondez pas l'amour-mendicité avec l'amour-plénitude qui vient de la reconnaissance. Et comment voulez-vous éprouver ce sentiment si vous êtes frustrés? Vous ne pouvez pas ressentir la gratitude pour la vie, pour le destin, pour le monde, mais avant tout pour vous, oui gratitude pour vous : vous savez bien que vous ne vous aimez pas et que tout le mal vient de là.

Nous ne nous aimons pas parce que nous n'avons pas su nous rendre heureux. Nous avons été pour nous-mêmes et depuis l'enfance une cause de souffrance. J'ai entendu vers l'âge de six ans une conversation des grandes personnes à propos d'un cousin dont elles vantaient les si belles boucles blondes. Visiblement, moi, j'avais les cheveux noirs et raides et rien d'autre. Et ces éloges qui ne s'adressaient pas à moi m'ont fait tellement mal! Comment aurais-je pu m'aimer? Je ne me pardonnais pas mes cheveux. J'étais très maigre : pas de muscles, incapable de monter à la corde lisse, rien. Je ne me le pardonnais pas non plus. J'ai passé mon enfance à me juger, à me refuser. Et j'étais obligé, par compensation, de gonfler les quelques points pour lesquels je pouvais m'aimer. Ce mécanisme engendre la vanité et l'égocentrisme. C'est tellement simple à voir. Le mal vient non pas de ce que vous vous aimez trop, mais de ce que vous ne vous aimez pas. Le plus divin qui puisse vous arriver, c'est d'avoir de la gratitude pour vous-mêmes : « J'ai réussi à être heureux, j'ai réussi à être heureuse, au lieu de toujours me replonger dans des souffrances. »

Un jour, j'ai vraiment dit merci à Swâmiji, bien que dans l'Inde traditionnelle on ne dise jamais « *thank you* ». Il faut trouver une phrase originale qui vienne de soi. J'ai ainsi dit à Swâmiji, parce que j'étais habitué à parler comme un Occidental : « *Thank you, Swâmiji* ». Et j'étais sincère; ce n'était pas un « *thank you* » du bout des lèvres. Il m'a répondu : « *Thank yourself, Arnaud* », « remerciez-vous vous-même. » Pendant un instant, je n'ai pas compris. Puis j'ai ressenti, pas avec la tête, avec le cœur ce qu'il voulait dire : « Vous êtes heureux grâce à Swâmiji? Eh bien, remerciez-vous d'être venu à l'ashram. Remerciez-vous d'être resté au lieu de partir à la première difficulté. Remerciez-vous d'avoir écouté Swâmiji, au lieu de répondre " oui, mais... " dès qu'il ouvrait la bouche. »

La gratitude vis-à-vis de vous-mêmes, voilà l'un des premiers sentiments religieux que vous pouvez connaître. Ce n'est pas de l'égoïsme. L'égocentrisme, c'est ce à quoi nous sommes condamnés quand nous ne pouvons pas nous aimer. Et l'amour de nous-mêmes, pas la vanité ou l'amour-propre, le véritable amour viendra par la reconnaissance : « Oh, j'ai été enfin capable de me rendre heureux. »

Même si un bonheur vous vient de l'extérieur, comment avez-vous réussi à l'attirer et à le recevoir? D'une part vous l'avez attiré et d'autre part vous l'avez reçu. Il arrive que nous attirions une grâce, une bénédiction de la vie, sans être

178 L'AUDACE DE VIVRE

capables de la recevoir; elle nous est donnée mais nous n'en faisons rien. Certes, si vous recevez le bonheur de l'extérieur, il y a en même temps la peur de le perdre puisque cet « autre-que-vous » peut vous enlever ce qu'il vous a donné et vous trouvez difficile d'être complètement unifiés dans votre joie présente. Vous ne pouvez vraiment compter sur rien. Le bonheur humain peut toujours nous trahir, parce que le karma, les chaînes de causes et d'effets sont à l'œuvre. L'être qui nous aime le mieux peut mourir. C'est pourquoi chaque moment heureux doit être éclairé par la spiritualité.

Le chemin tient compte de toute la vérité relative et va vous conduire au-delà, à la non-dépendance, à la découverte du Soi. Mais pour atteindre ce que vous cherchez, l'absolu, la joie, la paix, la plénitude non dépendante, quelle est la méthode? C'est cet épanouissement qui, lui, culminera dans un sentiment inébranlable de gratitude et d'amour : l'amour de vous-mêmes, l'amour du prochain, l'amour de la vie.

*
* *

Il est vrai qu'une certaine manière d'être heureux fait qu'on ne met plus en pratique. Pendant des journées entières on oublie. Mais j'attire votre attention sur un point : ce bonheur sans conscience ne fait pas naître en vous le vrai sentiment de gratitude. Je n'ai rien contre les Clubs Méditerranée. C'est l'image du bonheur ordinaire. Vous passez quinze jours dans un Club Med. Il fait beau, vous êtes contents! Vous souriez à la femme que vous aimez, vous rencontrez des gens sympas, la nourriture est bonne. Quinze jours pendant lesquels, en effet, vous êtes heureux. Mais ne manque-t-il pas ce sentiment religieux de gratitude? Voilà où réside la différence avec le « *happiness* » de Swâmiji.

C'est parce que vous n'êtes pas encore assez heureux que vous ne ressentez pas cette gratitude. Et dans un Club où tout va bien, vous allez prendre conscience : « Pendant deux semaines je n'ai pas pensé une seule fois au Chemin. » Tant mieux! Dormez, pratiquez l'hédonisme ordinaire et reposez-vous. Mais après, on peut espérer mieux, infiniment mieux : un bonheur consciemment ressenti. C'est la différence fondamentale que soulignait Swâmi Prajnanpad entre *bogha* et *upa-bogha*. *Bogha* est généralement traduit en anglais par « *enjoyment* », qui veut dire « se réjouir », « être heureux ». Parfois on traduit par « *to indulge* », c'est-à-dire « se vautrer » dans les plaisirs. Mais ceci n'est pas *bogha*, seulement *upa-bogha*. Vous n'éprouvez pas un sentiment réel. C'est comme si vous ne receviez rien. Certains parlent tellement en mangeant qu'ils ne remarquent même pas ce qu'ils ont dans leur assiette et, à la fin du repas, seraient incapables de dire ce qu'on leur a servi. Avec *upa-bogha*, le bonheur ordinaire, vous êtes emportés, il n'y a pas d'appréciation consciente – donc pas de gratitude consciente.

Je vous assure que si ce sentiment de gratitude ne s'intensifie pas de lui-même, c'est que vous n'osez pas vraiment être heureux. Quand oserez-vous être heureux? Je sais que les coups du sort sont possibles sinon probables. Le petit bébé de ma fille Muriel est mort. Ça n'arrive pas qu'aux autres. Je ne peux pas vous promettre que votre petit garçon atteindra l'âge de 80 ans. Ne comparez jamais un autre destin avec le vôtre. Soyons sérieux, c'est grave : comment allez-vous devenir heureux? Ne me dites pas que pour vous il n'y a qu'un bonheur possible, c'est de méditer dans votre cellule de moine ou de moniale. Mais la plénitude ne consiste pas non plus à être aimé d'une vedette célèbre ni à donner des autographes aux admirateurs à la sortie de la salle Pleyel, bien que le bonheur puisse prendre une forme humaine très concrète. Attention à la fascination et attention à ce qui est purement névrotique.

Swâmiji nous apprenait à être heureux. Et une part de son rôle était comparable à celui d'un psychothérapeute : il soignait notre cœur blessé, non seulement par les lyings mais par les entretiens. Il nous aidait à nous débarrasser de cette malédiction que nous avons cristallisée en un système bien organisé pour nous maintenir dans une forme de souffrance ou une autre.

Un jour, j'ai osé me dire : « Je veux réussir à être heureux » – et non plus avoir des samadhis comme j'en rêvais autrefois. « *Be happy.* » Est-ce que je me sens ce cœur d'enfant? Est-ce que je suis vraiment serein dans le concret et dans la totalité de ma vie?

Par la frustration, vous n'arriverez nulle part. Par le bonheur ordinaire, sans le sentiment de gratitude, vous n'arriverez nulle part. Chacun connaît son mental, sa difficulté, ses nœuds principaux, ses peurs, ses distorsions, mais ignore la dimension qui réside dans le fait de se sentir comblé. Il s'agit d'un sentiment mystique. Et vous avez tous autant de mal à l'entendre que j'en ai eu. « Je veux des choses grandioses mais pas les petits bonheurs humains. » Nous sommes sur cette terre pour le bonheur. Dieu est bonheur, car Dieu est la sécurité absolue. Si vous avez découvert Dieu en vous, si vous vous sentez aimé par Dieu, soutenu par Dieu, porté par Dieu comme la vague est portée par l'océan, c'est l'ultime accomplissement. Et vous trouverez Dieu par l'amour, l'amour par la gratitude et la gratitude par le bonheur. Dieu est ce bonheur non dépendant qui subsiste dans la trahison, dans l'épreuve, dans l'échec. A la surface, le karma continuera. Ananda, la béatitude est la réalité ultime de notre être, la plus haute possibilité de l'homme que quelques sages, quelques saints atteignent ici-bas – à la fois amour et joie, un océan d'amour, un océan de joie.

C'est le bonheur humain dépendant qui vous conduira à la sérénité non dépendante. Pouvez-vous entendre cela : de plus en plus heureux, de plus en plus heureux? Swâmiji est mort fin 74. En septembre 73, j'ai enfin pu lui dire : « Je commence à oser être heureux », en sachant qu'il s'agissait d'une étape tellement importante à ses yeux. Que pouvais-je lui dire de plus beau? Ce n'est certes pas la tristesse de l'homme qui chante la gloire de Dieu. La réussite suprême d'une vie consiste à être heureux au cœur de ce que les autres appellent la souffrance. Comment allez-vous y arriver? Aucun d'entre vous n'est un nouveau saint François d'Assise, ni une nouvelle sainte Thérèse d'Avila. Alors comment allez-vous être vraiment religieux? La gratitude est le premier sentiment religieux pur. Et elle viendra quand vous oserez être heureux sans restriction à l'arrière-plan.

Mangez du saucisson, si vous aimez ça, en choisissant la bouteille de vin que vous préférez. C'est de la spiritualité. Un jour, vous n'aurez même plus besoin de ces plaisirs inoffensifs. Merci pour ce que la vie me donne, merci pour ce qu'elle ne me donne pas. En attendant, le bonheur le plus « matériel » se révèle spirituel si vous ressentez la gratitude. Si vous osez aller jusqu'au bout de la réconciliation avec vous-même et retrouver votre âme d'enfant, c'est tout le cœur qui remercie : « Quelle bonne soirée j'ai passée! », fût-ce parce que vous avez ri à un film de de Funès. Tout va devenir religieux quand tout va devenir heureux. Beaucoup me disent : « Je voudrais vivre dans l'amour. » Vous posez mal la question : « Je voudrais me sentir moins égoïste » serait déjà plus juste. Certains ont suffisamment progressé pour sentir : « Je n'ai pas d'amour ou bien je n'ai que l'amour du chasseur pour le gibier; " j'aime " veut dire " aime-moi ", c'est de la mendicité. »

J'ai moi aussi souffert de ne pas être capable d'aimer comme Swâmiji aimait, comme Ramdas aimait, comme les saints ont aimé. C'est une souffrance précieuse. Mais que puis-je faire pour aimer? Comment ouvrir mon cœur? Vous mettez tout de suite en avant le mot amour alors qu'il faut commencer avec le mot gratitude. Il est impossible d'aimer sans gratitude. C'est bien plus beau d'aimer que d'être aimé. Vous y arriverez tous, si vous le souhaitez. Si vous adorez votre mignon petit garçon, ce n'est pas très difficile. Comment ressentir un sentiment d'amour pour tous, même ceux qui sont ingrats, difficiles à vivre dans leurs propres souffrances? Vous n'atteindrez pas l'amour sans un immense merci dans le cœur.

Ce qu'on appelle dans le christianisme les actions de grâce est l'expression de la gratitude, mais il faut que cela vienne du cœur. Si vous êtes malheureux il est vain de chanter le cantique de Daniel « Nuages et pluie, louez le Seigneur » ou celui de François d'Assise. Par la louange le peuple de Dieu manifeste sa gratitude. Mais quelle reconnaissance exprimez-vous? « O Dieu, nous Te rendons grâce pour tous tes bienfaits » trahit une espèce de supplication : « Oh, mon Dieu, comme ça serait beau d'être heureux, on va faire semblant de l'être. » Des prières comme ça, j'en ai récité tous les dimanches dans ma jeunesse. Mais si nous ne rêvons pas et si nous demeurons dans la vérité, comment va naître la gratitude en nous? Et qu'est-ce qui nous empêche d'être heureux? Le poids du passé, les nœuds psychologiques, les peurs, les idées fausses, voilà pourquoi nous pratiquons *chitta shuddhi*; un mental puissant, voilà pourquoi nous essayons de détruire ou de dissoudre le mental (*manonasha*).

Comment pourriez-vous ressentir la gratitude à partir de la frustration? Puisque la vie ne va pas nécessairement tout vous donner, au moins ce qu'elle vous donne sachez en profiter de tout votre cœur. Puis mettez-vous en quête d'un bonheur qui illuminera toutes les tragédies. Dieu me porte dans ses bras comme une mère porte son bébé. Si vous n'acceptez pas le mot « Dieu », dites la « Shakti », la « Mère Divine », la « Vie universelle », le terme qui vous convient. Cette découverte est une expérience fondamentale. Un jour, j'ai fini par voir ce que j'avais reçu de tous ces sages qui m'ont tellement apporté : leur regard, leur sourire, leur intérêt, leur enseignement. Que puis-je faire pour eux? Donner de l'argent à l'ashram, donner de l'argent à une *khanaqa soufie*? C'est bien peu. Je ne peux pas les trahir en n'étant pas heureux. Ce serait cracher sur ce qu'ils m'ont donné et fouler aux pieds leur bénédiction. Je vais être heureux par amour pour eux.

*
* *

D'abord, apprenez à apprécier complètement ce qui vous est donné. Tenez honnêtement votre livre de comptes. « Oui, si mon enfant est malade et... » Mais pour le moment, il est en bonne santé. Pourquoi ne marquer sur votre livre de comptes intérieur que ce qui ne va pas et jamais ce qui va? Si je me réveille un matin en ayant mal au dos, je l'inscris. Mais si je me réveille bien dans ma peau, c'est normal, je ne ressens aucun bien-être. Quand Swâmiji m'a montré cet arbitraire, je n'étais pas tellement en forme à ce séjour-là ni très heureux, je m'en souviens. Je me réveille, je prends bien conscience du fait que je n'ai mal nulle part. Si j'étais paralysé et qu'on me promettait le miracle de jambes redevenues complètement normales, quel bonheur ce serait! Je ne ressens aucune gêne physique, quel bonheur! Un petit déjeuner très indien mais fort bon, avec des haricots verts, des légumes, du riz m'est servi et j'ai la rivière pour me laver, quel bonheur! J'enregistre ce que j'ai et non pas ce que je n'ai pas. J'ai ainsi pris en compte tout ce qui se présentait : « Il y a les moustiques et ma citronnelle est épuisée »... « Oui mais j'ai une moustiquaire pour la nuit! » Avoir tenu cette comptabilité objective à l'ashram de Swâmiji fut une révélation pour moi : comment puis-je être tellement heureux alors qu'il ne s'est rien produit de nouveau et de spécial? Cette vision équitable vous rapproche de votre état naturel qui est la plénitude. Pourquoi vivez-vous dans la pauvreté du cœur? Le simple fait de ne pas souffrir ne fera pas naître la gratitude en vous. Au bout de trois jours j'étais tellement heureux! Vous aussi, voyez ce qui vous est donné.

Ne refusez pas d'être heureux ici et maintenant, sous prétexte que vous n'avez pas été heureux autrefois et que vous pourriez ne plus l'être demain. Si vous êtes au restaurant avec une personne que vous aimez et mangez des plats que vous avez choisis vous-même en buvant votre vin préféré réjouissez-vous. Oui, ce repas ne va pas durer mille ans, demain vous vous retrouverez au travail mais au moins, maintenant, soyez heureux.

Je n'aime pas beaucoup le mot « devoir », Swâmiji disait : « L'homme en tant qu'homme n'a pas de devoir, seulement le droit et le privilège », « *man as man has no duty, man has only right and privilege.* » Un professeur n'a pas le devoir d'enseigner, il a le droit d'enseigner. Un médecin n'a pas le devoir de soigner, il a le droit de soigner. Mais je me permets aujourd'hui d'employer ce mot « devoir » : c'est un devoir sacré d'être heureux et une trahison de ne pas l'être, un blasphème. Je ne vous condamne pas, mais qu'est-ce qui ne va pas? Tenez mieux vos comptes de tout ce que la vie vous donne. Cela va vous émerveiller dès les jours qui viennent, et après il ne faudra plus vous arrêter.

Ce qui vous est donné, ne le prenez pas avec avidité, accueillez-le la main ouverte. Le mot « *lust* » en anglais, qu'on traduit par « luxure » en français, serait mieux rendu simplement par convoitise. Souvenez-vous de cette phrase de Maître Eckhart : « Tu peux profiter de toutes les bonnes choses que la vie te donne si tu sais que tu es prêt à les abandonner s'il le faut, tout de suite et aussi joyeusement. » Pour l'instant, la vie ne vous reprend pas tout ce qu'elle vous a offert. Osez vouloir être heureux. Ce n'est pas égoïste. Demandez à Dieu, demandez à la vie ce que vous voudriez pour être heureux, tout en acceptant « mais qu'il soit fait selon Ta volonté ». Vous avez le droit de désirer, désirer si fort que vous allez attirer. « Mais qu'il soit fait selon Ta volonté. » Tout est grâce, je ne l'oublierai pas; à tout je dirai « oui ».

Il est juste et légitime de vouloir le bonheur. « Oh, non, je ne devrais demander que le bonheur divin! Ça c'est vraiment spirituel, je ne veux rien d'autre que Dieu lui-même. » Oubliez que la morale de votre enfance prônait peut-être avant tout l'austérité : « On n'est pas sur terre pour s'amuser,

on est sur terre pour faire son devoir, pour travailler honnêtement. » Ce qui serait tout à fait déplacé chez un homme
d'âge mûr devient très juste pour un jeune homme de vingt
ans. Si un homme de quarante ans poussait toute la journée
une petite tondeuse à gazon en plastique cela paraîtrait un
peu curieux. Par contre, rien de plus naturel en ce qui
concerne un enfant de deux ans. Il est juste pour une fille
jeune d'aller danser dans une discothèque. Mais pour certaines d'entre vous, cela ne se faisait pas dans votre contexte
familial.

Si une forme d'éducation trop rigide a été en même temps
imprégnée de religion, vous en avez conclu que Dieu vous
demande uniquement l'austérité. Pas du tout. Qu'est-ce
qu'un Père? Celui qui veut combler ses enfants. Il ne s'agit
pas de les gâter. Non. Mais de donner. « Papa est-ce que je
peux aller aux sports d'hiver avec les copains? ». Vous n'avez
peut-être pas l'argent nécessaire pour payer les sports d'hiver
à votre fils mais Dieu, lui, a l'univers entier pour vous
combler. Osez demander. Il y aura aussi des souffrances.
D'accord. Vous ne pouvez pas toutes les éviter. Avec le
concave, le convexe est inévitable. C'est vrai, vous n'aurez
pas seulement le concave. Mais ce n'est pas une raison pour
ne pas vous réjouir de ce qui peut vous rendre heureux.

La différence entre le bonheur qui vous endort et le bonheur divin réside dans ce sentiment de gratitude. L'amour-
demande n'est pas l'amour. Si dire à une femme (je parle en
homme) « Je t'aime » signifie « c'est par toi que je veux être
aimé et non par une autre », c'est peut-être flatteur pour
cette femme, mais ce n'est pas l'amour digne de ce nom.
Voyez-vous une autre possibilité d'atteindre cet amour que la
gratitude? C'est une belle prière de demander : « Je voudrais
aimer, ne plus être prisonnier de mon égocentrisme et de
mon infantilisme. » Mais demandez aussi comme une prière :
« Je voudrais ressentir la gratitude. » Le premier mot religieux, mystique, c'est le mot « merci ». Puisqu'en Inde le mot
« merci » n'est pas utilisé et qu'on doit trouver sa formule ori-

ginale, un quart d'heure avant de mourir, Ramana
Maharshi, tout à fait conscient, a dit à celui qui le servait :
« Les Anglais ont un mot, " *thank you* ". Je dirai simplement : je suis content. » Même les derniers mots qu'on
connaisse de ce sage sublime ont été une expression de gratitude.

Le Chemin de la liberté ne consiste pas uniquement à
« faire son devoir », mais à être heureux et même à s'amuser.
Nous avons tous nos empêchements : l'éducation, les mauvaises habitudes physiques, émotionnelles et mentales qui
nous maintiennent dans la souffrance, y compris la conviction inconsciente que tant qu'on souffre on a une chance
d'attirer l'amour espéré parce qu'un enfant malheureux
attire généralement l'amour de sa maman. Si le petit garçon
est joyeux, il reste tout seul à jouer dans sa chambre. S'il
pleure, maman va le prendre dans ses bras : « Mon petit
chéri, qu'est-ce qu'il y a, je t'aime. »

* *
*

Un autre point encore. Je vais d'abord le dire à propos de
la souffrance, mais entendez-le aussi à partir de ce bonheur
humain qui, lui, va vous conduire à Dieu. Quand on souffre,
on se sent exister. C'est cruel, douloureux, mais cette peine
s'accompagne d'un certain sentiment d'être, d'une certaine
conscience d'être. A quelles conditions puis-je me sentir vraiment exister dans le bonheur au lieu de me sentir exister
dans la souffrance? Si vous voulez progresser, il faut dissiper
les préjugés qui empêchent cet épanouissement. Comment
pouvez-vous « être » et « croître » dans le bonheur? Si vous le
cherchez, vous allez le trouver. Oui, c'est bien d'être heureux. Le bonheur est un devoir sacré. Demandez : les prières
sont exaucées si elles sont insistantes. Tous les maîtres le
disent. Regardez ce que la vie vous a donné, même si c'est un
bonheur encore fragile. Si vous êtes capables d'apprécier que
l'eau coule chaude de votre robinet, vous allez apprécier la

joie d'avoir un mari qui, tout compte fait, est un bon mari et un petit garçon très gentil. N'allez pas vous préoccuper aujourd'hui de savoir que le destin peut vous les enlever. En vivant dans la crainte de les perdre, vous ne respectez pas Dieu qui vous les a donnés. Non seulement vous n'osez déjà pas demander mais quand Dieu exauce vos prières, vous ne savez pas recevoir ses dons.

Maintenant nous pouvons faire encore un pas de plus, aller au cœur même de la quête : l'état sans ego (*egoless state*). Voilà pourquoi on résiste au bonheur : parce que l'ego est perdu. Et c'est compréhensible. Cet ego auquel vous vous identifiez, qui vous maintient dans la dualité, représente tout ce que vous connaissez – grâce à lui vous vous sentez exister – alors que la sagesse hindoue nous propose l'état-sans-ego. L'ego meurt si vous êtes vraiment heureux. Le sens de l'individualité séparée (*ahamkar*) s'efface dans le bonheur et la gratitude. L'ego ne peut se maintenir qu'en se plaignant, en mendiant, en exigeant, en se battant, en restant replié sur lui-même, en ressassant ses problèmes. J'ai gardé pour la fin le point le plus important qui est la raison d'être ultime de tout ce que je vous ai dit. L'ego refuse d'être heureux parce qu'il va disparaître. Il ne peut subsister que s'il est contre quelque chose. « Oui » ou « Merci » expriment le contraire de l'égoïsme. Vous n'atteindrez l'effacement de l'ego que par le bonheur et la gratitude. Mais le mental se montre tellement retors qu'il en arrive à la conclusion qu'être heureux s'avère plus égoïste que d'être malheureux. Si je faisais une enquête en demandant à des gens qui n'ont jamais réfléchi sérieusement à cette question : « Qu'est-ce qui vous paraît le plus égoïste, être heureux ou souffrir? », ils me répondraient : « Être heureux. »

Dieu ne se révèlera à vous que sous la forme du bonheur. Ce bonheur peut être celui de la carmélite Thérèse de Lisieux ou de saint François d'Assise mourant tous deux malades et rayonnants. Cette joie peut venir à partir de la souffrance : la souffrance acceptée va se transformer en béatitude. Ne déformez pas les textes mystiques. « Dieu est amour. » Comment Dieu pourrait-il se manifester à vous comme souffrance? Dieu prépare la voie par les épreuves. Il envoie un émissaire qui est la souffrance. Mais Dieu lui-même ne vient à vous que comme bonheur. La disparition de l'égocentrisme, la mort à soi-même dont il est question dans les enseignements spirituels, s'accomplit dans la plénitude. Etre heureux, c'est mourir à soi-même. Tel est l'enseignement ultime. Les textes hindous présentent l'union sexuelle comme une forme très élevée du bonheur humain et, si cette union est vraiment réussie, c'est le suicide de l'ego, au moins momentané. Mais il y a mille manières de faire l'amour : soigner les lépreux, prier pour le monde, venir en aide à un voisin en difficulté, donner de l'argent à une œuvre humanitaire.

L'ego ne peut subsister que sur la base de vieilles souffrances et de frustrations. C'est le passé toujours présent aujourd'hui. Un petit enfant n'a pas d'ego, puis l'ego se forme et, à nouveau, le Sage n'a plus d'ego. L'*ahamkar* ne survit que par le souvenir de la souffrance et la peur que celle-ci ne revienne. S'il est heureux, il s'ouvre. L'ouverture est toujours l'inverse de l'ego. La peur de mourir à soi-même trahit la peur de se découvrir enfin heureux : je ne sais plus contre quoi lutter, je ne sais plus à quoi résister. Pour l'instant, ne vous demandez pas dans quoi vous allez sauter, demandez-vous hors de quoi vous voulez sauter. Je ne peux pas rester dans cet appartement parce que la maison est un brasier. Je vais voir si les pompiers ont eu la bonne idée de tendre la fameuse couverture. Mais une chose est sûre, c'est que je veux sauter, sauter hors de ma vieille vie, de mon personnage étriqué, de ma prison. Et dans quoi allez-vous sauter? Dans le bonheur. Sauter dans le bonheur c'est sauter hors de l'ego.

La libération par le bonheur c'est tout simplement l'enseignement de Swâmiji. Et c'est bien mal comprendre Swâmiji que de tenir compte uniquement des lyings consistant à revivre les souffrances de la petite enfance. « *To be free from the pain one has to be the pain* », « pour être libre de la souffrance, il faut être la souffrance. » C'est vrai, donc oui à la souffrance. A partir de là certains ont entendu : « Le chemin consiste à souffrir. Il faut en baver et, comme on ne souffre pas assez dans la vie, il faut souffrir en plus en lying. » Swâmi Prajnanpad vous dit exactement le contraire : « *Be happy.* » Comme je l'ai raconté dans un précédent livre, à la fin de mon premier séjour, je voulais que Swâmiji me donne un mantram ou une formule qui résume son enseignement en une phrase. « Quand vous partirez, Swâmiji vous le donnera. » Le lendemain matin, je prends mon petit déjeuner de bonne heure, je vais me prosterner devant Swâmiji : « *Be happy, Arnaud* », « soyez heureux, Arnaud. » « *Be happy, Arnaud* », première parole. Deuxième parole, quelques années plus tard : « *You don't know what is happiness, Arnaud.* » Maintenant, je le sais. Non seulement ce n'est pas mal d'être heureux, mais c'est la seule défaite possible du mental. Le mental se confond avec ce qui vous interdit d'être à l'aise. J'ai affirmé un jour à une femme : « Le mental, pour vous, c'est ce qui vous empêche de vous jeter dans les bras de cet homme en disant " je vous aime ". »

Je me souviens combien je me suis moi-même débattu. J'ai été élevé dans des idées évangéliques mal comprises : il y a les gens égoïstes qui se font plaisir, qui s'amusent, qui jouissent sans vergogne. Ce que je vous demande est bien plus terrible que de vous lever toutes les nuits à une heure du matin pour méditer, bien plus terrible puisque c'est la mort de l'ego. Que devient-il l'ego, quand il ne peut plus se plaindre, quand il ne peut plus souffrir, quand il ne peut plus être contre...?

Comment l'amour de Dieu peut-il se manifester pour vous autrement qu'en vous proposant le bonheur? C'est si simple... Pardonnez, accueillez, recevez, tenez bien votre livre de comptes. Toutes ces souffrances que vous avez connues à l'époque où vous étiez si malheureux ont servi de

passage vers le bonheur. Vous avez plongé dans vos souffrances pour passer à travers elles. Au cœur de la souffrance
pleinement acceptée, vous ressentez le bonheur. C'est blas-
phématoire de ne pas être heureux. C'est se dresser contre
Dieu. Il vaut encore mieux être franchement malheureux
que d'arborer un sourire figé et mensonger, de porter un
masque. Ne soyez pas une caricature. Mais la religion libératrice, c'est le maximum de bonheur, donc le maximum de
sainteté par le minimum d'ego.

L'APPROCHE POSITIVE

J'ai reçu aujourd'hui même la visite d'un homme qui ne fait pas partie des familiers de Font d'Isière et qui est venu spécialement pour me voir. C'est ce qu'il est convenu d'appeler un homme comblé par l'existence, ayant bénéficié de tout ce que notre civilisation peut procurer : de brillantes études en droit, une belle carrière d'avocat et un mariage heureux avec des enfants qui lui ont donné toute satisfaction. Il doit avoir soixante-cinq ans aujourd'hui et il était précisément venu pour me dire qu'il avait profondément aimé sa femme, que cette relation avait dominé sa vie pendant vingt-cinq ans et qu'à la suite de l'erreur d'un chirurgien, celle-ci était morte il y a deux ans. Il m'a confié : « Je ne m'en relève pas. La vie n'a plus aucun sens pour moi et tout ce que je fais, c'est m'abrutir de travail... Et je sens que je ne vais plus y arriver. Est-ce que vous pouvez m'aider? Puisque je crois qu'on vous attribue une certaine sagesse, j'ai pensé que vous pourriez être de bon conseil pour moi. » Quel conseil pouvais-je lui donner si ce n'est : « Consacrez maintenant toutes vos capacités à ce qui est le plus important, la recherche spirituelle. »

Or ce qui m'a frappé, c'est de voir que pour cet homme (qui a eu accès à toutes les sources de l'information et a sûrement reçu une instruction religieuse dans sa jeunesse) ce qui constitue l'essence de la spiritualité est comme inexistant. Il a entendu dire qu'il existait des moines, des bouddhistes, des hindous... mais à part ça, la réalité même que nous lisons dans le regard de Ramana Maharshi ou d'un maître tibétain, ce dont nous possédons des témoignages si forts par les paroles d'un sage ou les écritures sacrées, ce à quoi des milliers d'êtres aujourd'hui – que ce soit dans les monastères du Bhoutan, du Sikkim, du Japon, de l'Inde, ou en France – consacrent leur temps et leur énergie ne représente rien pour lui. Je cherchais des mots « sagesse, spiritualité, mysticisme », il avait du mal à m'entendre. Je lui parlais d'une réalité qui ne trouvait aucun écho en lui. Et pourtant il était venu me voir.

Et je me suis demandé : « Quelle est la différence radicale entre cet homme qui est " tué "parce que sa femme est morte, lui qui ignore tout, bien qu'étant très cultivé, de ce que nous appelons la spiritualité, et ceux qui ont entendu parler de Karlfried von Dürckheim, de Krishnamurti, de Mâ Anandamayi, de Ramdas ou de Milarépa? Est-ce que ceux qui, eux, se réclament de la spiritualité sont à ce point convaincus que tout est une opportunité pour progresser, que tout est une bénédiction, ou bien est-ce que finalement, comme pour lui, c'est l'absence de foi qui domine? » Est-ce qu'il y a vraiment une différence aussi flagrante que celle qui existe par exemple, du point de vue de la vision, entre un aveugle et un homme qui voit normalement? Pour lui, ce deuil représentait un désastre, un point c'est tout. Le destin avait purement et simplement frappé. Quelle différence entre son approche et celle dont j'ai été peu à peu imprégné, qu'il s'agisse de l'approche orientale ou de l'approche chrétienne qui affirme que tout a toujours un sens? Souvenons-nous de la promesse que j'ai moi-même citée si souvent : « Tout concourt au bien de ceux qui aiment Dieu. »

J'imaginais facilement ce qu'aurait pu lui dire, non comme paroles de vaine consolation mais avec une totale conviction, un des maîtres que j'ai approchés autrefois ou un disciple avancé sur le chemin : « Mais ce deuil a un sens! Vous ne pouvez pas le considérer comme une tragédie! C'est un commencement, c'est une bénédiction, c'est un passage... » Les Orientaux vont même plus loin puisqu'ils affirment que s'il y avait vraiment un grand amour entre sa femme et lui – et c'était le cas d'après lui – le plus grand geste d'amour qu'elle ait pu faire c'était de le quitter, même si elle n'a pas décidé consciemment de mourir : dans la profondeur des destins, des affinités de nos histoires personnelles, la meilleure preuve d'amour qu'elle lui ait donnée c'est de s'en aller parce que seule sa mort pouvait produire en lui un réveil, un bouleversement qui serait le point de départ d'une vie nouvelle. Et c'est peut-être la seule des paroles que j'ai dites qui l'ait touché : « Mais alors elle est morte pour rien si cela n'a pas changé profondément votre vie! La vraie fidélité à votre femme, ce n'est pas d'être accablé et détruit mais de progresser, d'aller encore plus loin dans votre épanouissement! » Ce que je lui affirmais lui paraissait effarant à entendre et en même temps j'ai senti que cela résonnait pourtant en lui.

J'entends encore ces mots de Swâmiji : « *Fully positive approach to life* », une approche complètement positive de l'existence – qui est toujours liée à une foi, même si vous n'êtes pas religieux et si vous ne vous exprimez pas en termes dévotionnels. Vous savez le rôle que la foi joue dans les Évangiles et dans les voies mystiques encore vivantes. Toute l'œuvre de Ramdas, à commencer par le récit de sa propre quête sous le titre de *Carnets de pèlerinage*, en est un magnifique témoignage. Cette foi est une certitude – vous savez que foi se dit « *pistis* » en grec –, la certitude du sens que vous donnez à votre vie, et la conviction que chaque événement, chaque situation dans laquelle vous vous trouvez a toujours une valeur positive, même les drames, même les tragédies, même le coup de foudre dans un ciel serein : un fils de dix-sept ans se tue dans un accident de montagne alors qu'il

était en pleine santé, est-ce qu'une mère peut y voir le gourou divin à l'œuvre, l'amour de Dieu à l'œuvre?

Pour Mâ Anandamayi à qui, comme à tous les sages de ce
niveau de rayonnement, on a souvent amené le désespoir
d'un deuil, la réponse a toujours été : « C'est une grâce de
Dieu! C'était le karma de votre enfant de vous faire vivre
l'épreuve de sa mort parce que cette épreuve est nécessaire
pour que vous trouviez le Bien suprême, au-delà de la naissance et de la mort. » Les enseignements spirituels ne
relèvent pas uniquement des réalités humaines ordinaires, ils
se réfèrent avant tout au niveau supra-humain ou, si vous
préférez, pleinement humain – dans mon esprit c'est syno-
nyme. Vous ne pouvez pas les considérer seulement comme
apportant des améliorations et des bienfaits à l'intérieur de
la conviction habituelle; autrement dit vous ne pouvez pas
les ramener à des formes, même très raffinées, de psychothérapies puisque du psychique ils nous incitent tout de suite
à nous tourner vers le spirituel. Et c'est parce que la réalité
spirituelle existe et qu'il est possible d'en avoir l'expérience
personnelle, confirmée par le témoignage de tous les sages de
l'histoire, que notre espérance n'est pas une vaine rêverie ou
une illusion consolatrice, mais une « certitude des choses
invisibles », comme le dit le Nouveau Testament à propos de
la foi. Vous qui avez découvert ces enseignements spirituels,
pouvez-vous avoir cette approche positive? Tout repose là-
dessus. Ceux qui ont été très blessés dès le début de leur vie
ont une vision pessimiste de l'existence, mais n'y a-t-il pas
cependant un paradoxe, une fois qu'ils ont découvert la spiritualité, à demeurer année après année dans cette approche
négative?

Swâmiji me disait que si un enfant s'était vraiment senti
voulu et aimé au départ de l'existence, même s'il subissait
des chocs, il conserverait au plus profond de lui-même une
approche positive; mais si cela n'avait pas été le cas et que
des traumatismes très forts l'avaient marqué trop tôt, avant
qu'il ait eu le temps d'éprouver vraiment l'amour, il aurait

une perception douloureuse de l'existence. Pour celui qui a
une approche négative de la réalité « la vie est souffrance »,
« la vie est douleur », plus que pour tout autre, tandis que
celui qui a été aimé par sa mère dans la petite enfance mais
a perdu – ou cru perdre – cet amour, conserve au fond de lui-
même la conviction que le bonheur existe et que la vie a un
sens, même si certaines voix disent en lui : « Ce bonheur ne
sera plus jamais pour moi. » Dans les moments de désespoir,
il ressent : « La lumière existe, la beauté existe, la perfection
existe, mais moi malheureusement, je n'y ai pas droit,
comme si j'étais marqué par une espèce de fatalité. »

Celui qui a une approche négative de la vie considère que
la vie elle-même est absurde, désastreuse. Mais il se peut
qu'il découvre la dimension spirituelle et arrive à la conclusion qu'au-delà de cette existence désolante, règne une autre
réalité qui, elle, est lumineuse. Autrement dit, la vie n'a pas
de valeur, sauf dans le regard de Mâ Anandamayi et de
Ramana Maharshi qui sont, eux, passés « au-delà du par-delà
de l'au-delà », comme dit la Pragnaparamita des bouddhistes
mahayanistes. Mais la force de la vie qui est purement et
absolument positive réside en nous et elle demeure toujours
intacte. Les vasanas sont en nous, les intérêts pour ce monde
manifesté sont en nous, la pulsion sexuelle est en nous, même
éventuellement réprimée, inhibée et distordue. Donc, ceux
qui ne croient pas en cette vie mais qui croient bien à la sainteté du Bouddha ou de Jésus-Christ et qui voudraient faire
l'économie du simple bonheur existentiel, ne sont pas tous
qualifiés pour s'ouvrir immédiatement à la lumière du Soi et,
en quelques années, découvrir cette transcendance dans
laquelle tout est béatitude.

Certains de ceux qui sont engagés dans la recherche spirituelle croient volontiers que des sages ont atteint cette perfection mais qu'eux-mêmes ne peuvent pas accéder directement à cette réalisation de l'absolu, parce qu'ils portent
encore en eux de nombreuses demandes ordinaires dans
l'existence. Il peut s'agir du désir d'être mère et de connaître

la vie de couple pour une femme, tout en ayant par exemple la certitude que le mariage ne peut jamais être une réussite, ceci à cause des traumatismes liés à l'enfance ou éventuellement à une vie antérieure. Ces demandes, qui ne peuvent être niées, sont les expressions, les réfractions de la force de vie fondamentale qui fait que les oiseaux chantent, les arbres poussent, le vent souffle et les volcans crachent le feu. Et cette force de vie fondamentale se manifeste, pour l'homme, sous forme de pensées, de sensations, d'émotions, de pulsions sexuelles, d'intérêts culturels, artistiques et d'ambitions diverses.

Ces pulsions existent, que l'attrait pour la spiritualité ne permet pas de nier, mais toute la vie dans le relatif – qui constitue notre chemin jusqu'à ce que nous soyons établis dans l'Ultime – est vécue par certains d'entre vous de manière négative : « Vous mettez des enfants au monde, ils se tourneront contre vous, comme des ingrats. Vous vous mariez, il n'y en a pas pour longtemps avant que votre mari commence à regarder les autres femmes. » Par contre, celui qui porte en lui la certitude que la vie a un sens a tendance à croire au bonheur, même s'il lui arrive d'être déçu. Il est persuadé qu'il peut y avoir de belles relations entre homme et femme, entre parents et enfants, que la communication avec les autres, le sentiment de la nature, l'art, tous les aspects de l'existence procurent de grandes joies. La vie l'émerveille même si elle lui paraît parfois cruelle.

Swâmiji avait raison quand il affirmait qu'il est très difficile pour ceux qui ont une conception positive de vraiment comprendre ceux qui ont une conception négative de l'existence relative. Pourquoi se décourage-t-il si vite ? Comment se fait-il qu'il ne croie à rien ? Qu'il ou qu'elle soit à ce point toujours triste, amer et tienne sans cesse des propos désabusés ? « Je vous l'avais bien dit, ça tourne toujours mal ! » Évidemment, si nous avons cette approche, chaque divorce renforce notre conviction : « Vous voyez bien que l'amour ne peut pas exister entre un homme et une femme. » Chaque

fois qu'un enfant se montre un peu ingrat avec ses parents :
« Vous voyez bien qu'une mère ne peut que se sacrifier sans
rien recevoir en échange. » Si nous avons cet état d'esprit,
tout vient nourrir et corroborer notre approche négative.

*
* *

Je pourrais résumer en une formule ma compréhension
concernant la foi : la foi, c'est l'approche positive de l'existence. Celui qui a la foi ne peut pas ne pas avoir une
approche positive de l'existence. En anglais, les sages, qui
savent de quoi ils parlent, font une nette distinction entre
faith, la foi, et *belief*, la croyance. Les croyances, qui
reposent sur des dogmes, sont, la plupart du temps, source de
malentendus et parfois même de conflits entre les différentes
traditions religieuses : par exemple, les chrétiens croient à la
Trinité qui est une abomination pour les musulmans. La foi,
par contre, ne peut pas diviser les hommes car elle émane
d'une réalité d'un autre ordre qui est *une*.

Ce que l'on appelle les trois vertus théologales correspond
à trois sentiments stables et profonds : la foi, l'espérance et la
charité. La foi c'est la certitude des choses invisibles, la certitude que la lumière, la vie indestructible et la grâce de
Dieu sont tout le temps à l'œuvre. Elle entraîne à sa suite
l'espérance. L'espérance ne s'assimile pas aux espoirs : « Ça
va marcher demain quand, et si, et si et quand... » Elle relève
de la dimension spirituelle de l'existence : « J'y arriverai,
j'atteindrai le but, la vie a un sens divin, transcendant. Je ne
peux plus me désespérer ». Et la charité, c'est-à-dire l'amour,
conduit à vivre dans l'amour comme un poisson vit dans
l'eau, et donc, bien sûr à se sentir aimé. Il s'agit de trois
aspects d'une même réalisation intérieure.

Pourquoi l'amour? Parce que si vous avez la foi et l'espérance, donc cette approche positive, vous sentirez que le
monde, la réalité, la vie, ne vous est pas foncièrement hostile,
comme le croient certains. Vous ne pourrez pas considérer

qu'il eût mieux valu n'être jamais né puisque cette réalité est un immense cauchemar, comme quelques philosophes se sont ingéniés à la décrire, ni que le monde est « absurde ». Vous savez au contraire que la vie vous aime. Souvenez-vous de la réponse de Chandra Swami à l'une d'entre vous lors de sa visite à Font d'Isière : « *The Divine or Nature is not cruel at all. It is very very compassionate, more compassionate than a mother.* », « le Divin ou la Nature n'est pas du tout cruel. Il est très très compatissant, plus compatissant qu'une mère. » Il faut dire qu'en Inde une mère est en principe une vraie mère, incarnation de l'amour.

Si vous avez la foi et l'espérance, votre vie est éclairée par l'amour. Dieu m'aime, la Vie m'aime y compris à l'instant où mon fils meurt, où j'apprends que j'ai un cancer, où mon entreprise est mise en liquidation judiciaire, où la femme en qui j'avais mis toute ma confiance tombe amoureuse d'un autre homme. Voilà la différence radicale qui devrait exister entre un être qui est engagé sur le chemin spirituel et un être qui ne l'est pas.

Or la réalité à laquelle je suis confronté depuis quatorze ans que je m'ouvre aux autres, confirme bien ce que m'avait dit Swâmiji, à savoir qu'il est possible d'être sensible à la spiritualité et de conserver une vision désespérée. Et là quelque chose doit être vu et dépassé. Tant que cette approche négative domine vos existences, vous n'êtes pas sur la voie. Peut-être vous préparez-vous à y être un jour plus que tout autre, après une longue purification par la souffrance. Peut-être que votre progression sera alors très rapide, mais vous ne pouvez pas vous considérer sur la voie tant que vous n'êtes pas animés par la foi, la certitude personnelle, l'espérance et l'amour. Vous ne serez capables d'aimer que si vous sentez que la vie vous aime, éventuellement le gourou, ou Dieu lui-même, vous aime. Je dis volontiers que l'énergie universelle, la source de la manifestation, vous aime. Pouvez-vous imaginer un océan qui n'aimerait pas les vagues par lesquelles il s'exprime? C'est une contradiction en soi. Comment peut-on d'un point de vue reconnaître la vérité spirituelle et de l'autre demeurer négatif, être engagé sur le chemin spirituel et n'avoir ni la foi ni l'espérance ni ce sentiment que la vie est amour? Aussi paradoxal que cela puisse paraître, c'est pourtant ce que vivent beaucoup de ceux qui se croient sincèrement engagés sur le chemin.

Pour certains une première naissance se produit grâce à la rencontre des livres témoignant de la spiritualité. Même si j'ai été très malheureux, la vie prend soudain un sens nouveau. Je découvre Ramana Maharshi, Ramdas, Mâ Anandamayi, Djalal ud-Dîn Rûmî, je sais que la sagesse, la sainteté existent; j'entends parler de l'atman, de la Nature-de-Bouddha, je suis touché par les œuvres d'art et les écritures sacrées. Des enseignements sont encore vivants, je vais donc chercher, je vais trouver un maître. A partir de là le désespoir ne peut plus jamais être complet. Mais ce qui est vraiment beau, c'est de voir un être dont l'approche a toujours été négative, s'éveiller un jour à l'approche positive et croire que les promesses du Christ ou du Bouddha peuvent s'adresser à lui, même s'il est encore très peu affirmé dans son existence et très frustré. Jusque-là son approche négative l'a empêché de s'épanouir, mais la grâce a agi en lui, l'espérance est née et, avec elle, une nouvelle attitude intérieure qui va peu à peu transformer sa vie.

A la question qui m'avait été posée un jour : « Comment progresser malgré les difficultés quotidiennes? » j'avais fait cette réponse un peu dure : « Comment monter au premier étage malgré les marches de l'escalier? » Si vous êtes au rez-de-chaussée, en un sens ce sont les marches de l'escalier elles-mêmes qui vous séparent du premier étage mais en même temps ce sont elles qui vont vous permettre d'y accéder. La véritable question sur le chemin devient alors : « Comment progresser sur la voie *grâce* aux difficultés quotidiennes? »

En m'ouvrant à lui et en voyant mon impuissance en face de cet homme noble qui me disait comment sa vie avait

perdu tout intérêt depuis la mort brutale de sa femme surve-
nue deux ans auparavant, je sentais : pour celui qui a la foi,
cette épreuve devient purement positive, elle ouvre une nouvelle époque de sa vie, peut-être la plus riche, la plus précieuse, celle qui va lui permettre de dépasser une vie
humaine épanouie certes, mais à l'intérieur des limites de
l'humanité, et d'aborder une vie transcendante. Pour
reprendre une fois de plus l'image si connue mais si vraie, la
chenille doit disparaître afin que naisse le papillon. Par rapport à la chenille, le papillon connaît une dimension supplémentaire, la troisième dimension de l'espace, puisqu'il ne
glisse pas sur les feuilles mais s'envole. Cette comparaison
illustre parfaitement la métamorphose qui nous attend.

Quand la possibilité d'une attitude positive sera-t-elle donnée à ceux qui ne croient pas en la vie? Ce que je peux dire
et qui est le plus précieux et le plus important que vous puissiez entendre si vous faites partie de ceux qui conservent une
approche négative bien qu'ils aient une réelle aspiration spirituelle, c'est qu'il m'a été donné de voir plusieurs personnes
enfermées dans leur négativité opérer un jour une conversion
complète. Quelle bénédiction! Ce changement est demandé
à ceux en qui cette conviction que la valeur suprême est
l'amour et non pas la souffrance n'a pas encore cristallisé. Si
c'est arrivé une fois, cela peut arriver deux fois, dix fois et
pourquoi pas à vous? C'est une première ligne d'espérance.

La seconde espérance repose sur la compréhension intellectuelle – car un être qui désespère de la vie peut avoir une
intelligence assez lucide et devenir un bon technicien ou un
bon chercheur scientifique. La force de vie elle-même est
intacte chez tous et, même si la marque négative est très
proche de la source, tous, en deçà de votre désespoir ou de
votre absence de foi, vous demeurez indemnes. Personne
n'est détruit à la source, jamais, c'est impossible. La vie peut
entrer en contradiction avec elle-même, peut se diviser en
forces adverses luttant les unes contre les autres, mais à l'origine elle est une et cette vie non duelle continue de nous ani-

mer. Et c'est encore elle qui s'exprime sous la forme du désespoir.

Aussi mutilés que vous puissiez être, vous pouvez être sûrs que, profondément, vous demeurez inaffectés. Il vous suffit de retrouver cette conscience que vous connaissiez avant le moment où la blessure s'est gravée en vous. Comme la mauvaise fée des contes maudit l'enfant le jour de son baptême, quand bien même vous me prouveriez que cette malédiction provient de *samskaras* de vies antérieures où vous êtes mort dans les tortures et la trahison, je peux encore vous dire : « La force de vie est indemne. » Reculer le problème dans le temps ne change rien à cette vérité : la réalité demeure purement positive. En chaque être le brahman proclame : «*Aham brahmasmi* », je suis l'absolu, l'infini, l'immensité. Certains finissent par l'entendre; quand cette approche intellectuelle vous convainc, elle peut passer dans le sentiment et changer quelque chose en vous. Mais ce n'est pas la seule approche.

Sans entrer dans les subtilités de la théologie chrétienne ou de la voie hindoue de la *bhakti*, on ne peut nier toutes les formes manifestées de ce que l'on peut appeler la grâce. Les témoignages de cette foi, de cette espérance et de cet amour constituent des influences bénéfiques; par exemple le *darshan* (rencontre) des sages, la lumière d'un regard sur une photo, certaines architectures, le *satsang*, c'est-à-dire le rassemblement de personnes animées par la même qualité d'appréciation des valeurs spirituelles. On se retrouve ensemble pour renforcer sa foi. Si vous avez l'occasion de participer à des rites tibétains auxquels la présence du maître donne une grande densité ou de participer à un office dans un monastère encore vivant, un peu de cette foi, de cette espérance et de cet amour se dépose en vous.

Aux yeux de l'Inde, et j'ai maintenant la preuve que cette théorie est exacte, tout a non seulement une réalité matérielle, mais aussi une matérialité fine (*sukshma*). Donc quand je dis qu'un peu de cette foi se dépose en vous, il s'agit d'une réalité subtile que vous assimilez de la même façon que vous incorporez la nourriture quand vous mangez. C'est pourquoi il est dit en Inde : « *Sarvam anam* », tout est nourriture : le *satsang*, le chant des *kirtan*, les rites tels que les *pujas*. Vous recevez ces influences, comme si vous preniez simplement la peine d'ouvrir la bouche et qu'on y mette la nourriture. Et à force de se déposer en vous, cette matérialité finit par saturer et cristalliser. Ce processus peut prendre plus ou moins de temps. La foi des autres, leur espérance, leur conviction que la vie est amour vous pénètrent peu à peu. Vous restez blessés, douloureux : « Je n'y crois pas, ce n'est pas pour moi, je n'y arriverai jamais », et puis un beau jour cette cristallisation s'accomplit et une conversion s'opère en vous. Voilà une autre ligne d'espérance.

*
* *

Sans doute admettez-vous qu'il existe une réalité d'un autre ordre dont cet avocat auquel je faisais allusion tout à l'heure n'a jamais entendu parler et qu'il n'entrevoit même pas. Mais il faut que j'ose être ferme et que vous regardiez la vérité en face. Tant que vous conserverez cette approche négative, vous ne pourrez pas vraiment progresser. De ce point de vue-là, je peux paraître cruel bien que je ne le sois pas réellement puisque vous pouvez guérir. Il faut d'abord guérir. Ne restez pas immergés dans cette tristesse. J'ai connu des Occidentaux qui avaient passé des années en Inde et malgré cela continuaient à tout critiquer. Tout allait toujours mal pour eux, ils se montraient amers, ils trouvaient leur sort injuste et cruel, le monde mal fait. Même si l'on adhère aux doctrines métaphysiques qui stipulent que le monde relatif est évanescent et qu'il n'y a pas d'autre réalité que la « lumière de la perception », le « témoin » (*sakshin*), il n'en demeure pas moins que votre vie entière se déroule dans ce monde relatif. Votre première démarche doit donc être de vous réconcilier avec lui.

Prenez conscience très clairement de cette confusion :

d'un côté croire que la réalité ultime (*satchidananda*, être, conscience, béatitude) s'exprime par ce monde de contraires et en même temps ne voir en celui-ci que souffrance et désespoir. Si tout est brahman, si le monde des dualités est la manifestation de l'unité ou de la lumière, comme l'affirme l'Évangile de saint Jean, et si vous adhérez en théorie à cette réalité, ne vous contredisez pas vous-mêmes. Pourquoi venez-vous ici? Même si vous n'avez pas été bouleversés par Mâ Anandamayi ou Ramana Maharshi, il y a bien un dynamisme qui vous a orientés dans cette direction. Reste à savoir si vous vivez complètement en porte-à-faux avec ce dynamisme qui vous pousse ou si vous lui faites confiance.

Il est évident que je parle toujours à partir de convictions que je veux partager avec vous. Si certains nient la réalité spirituelle, il est clair qu'à leurs yeux je soutiens des idées sans preuve. Et pourtant, à mon tour, après tant d'autres, j'affirme qu'il ne s'agit pas d'une supposition mais d'une expérience. Ou des hommes ont parlé de ce qu'ils ignoraient complètement, ils ont tout inventé et rien ne vous oblige à les croire, ou ils ont au contraire témoigné de leur réalisation personnelle, comme Ramana Maharshi dont la conscience a rejoint l'ultime, comme les grands voyants des Upanishads qu'on appelait les *rishis* et surtout comme le Christ qui a pris sur lui le titre de Fils de l'homme. L'Église des origines a insisté sur le caractère humain du Christ : « Dieu s'est fait homme afin que l'homme puisse se faire Dieu. » Tous les hommes portent cette nature divine en eux, de même que le Christ assuma notre nature humaine. J'ai souvent choqué et ensuite touché en rappelant que le fils de Dieu s'accroupissait pour chier, sinon nous ne comprenons plus rien au christianisme. C'est parce que l'Église des premiers siècles a tant insisté, quitte à être cruelle et injuste avec les hérétiques, sur l'humanité de Jésus et sur la divinité du Christ, que l'Église orthodoxe a toujours proposé la « déification » de l'homme : l'homme a pour vocation d'actualiser sa nature divine.

Telle est la promesse qui vous est faite à tous, aussi bien

par le christianisme ancien que par les Upanishads qui vous affirment : « Toi aussi tu es Cela. » Tout le monde connaît cette parole, mais tout le monde ne connaît pas forcément le dialogue entre Svetaketu et son père. Le passage dont est extraite cette phrase célèbre compare les potentialités de l'homme à celles qui sont contenues à l'intérieur d'un simple fruit : le fruit cache une petite graine qui, si elle germe, donnera un arbre qui, à son tour, portera des fruits avec de nouvelles graines susceptibles de produire d'autres arbres, et ainsi de suite. Un seul brin d'herbe, si aucune force destructrice ne s'opposait à son expansion, recouvrirait la terre entière en quelques années tant la force de vie se révèle puissante. Dire « Tu es Cela » est une autre manière d'affirmer la nature divine de l'homme et sa possibilité de déification.

Le salut réside dans la compréhension par le cœur de cette parole : « Tout concourt au bien de ceux qui aiment Dieu » et dans la certitude que cela s'applique à vous. Mais vous portez dans l'inconscient une charge de vasanas, de désirs, de pulsions plus ou moins assumés ou étouffés par l'éducation et les traumatismes. Vous vous trouvez donc dans cette situation de vouloir – et c'est normal – que le monde relatif vous donne. Pendant longtemps, vous ne mettez pas toute votre espérance dans l'absolu. Vous ou moi, nous ne pouvions pas d'emblée aspirer exclusivement à la fusion avec Dieu ou la rencontre avec l'Ami Suprême comme disent les soufis. Vous devez tenir compte des demandes qui sont en vous, depuis les plus grossières – je veux être admiré, je veux être reconnu, je veux qu'on me dise que je suis mieux que les autres – jusqu'à des demandes beaucoup plus fines – je voudrais connaître une véritable relation d'amour avec une femme ou un homme, je voudrais que mes enfants soient heureux et épanouis, je voudrais que mon œuvre littéraire soit belle et touche le public, je voudrais faire le tour du monde en bateau – que sais-je? Chacun a les siennes.

Ce monde des aspirations humaines dont vous ne pouvez pas faire l'économie, se trouve associé non seulement à votre

recherche de perfection spirituelle mais aussi à ce décou-
ragement fondamental : « Ça ne marche pas, ça ne sera
jamais pour moi. » Et la première caractéristique de cette
approche négative consiste à vous emparer de tout ce qui
renforce votre vision pessimiste du monde et à occulter ce
qui serait susceptible de la remettre en cause. Autrement dit,
il s'agit d'une tendance à ne voir que les signes, les faits qui
confortent votre pessimisme et à ignorer ceux qui l'infir-
ment.

Au congrès de l'Union Européenne des Fédérations de
yoga à Zinal auquel j'ai assisté cette année, une personne a
posé une question à un swâmi hindou, Swâmi Satchidananda, un beau représentant de l'Inde, qui vit
aujourd'hui aux États-Unis. Swâmi Satchidananda a
répondu en anglais : « Vous ne voyez pas tout ce que la vie
vous a donné, vous retenez uniquement tout ce qu'elle ne
vous a pas donné. » C'est un fonctionnement du mental qui,
pour être courant, n'en est pas moins saisissant. De même, à
chaque instant vous voyez ce qui ne va pas et vous ne voyez
pas ce qui va. Un père a deux enfants, l'un ne lui apporte que
des joies, l'autre est difficile. Il ne me parle que de l'enfant
difficile, jamais de celui qui est heureux et souriant. Est-ce
juste? Les mécanismes sont parfois aussi simples et grossiers
que celui-ci.

Qu'est-ce qu'une approche négative de l'existence? Nous
entendons d'abord le mot négatif avec une certaine coloration émotionnelle : il évoque pour nous une attitude pessimiste, amère, désabusée, mais il signifie tout simplement
négation, tentative de nier. Pourquoi parle-t-on d'une
approche négative de la vie? Qu'est-ce qu'elle nie? Naturellement cette approche est la négation concrète des valeurs
ultimes auxquelles par ailleurs nous acquiesçons peut-être,
philosophiquement parlant. C'est la négation, dans les faits,
de nos convictions spirituelles. Mais c'est aussi le déni de la
réalité telle qu'elle est, le refus de ce que je ne veux pas voir
et qui viendrait contredire mon attachement à l'absence
d'espérance.

*
* *

A présent, laissez-moi aller plus loin encore. Je ne peux pas vous prouver tout de suite ce que j'affirme comme un professeur de physique qui reproduit une expérience sous les yeux de ses élèves et pourtant je vous jure que ce dont la tradition dualiste témoigne quand elle parle de la grâce de Dieu à l'œuvre ou des miracles est vrai. Je vous jure que si vous « cherchez premièrement le Royaume de Dieu et sa justice, tout le reste – c'est-à-dire tout ce qui vous est vraiment nécessaire pour trouver ce Royaume de Dieu – vous sera donné par surcroît ». Un jour où je citais cette phrase des Évangiles, une dame a eu ce cri du cœur qu'elle a laissé échapper : « Même un amant? – Oui! » Naturellement un prêtre ne peut pas parler comme moi. « Oui! » Je ne peux pas vous promettre que vous aurez le prix Goncourt si vous êtes romancier mais je suis en mesure de soutenir qu'il vous sera donné ce qui vous est vraiment nécessaire, ce que vous voulez plus que tout, pourvu que vous le vouliez avec autant d'insistance que de persévérance. J'ai eu maintes fois l'occasion de vérifier la véracité de l'enseignement de Swâmiji, qui ne s'exprimait pas en termes religieux, mais scientifiques, concernant la « loi d'attraction », comme un aimant attire des épingles.

Si vous aviez la foi, vous verriez. Seulement pendant des années vous n'arrivez pas à y croire. Ou vous y croyez un petit peu, mais comme ce que vous espérez ne vous est pas donné tout de suite, vous vous découragez. Peut-être ces paroles prononcées par un homme qui a lui-même longtemps « pataugé » dans ses propres contradictions, trouveront-elles un écho en vous parce qu'elles sont dites par un Occidental comme vous. Si vous cherchez premièrement – pas exclusivement, premièrement – le Royaume de Dieu et sa justice, la lumière, la vérité, la vie immense, vous verrez que la vie est pleine d'amour et que Dieu est amour. Il existe bien une Réalité qui correspond à ce que l'on appelle Dieu, il ne s'agit pas d'une consolation destinée à des faibles ni d'une invention des théologiens, et cette Réalité vous la découvrirez comme disait Chandra Swâmi « *so loving, so compassionate* ». Vous baignez dans un océan d'amour et pourtant vous ne le sentez pas. Quand je séjournais auprès de Ramdas je l'entrevoyais puis je l'oubliais peu après avoir quitté son ashram. La loi d'attraction existe. Certains dont l'existence a été particulièrement dure et difficile ne se sont pas découragés et ils ont reçu ce que l'Évangile appelle « la couronne du vainqueur ». Ce thème du non-découragement se retrouve dans toutes les traditions. Et un jour, si vous persistez dans votre quête, si vous ne perdez jamais l'espérance, le miracle se produit.

Or vous pouvez quelque chose pour susciter cette approche positive sur le chemin. Ne voyez pas seulement ce que la vie ne vous a pas donné, voyez ce qu'elle vous a donné. D'abord elle vous a donné le plus précieux de tout. A l'inverse de cet homme que j'ai vu aujourd'hui, plein de dignité et de générosité mise au service des autres et qui pourtant n'a pas encore reçu le plus beau de tous les dons : croire que le Christ et le Bouddha ont dit vrai, savoir que Ramana Maharshi, Mâ Anandamayi et Ramdas ont marché sur cette terre au vingtième siècle et que le monde immense de la spiritualité la plus haute est une réalité qui nous concerne tous. Le plus beau don que la vie pouvait vous faire, elle vous l'a fait. Sentez-le. Soyez reconnaissant envers la vie et soyez reconnaissant envers vous-même d'avoir attiré ce don. Pensez à cet avocat uniquement désemparé parce que sa femme est morte et dont le désespoir n'a aucun sens : « Ma vie est brisée, je n'ai plus aucune raison de vivre. » Vous, vous avez pressenti une réalité éternelle, celle du Christ, de Djalal-ud-din-Rumi, de Ramana Maharshi. Comme disait Swâmiji, remerciez-vous vous-même : j'ai été capable d'attirer ce don ! Vous avez découvert un monde que d'autres ignorent : ils feuillettent un livre sur le bouddhisme, ils ne l'achètent pas et ils trouvent qu'une statue du Bouddha divinement serein manque un peu d'expression : « Un Picasso a plus de force. » Ah bon! Votre cœur devrait être plein de gratitude, vous êtes plus comblés que Belmondo et Alain Delon réunis, que Chirac et Mitterrand réunis. Bien sûr, sinon pourquoi lisez-vous ce genre de livres?

La vie est amour pour tous. Cela ne peut pas être autrement. Vous découvrirez un jour qu'il ne s'agit pas d'une belle phrase creuse. Je reprends l'image de tout à l'heure qui a toujours été très éloquente pour moi : l'océan peut-il renier une seule des vagues? L'océan peut-il vouloir du mal à une seule des vagues? L'océan est dans la vague, la vague est dans l'océan. Un océan de foi, d'espérance et d'amour s'exprime en vous, vous porte, vous soutient, vous entoure. La réalité divine est en vous et vous baignez dans la réalité divine. Mais, nous le savons, l'homme a perdu la conscience de son origine. L'ignorance, l'aveuglement, le péché originel ont exilé l'homme – le mot Adam signifie tout simplement l'homme – de cette perfection, de ce paradis qu'il va falloir retrouver.

Dans vos existences, de nouvelles opportunités peuvent se présenter à vous à condition que vous soyez en mesure de les accueillir. Si vous entretenez une attitude négative, vous empêchez ces grands accomplissements de venir à vous. Si vous osez faire le premier pas, tout se transforme peu à peu. Tout ne se transformera pas immédiatement de manière miraculeuse, de telle sorte que vous n'aurez plus que des succès dans tous les domaines; peut-être même que certaines grandes joies se termineront en souffrances : vous rencontrez l'homme de votre vie après l'avoir longtemps cherché, vous connaissez avec lui un bonheur parfait et il meurt au bout de quatre ans. Mais vous allez de lumière en lumière, de vérité en vérité, jusqu'au Royaume des Cieux, jusqu'à cette perfection qui, seule, peut vous combler. Peut-être vivrez-vous des épreuves, mais des épreuves à un autre niveau qui vous permettra de progresser et vous donnera une richesse et une maturité intérieures. Vous ne pouvez pas savoir avec précision ce que la vie va vous apporter dans le relatif mais chaque fois qu'un être humain découragé, conflictuel, médiocre, a osé faire le premier pas, la vie a répondu. Ce premier pas vous sera parfois demandé au moment où vous aurez tout perdu. Vous avez trouvé un maître, un excellent professeur de yoga ou un très bon psychothérapeute et celui-ci meurt soudainement dans un accident; ou bien votre mari vous abandonne pour une autre femme, à moins que vous ne perdiez votre situation professionnelle ou que vous soyez dans des difficultés financières qui paraissent inextricables. Et si vous êtes alors capables de dire un vrai oui à votre destin vous ouvrez à l'instant même la porte du chemin au nom duquel tant vous sera donné. Même si vous devez assumer un jour une grande souffrance, elle contribuera à vous faire grandir vers encore plus de lumière.

Je peux vous dire que parmi les anciens du Bost et parmi la nouvelle génération – celle qui n'a rencontré physiquement Arnaud qu'à partir de Font d'Isière – certains ont commencé à se transformer et leur destin a changé. La loi d'attraction a joué pour eux, ils ne voient plus la vie de la même façon, ils ne tiennent plus les mêmes propos tristes et désabusés, mais parlent au contraire d'une manière constructive. Ils ont enfin cessé de tourner en rond. Leur vie n'est plus la répétition des mêmes échecs. Mais à l'origine de ces changements, il y a toujours un retournement d'attitude. Tout vient de là. Quand aurez-vous assez vu, entendu, reconnu comme vrai ce que je vous dis, pour oser faire le premier pas et inverser vous-même cette approche négative en approche positive? Quelque chose dépend de vous. Chaque fois que la vie redevient difficile, toute votre espérance repose sur vous : allez-vous faire le premier pas et lui dire oui de tout votre cœur?

« Il n'y a pas d'amour dans ma vie », je comprends ce cri du cœur : un enfant n'a pas été aimé par sa mère ou a été moins aimé que sa petite sœur; naturellement se sentant mal aimé, même dans une famille normale, il ne s'est pas épanoui, donc il est devenu moins aimable, il a été moins apprécié que d'autres par la maîtresse d'école, par les petits camarades. Une fois le processus enclenché, il se reproduit indéfiniment. La souffrance attire la souffrance. Un proverbe méridional dit : « Les pierres vont au clapas. » Les clapas sont de gros tas de pierres que l'on ramasse dans les champs quand on essaie de cultiver la garrigue. Swâmiji m'avait cité de son côté un proverbe anglais qui ne doit rien à la sagesse hindoue : « *Nothing succeeds like success, nothing fails like failure* », « rien ne réussit comme le succès, rien n'échoue comme l'échec. » Si vous commencez à réussir, vous prenez confiance, vous devenez positifs et vous attirez d'autres succès. Si vous commencez à échouer, vous vous découragez, vous devenez négatifs, vous attirez de nouveau l'échec qui vous prouve que votre attitude désabusée est juste, que la vie ne vous donnera jamais rien et que vous avez raison de ne rien en attendre.

On dit aussi en alchimie – vous connaissez probablement ce principe, même si vous n'avez jamais étudié l'alchimie : « Pour faire de l'or, il faut avoir de l'or. » Pour transformer du plomb en or, l'alchimiste doit avoir un peu d'or au départ. On retrouve également cette idée dans ce passage des Évangiles : « A tout homme qui a on donnera mais à celui qui n'a pas on enlèvera même ce qu'il a ». Il faut – je dis il faut parce qu'il s'agit d'une loi – qu'il y ait un petit germe positif en vous, un peu d'or si vous voulez transformer le plomb de la vie en l'or de la bénédiction et de la vie spirituelle.

*
* *

Si vous osez faire le premier pas, dire oui, oui, vous êtes sauvés. Une femme me confiait un jour : « Ma vie est sans amour, je n'ai jamais été aimée. » Et elle a ajouté : « Même pas en me mentant, même pas sans le penser, jamais un homme ne m'a dit : je t'aime, jamais. » Je me souviens lui avoir répondu : « Eh bien, aimez quelque chose. Vous aimez ces fleurs? – Oh! oui, elles sont très belles! – Alors, aimez-les ». Aimez, je vous promets le changement.

« Je vous promets. » Quelle audace d'affirmer que le seul fait d'aimer peut tout changer. Certains et certaines qui sont dans cette salle aujourd'hui ou qui liront ces mots par la suite affirmeront que c'est faux : « Cela fait dix ans, quinze ans que je souffre et qu'Arnaud me promet que je vais aller mieux, qu'il ne faut pas me décourager, que la lumière est promise à tous, donc à moi, et je vois bien que ce n'est pas vrai. Ce qui a marché pour Arnaud, ce qui a marché pour d'autres, ce ne sera jamais pour moi. » Avez-vous vraiment fait le premier pas? Ou est-ce que vous l'avez faussement tenté, juste pour pouvoir dire que vous avez essayé et me montrer que je me trompais? Tout est là. On ne peut pas tricher dans le domaine spirituel.

Aimez, aimez, faites le premier pas. Tout relève de l'amour. La réussite professionnelle, c'est sentir que la vie vous aime, que les patrons, les directeurs, les confrères ne sont pas des ennemis. La réussite politique, c'est sentir que la vie vous aime puisqu'elle vous porte au pouvoir et que les électeurs vous aiment. La réussite dans les métiers d'art, devenir Aznavour ou Bécaud, c'est sentir que la vie vous aime, que le public vous aime et aime ce que vous faites. On en revient toujours là.

J'ai entendu, il n'y a pas longtemps, une phrase vraiment forte d'une femme qui vient à Font d'Isière. Nous étions plusieurs personnes dans un restaurant asiatique, qui regardions une peinture représentant une Chinoise allongée sur le sol, la main sous le menton et chacun donnait une interprétation différente de cette peinture mais ce qui m'a frappé, c'est celle qu'en a donnée cette dame : « C'est une femme aux abois parce qu'elle n'a pas d'homme dans sa vie. » C'est déchirant. Celle qui a prononcé ces paroles a vécu cette souffrance pendant longtemps mais son destin a changé – parce qu'elle a changé.

212 L'AUDACE DE VIVRE

Ainsi tout est une question d'amour. Approche positive de la vie, cela signifie : je crois que la nature, le divin est compassion. Et l'approche négative sous-entend : je crois que la vie – et si vous dites la vie, vous dites le divin ou la nature – n'est pas amour. Chandra Swâmi qui incarne cette sagesse de l'Inde parvenue jusqu'à nous a fait cette réponse à une personne que je connais bien et à qui je me suis beaucoup intéressé. Depuis des années, cette femme ne pousse que des cris de souffrance. Quand elle demande à me voir, c'est pour parler de son désespoir sans que je puisse vraiment lui proposer autre chose. Quand elle m'écrit, c'est encore pour parler de sa souffrance, et c'est cette même souffrance qu'elle a exprimée devant Chandra Swâmi : « Je souffre tellement que j'ai l'impression que je vais devenir folle. » Et le Swâmi lui a répondu : « *The divine or nature is so compassionate* », « le divin ou la nature est si plein de compassion. » L'approche positive de la vie, c'est la sienne : « Le divin ou la nature – et je rajoute la vie – est amour. » Et l'approche négative persiste à crier : « Non, non, vous n'avez pas le droit de dire cela Arnaud, vous n'avez pas souffert pour oser prétendre que la vie est amour. L'existence n'est pas amour, sinon elle ne me torturerait pas sans répit. »

Je peux bien sûr comprendre vos révoltes mais il n'en demeure pas moins vrai que tous les êtres spirituels ont témoigné de la possibilité d'une approche lumineuse au cœur même de ce qui apparaissait comme souffrance aux autres hommes. La fin de la vie de saint François d'Assise en est un exemple : ses proches le voyaient en proie à une très douloureuse maladie. Mais quand un disciple s'est permis de dire un jour : « Pour un grand serviteur de Dieu, Dieu se révèle bien dur avec vous ! », saint François d'Assise s'est écrié : « Comment oses-tu dire cela, tu doutes un instant de l'amour de Dieu ! » C'est pourquoi il est dit, à condition de bien comprendre cette phrase : « Les souffrances du saint chantent la gloire de Dieu. » Le Père éternel, n'est pas un sadique qui se réjouit des souffrances de ses serviteurs. Les souffrances du saint chantent la gloire de Dieu parce que son rayonnement dans le désastre est un témoignage du surnaturel. Tous ceux qui ont approché un saint souffrant, soumis à de grandes épreuves, seraient d'accord avec moi quelle que soit la religion de celui-ci.

Avant que Bernard Benson et Frédéric Leboyer ne viennent à son secours, Kangyur Rimpoché vivait dans la misère. Un de ses fils était tuberculeux et il ne pouvait le faire soigner, la pluie passait à travers la toiture de l'espèce de grenier qui servait de domicile à sa famille. Cette rencontre d'un homme, chassé du Tibet, vivant dans le dénuement le plus complet, a non seulement bouleversé ma vie, mais celle de Bernard Benson qui avait pourtant connu Nixon et bien d'autres célébrités et était devenu en quelques années d'un ingénieur anglais un milliardaire américain. Bernard Benson m'a confié : « J'ai rencontré les hommes les plus puissants du monde mais, quand j'ai vu Kangyur Rimpoché, j'ai vu un Homme pour la première fois de ma vie. »

L'amour est partout, mais pour l'instant ne tremblez pas de peur en pensant : « Un amour qui va se manifester pour moi par la persécution, je n'en veux pas! Un amour qui va se manifester par les souffrances de Ramana Maharshi ou celles de saint François d'Assise, je n'en veux pas, même si ces saints étaient radieux. » Ne l'entendez pas ainsi, mais écoutez la parole de Chandra Swâmi : « La vie est amour. » Être positif, c'est oser l'entendre, même si vous n'en avez pas encore la preuve. En fait, vous en avez bien une certaine preuve : vous avez découvert que le monde de la spiritualité existait et c'est le plus beau don que la vie pouvait vous faire. Vous êtes vivants, vous avez un cerveau intact pour écouter, des poumons en bon état pour respirer, une capacité de conscience pour sentir l'énergie et la vie en vous. Que pouvez-vous demander de plus? Alors? Dites oui, cela dépend de vous.

Même si vous êtes profondément blessés, je vous conjure de l'entendre. J'aime cette formule que le Bouddha a utilisée : « Oh! disciples, pour l'amour de vous-mêmes, je vous en conjure »... – comme si le Bouddha implorait humblement ses disciples. Est-ce que vous ferez quelque chose par amour pour vous-mêmes? Pour l'amour de vous-mêmes, je vous en conjure, regardez bien ce que je montre aujourd'hui. Pourquoi êtes-vous négatifs? Pourquoi votre attitude dit-elle non à ce que d'un autre côté vous reconnaissez comme vrai, par le fait même que vous m'écoutez ou me lisez? Pourquoi ce non? « Non, la vie n'est pas amour. Non, les paroles des sages et les promesses du Christ ne sont pas vraies! Non les affirmations de Swâmiji ne me concernent pas. » Si, elles sont véridiques. Faites le premier pas. Dans ce monde de l'amour, aimez! Et vous verrez!

*
* *

J'ai donné la parole à deux swâmis hindous autres que Swâmiji et tous deux ont eu des réponses lumineuses. Comment allez-vous faire pour retrouver l'espérance qu'ils vous proposent et ne plus être négatif? Dites simplement oui, tout l'enseignement de Swâmiji tient dans le mot anglais « *Yes* » qui est devenu un véritable mantram pour moi. Et dire « oui », vous le savez, consiste d'abord à dire « *C'est* ». Et à quoi allez-vous dire *c'est*? Commencez avant tout par éliminer *ce n'est pas*. Swâmiji était si strict sur ce point. Avec « ce n'est pas » et « je n'ai pas », rien n'est possible. « Je n'ai pas de mari, je n'ai pas un enfant sage et bon élève, je n'ai pas une épouse fidèle, je n'ai pas un métier intéressant... » Avec ce qui n'est pas et ce que vous n'êtes pas, vous ne pouvez rien. Aucun progrès n'est possible. Qu'est-ce que vous voulez faire avec ce qui n'est pas? Vous voulez traverser un étang avec une barque qui n'existe pas? Vous voulez tuer un animal avec un fusil qui n'existe pas? Je peux dire qu'en neuf ans Swâmiji m'a coupé la parole bien des fois à ce sujet : « Qu'est-ce que vous dites, Arnaud? Vous êtes encore négatif, vous parlez de ce qui n'est pas, de ce que vous n'avez pas, de ce dont vous n'êtes pas capable : uniquement des irréalités. » Devenir positif, c'est cesser de faire sans cesse intervenir dans vos vies ce que vous n'êtes pas et ce que vous n'avez pas.

Deuxième point pour être positif : ne plus jamais considérer que ce que vous n'avez pas eu jusqu'à présent, vous ne l'aurez jamais; que ce que vous n'avez pas été jusqu'à présent, vous ne le serez jamais. Au moins ça. Si vous n'avez jamais eu d'argent jusqu'à présent, n'édictez pas une loi qui implique : « Je n'aurai jamais d'argent, même pas de quoi me payer une fois un voyage. » Naturellement, si vous avez un physique d'Européen vous n'aurez jamais le physique d'un Sénégalais, mais sorti de ces évidences, beaucoup de changements peuvent survenir que vous ne soupçonnez même pas. Ne faites jamais l'erreur de projeter sur le futur. Je n'ai pas eu *jusqu'à présent*, c'est tout. Surprenez-vous en flagrant délit d'inexactitude : « Moi qui n'ai jamais d'argent », comme s'il était entendu une fois pour toutes que vous n'en aurez jamais. Demandez-vous déjà cette rigueur de pensée. C'est. Et vous allez voir ce qui est. Si vous vous appuyez sur ce qui est, vous marchez en terrain solide et vous pourrez avancer.

Troisième point, voyez ce qui est heureux. Il ne s'agit pas de rêveries, de consolations vaines mais au contraire d'un grand réalisme. Si vous n'êtes pas paralysés ni obligés de vous appuyer sur une canne pour marcher, prenez-en conscience. Je vous ai déjà raconté la découverte que j'ai faite un jour dans ce domaine à l'ashram de Swâmiji. Celui-ci venait d'attirer mon attention sur cette caractéristique du mental qui consiste à tenir des comptes intérieurement (il appelait cela *making accounts*) sur lesquels on ne fait figurer que les causes de souffrances. Il ne s'agit pas de grandes souffrances comme d'avoir perdu un fils, mais de tous les petits refus qui jalonnent nos journées. Si un jour le cumulus électrique tombe en panne et que l'eau est glacée au moment où je m'apprête à prendre un bain, je le note aussitôt, mais je ne remarque pas en temps ordinaire que j'ai de l'eau chaude tous les matins pour me laver. Après que Swâmiji eut souligné une réalité aussi simple, j'ai vraiment pris conscience pendant trois jours, à l'ashram, de tout ce qui était heureux. Au bout de trois jours, rien n'était changé, je n'avais reçu aucune nouvelle extraordinaire de France, mais je n'en pouvais plus d'être heureux à ce point-là! Je m'émerveillais d'y voir, de marcher, d'avoir de quoi manger, un lit pour me coucher, des vêtements légers comme on en porte en Inde afin de ne pas souffrir de la chaleur. Être positif consiste à ne plus comptabiliser ce que l'on n'a pas et à reconnaître ce que l'on a.

Et enfin, dernier point, être positif c'est prendre appui sur ce qui vous apparaît aujourd'hui comme souffrance, tout en conservant l'espérance et la foi. C'est oser croire que l'existence a de l'amour pour vous au moment même où elle semble vous trahir : oui, ma femme a un amant; oui, pour l'instant je suis seule, je n'ai pas trouvé le compagnon que je cherche; oui, plusieurs tentatives successives pour obtenir des postes qui m'intéressaient ont échoué et j'accomplis un travail qui ne correspond pas à mon attente. Si vous dites oui à ces aspects douloureux, vous verrez qu'ils portaient en eux la promesse d'une joie plus grande. C'est vrai. Je veux bien croire qu'aujourd'hui ces paroles relèvent uniquement de la foi, c'est-à-dire de la certitude des choses encore invisibles, mais si vous parvenez à dire oui de tout votre cœur, un oui positif à ce qui est dans des circonstances difficiles, vous aurez la preuve que la vie n'est pas ingrate.

Un jour l'un d'entre vous est venu me dire : « Arnaud, je n'ai pas pu faire d'études, j'ai eu une adolescence très marginale, je n'ai aucune capacité réelle, vous savez que je me considère fait pour de grandes choses et que je ne veux pas d'un petit boulot médiocre, mais pour l'instant, je n'ai rien accompli de grand. Je ne veux plus vivre dans mes rêves, je suis ce que je suis. Depuis que vous me demandez de faire le premier pas, je le fais, je dis oui. Ça au moins, je peux le

faire. « Et alors, qu'est ce que vous allez faire concrètement?
– Eh bien, je vais demander un poste administratif de gratte-
papier dans un bureau, à la Sécurité sociale, j'aimerais être
en contact avec la clientèle, fût-ce pour me faire engueuler
derrière un guichet, n'importe quel métier médiocre et je
renonce pour l'instant à mes grandes prétentions ». Et il va
poser sa candidature à la préfecture de Nîmes. Deux mois
après, un ami lui propose, alors qu'il n'avait aucun diplôme,
un métier pour lequel il fallait être ingénieur! Il l'a fait, il a
réussi et lui qui acceptait de gagner six mille francs par mois
s'est mis à en gagner quinze mille en peu de temps. Cette
histoire est vraie! Elle n'est pas unique. J'en aurais d'autres à
partager avec vous.

OUI, oui, c'est le mot positif entre tous, le mot magique.
Dites oui à votre vie, vous verrez les miracles qui s'ensui-
vront. Si vous êtes dans la vérité, vous vous branchez immédiatement sur un courant profond avec lequel vous n'êtes
habituellement pas en contact et vous attirez de nouvelles
opportunités. Ce n'est pas seulement pour les autres. Je sais
bien que, même si je vous cite en exemple tel et telle d'entre
vous qui ont eu cette attitude positive et pour qui le miracle
s'est produit, vous allez me répondre : « Oui! Pour eux, pas
pour moi! » Mais si, la loi est la même pour tous, par
conséquent pour vous aussi.

Je vous parle ainsi parce que j'ai ressenti un sentiment très
intense en face de cet homme qui représente une élite de
notre société moderne, ayant bénéficié de toutes les valeurs
intellectuelles et culturelles que celle-ci peut apporter et qui
pourtant n'a pas même entrevu ce que nous appelons la réalité spirituelle. Vous, vous l'avez entrevue. A présent, assumez cette dimension de la vie en confiance. Certains ont été
très perdus et ne le sont plus aujourd'hui. Moi-même, je l'ai
été autrefois, je ne le suis plus. Dans ma jeunesse, j'ai longtemps attendu que la vie m'apporte quelque chose d'heureux, cela semblait toujours pour demain. J'ai même écrit
une sorte de document romancé sur la vie au sanatorium

dont aucun éditeur n'a voulu. Je m'étais inspiré en grande
partie de malades rencontrés dans ce sana, mais tous les pro-
tagonistes de mon récit révélaient bien sûr des aspects de
moi-même. Je relisais récemment un passage où j'avais écrit
ceci : « Il se raccrochait à cette parole : " L'heure la plus
sombre est juste avant l'aurore ", mais à l'heure la plus
sombre succédait toujours une heure plus sombre encore et
l'aurore ne venait jamais. » Voilà ce qu'à vingt-sept ans je
mettais dans la bouche d'un de mes personnages qui trahissait évidemment la projection d'une part de moi-même.
Même si j'ai pu écrire ce passage qui paraît désespéré, Swâmiji considérait que j'avais une approche complètement positive de la vie. Il est exact qu'au fond de moi, je demeurais
persuadé que quelque part la lumière, la vérité et l'amour
existaient.

*
* *

Même si la vie ne vous a pas encore donné, convertissez
votre attitude, devenez positifs. Là, vous pouvez quelque
chose. Vous le pouvez puisque d'autres l'ont fait. Mais
sachez vous montrer persévérants. L'impatience vous fait un
tort considérable. Si j'avais dit dans les premières années du
Bost à tel ou telle de ceux et celles qui sont venus : « Il vous
faudra au minimum six ans pour comprendre un peu quelque
chose à cet enseignement », c'eût été inécoutable. La plupart
sont arrivés avec des frustrations d'une part, et une certaine
fébrilité de l'autre en demandant des résultats rapides parce
qu'ils souffraient depuis trop longtemps. Chacun est venu
avec ses problèmes dont il voulait être libéré le plus vite possible. Ceux à qui j'ai essayé de dire la vérité n'ont rien voulu
entendre : « Oh non, moi il faut que cela aille vite, je mettrai
les bouchées doubles s'il le faut. » Ils n'ont pas été vite, ils
n'ont pas mis les bouchées doubles, les six ans se sont écoulés
et le petit bout de chemin qu'ils auraient pu suivre en six ans

mais qui leur paraissait dérisoire et indigne d'eux, ils ne l'ont pas fait.

« *You cannot jump* », disait Swâmiji, vous ne pouvez pas bondir. Vous pouvez marcher vite au lieu de traînailler, c'est sûr, mais s'il vous faut deux ans pour franchir une étape et que cela vous semble trop long, eh bien au bout de six ans vous n'aurez rien accompli du tout. L'impatience est la calamité des chercheurs spirituels. Toutes les traditions le disent. Sinon vous vous retrouverez à cinquante-cinq ans plus ou moins au même point en essayant de vous mentir, de camoufler votre échec, de vous duper et doper à coups d'illusions sur vous-mêmes, entraînant un malaise sans cesse grandissant. Et la guérison définitive de la souffrance sera toujours pour demain. J'ai même entendu cette parole vraiment cruelle dans la bouche de gens qui ont consacré leur vie à Gurdjieff ou à Krishnamurti : « Oh, moi ce ne sera pas pour cette existence, les jeux sont faits. » Je l'ai même entendue de la bouche d'un homme qui a ses propres disciples.

Swâmiji m'a raconté plusieurs fois l'histoire des deux yogis qui méditent au bord de la Narmada. Ils pratiquent leurs austérités, leurs exercices spirituels, et voici que vient à passer le dieu Brahma. Le premier yogi demande : « O Brahma, quand est-ce que je serai libéré? » et Brahma lui montre un cocotier avec quelques très grandes feuilles : « Tu vois, autant de feuilles qu'il y en a à cet arbre, autant d'existences il te reste encore à vivre et tu seras libéré. » Et ce yogi est effondré : six, huit, peut-être dix feuilles alors qu'il voulait savoir s'il en avait pour six mois ou pour deux ans. Puis l'autre yogi s'incline à son tour et : « O Brahma. » Mais écoutez la nuance, il ne pose pas la question tout à fait de la même manière. Au lieu de demander : « Quand est-ce que je serai libéré? », il interroge : « Est-ce que je serai libéré un jour? » Brahma lui répond : « Tu vois cet arbre? » Il s'agit de l'arbre de tulsi très connu en Inde dont les feuilles sont minuscules et il y en a autant que de cheveux sur la tête d'un homme. « Eh bien, tu vois, autant de feuilles il y a sur cet arbre, autant d'existences tu as encore à vivre et tu seras libéré. » Et lui n'entend que ces mots : « Et tu seras libéré. » « Et je serai libéré! » s'écrie-t-il émerveillé. Swâmiji concluait alors : « *and at once he is free,* » « et à l'instant même il est libre », parce qu'il est passé au-delà du temps. Si vous pouvez en effet accepter, accepter de tout votre être que vous en avez pour mille existences, l'ego est volatilisé et vous êtes libéré à l'instant même. Pour l'instant, entendez cette parole : « Et je serai libéré un jour. »

Ne soyez pas impatients. Mais considérez-vous comme engagés dans une grande entreprise. Les mêmes Occidentaux tellement persuadés qu'ils feront mieux que les Tibétains et atteindront en trois mois ce que les Tibétains atteignent en douze ans, sont bien d'accord pour admettre qu'il faut dix ans afin de devenir un médecin spécialiste, des années de pratique de la danse ou du piano pour devenir un virtuose, qu'il faut se donner beaucoup de mal pour faire hypotaupe, taupe et Polytechnique. Mais dans le domaine spirituel, ils s'imaginent que leur privilège d'Occidental va leur permettre de faire plus vite que les autres. Vous savez que le chemin a très souvent été comparé à l'ascension d'une montagne au sommet de laquelle tous les montagnards se retrouvent. Eh bien en 1964, un maître tibétain, Kalou Rimpoché, avant qu'il n'ait quitté Darjeeling, avait rencontré quelques rares Européens passionnés de bouddhisme tibétain et il m'avait dit à travers notre interprète : « Les Occidentaux croient tous que la solution est de se faire monter au sommet de la montagne en hélicoptère, que c'est bon pour ces naïfs de Tibétains de monter à pied, sac au dos. Vous n'y arriverez jamais. » « *There is no short cut* », voilà encore une parole de Swâmiji », « il n'y a pas de raccourci. » Vous n'êtes pas obligés de lambiner en chemin ni de descendre dans tous les bistrots le long de la route et surtout vous n'êtes pas obligés de lire de travers les pancartes et de vous engager tout droit sur l'autoroute de Lille quand vous avez l'intention d'aller à Nice. Il ne faut pas tourner le dos à la vérité et ensuite se lamenter parce que cela ne va pas assez vite. Si chaque fois qu'il s'agit de mettre l'enseignement en pratique vous faites exactement le contraire, vous risquez d'annuler les quelques efforts valables et méritoires que vous auriez faits par ailleurs.

Swâmi Ramdas a dit une fois devant moi en s'adressant à quelqu'un d'autre : « Vous creusez un trou d'une main et vous remettez la terre dedans de l'autre. » Vous n'en finirez jamais. C'est ce que font beaucoup de chercheurs qui se donnent du mal d'un certain côté : ils prennent la peine de se lever à six heures du matin pour méditer; ils sacrifient des vacances agréables pour crever de chaud en Inde au mois de juillet dans un ashram, mais ils contredisent ces instants de courage et de détermination en faisant exactement ce qui va à l'encontre de leur but pendant le reste de leur existence.

Avant de savoir si vous pouvez faire le trajet en 2 CV ou en Jaguar, soyez d'abord certains que vous faites bien le bon trajet, que vous êtes bien engagés, fût-ce à pied, sur la bonne route. Si vous parcourez trente kilomètres à pied chaque jour, vous pouvez aller très loin, à Saint-Jacques-de-Compostelle ou à Jérusalem. Alexandra David-Neel, une femme qui a vécu au vingtième siècle, est bien allée de Chine en Inde à pied en passant par Lhassa. Marchez deux ans, trois ans, cinq ans et, si vous vous rapprochez un peu du but tous les jours, vous atteindrez le but. Mais ce n'est pas une affaire d'amateur. Donnez-vous le mal que se donne un jeune garçon qui a décidé d'être coureur cycliste et qui tous les jours, tous les jours, pédale deux heures avant de se rendre à son travail en rêvant de devenir maillot jaune du Tour de France. Donnez-vous du mal et laissez tomber les paroles vraies mais qui ne sont pas immédiatement efficaces pour vous sur le non-effort ou l'abandon de tous les efforts et sur la spontanéité immédiate.

***

Le prix à payer, vous pouvez l'entendre comme étant de deux sortes. D'une part des efforts quotidiens, répétés peut-être d'heure en heure, pour mettre en pratique ce que vous avez reconnu comme juste et nécessaire sur le chemin que vous suivez. Des éclaircissements vous sont donnés. Il vous est montré le fonctionnement de l'émotion, la manière dont votre mental crée un monde irréel et toujours frustrant. Ce qui est affirmé est expliqué, justifié, il ne s'agit pas de foi aveugle. Certaines attitudes vous sont proposées qui demandent une vigilance presque permanente pour vous prendre en flagrant délit de non-vérité et revenir à la réalité de ce qui est. La non-dualité métaphysique, vous l'atteindrez en pratiquant la non-dualité dans la vie quotidienne. Je ne crée plus moi-même une dualité entre ce que je ressens comme moi et ce que je ressens comme un autre que moi, qui ou quoi que ce soit, et je suis « un avec ».

Le deuxième aspect, dont il est délicat et difficile de parler, je vous demande de l'entendre sans émotion parce que c'est de votre guérison ou de votre non-guérison qu'il s'agit. Une certaine audace s'avère nécessaire dans l'existence. « *Be bold* », nous répétait Swâmiji. Vous ne pouvez pas mener une vie de petits-bourgeois timorés. Le chercheur de la vérité a été traditionnellement comparé à un héros intrépide qui s'aventure hors des sentiers battus, un chevalier affrontant des monstres et des dragons. Ce n'est pas ordinaire d'abandonner toutes les satisfactions que ce monde peut proposer pour se faire ermite dans une grotte, ce n'est pas ordinaire de renoncer à tous les plaisirs de notre société de consommation pour devenir moine chartreux ou trappiste. Vous n'êtes pas appelés à rejoindre un monastère mais je suis étonné, je dois le dire, de voir combien d'entre vous essaient de concilier une existence étriquée avec la recherche de la vérité.

Pour la cause de la Patrie et de la Résistance, qui est moins élevée que celle de Dieu, certains hommes ont pris des risques énormes, ont caché des armes chez eux, se sont affiliés à des réseaux, ont sillonné Paris aux heures de couvre-feu. Beaucoup ont été fusillés ou sont morts dans les chambres à gaz ou les fours crématoires, d'autres ont été torturés par la Gestapo. Hommes et femmes, nombreux dans tous les pays d'Europe, ils se sont exposés à tous les dangers au lieu de dormir tranquillement dans leur lit. Est-ce que le chercheur spirituel ne serait pas capable de prendre lui aussi des risques? Vous voyez bien, si vous regardez autour de vous, qu'il y a des gens qui ont toujours mené une vie sans envergure et d'autres qui ont manifesté cette audace. Nous avons appris en classe l'histoire de Bernard Palissy qui a brûlé tout son mobilier pour découvrir le secret des émaux en céramique et lequel d'entre vous est prêt à brûler son mobilier pour chercher la vérité? En dehors de la mise en pratique quotidienne des vérités de l'enseignement, il y a des moments où le destin spirituel frappe à notre porte et où il faut savoir saisir l'occasion qui se présente.

Si vous êtes assoiffés de guérison, aussi malades que vous soyez spirituellement, vous aurez cette audace. J'ai connu des malades qui ont tout fait pour guérir d'une maladie incurable, se faisant transporter sur leur civière jusqu'auprès de Padre Pio puis à Lourdes. Etes-vous capables de cette même détermination pour la guérison spirituelle dont nous parlons aujourd'hui? Vous connaissez probablement tous la parole « Dieu vomit les tièdes ». C'est tellement vrai. Il y a une certaine folie aux yeux des hommes qui est sagesse aux yeux de Dieu, non seulement au sens ultime du mot mais dans la manière de conduire cette existence.

Ici je parlerai encore une fois de moi parce qu'il faut bien que je cherche mes exemples ailleurs que chez Milarépa et les Tibétains. Je me rends compte maintenant avec le recul que, chaque fois qu'il y a eu un choix à faire, j'ai toujours opté pour la spiritualité telle que je pouvais la sentir et la comprendre au niveau où je me trouvais. Oh, ce niveau comportait beaucoup de faiblesse, d'infantilisme, d'idées fausses, de capacité à me tromper et à errer. Mais je peux dire que dans un métier où l'angoisse financière était permanente, celui de salarié au cachet, chaque fois que j'avais comme on dit trois sous de côté, je repartais pour l'Inde à mes frais, quand je ne m'y rendais pas aux frais de la télévision, pour trouver auprès de Ramdas, de Mâ Anandamayi, de Kangyur Rimpoché une aide qui m'était précieuse. Et je suis surpris de voir combien, parmi ceux que je rencontre, manquent de cette audace. Je ne parle pas d'une folle imprudence comme un garçon de dix-huit ans est capable d'en commettre et de payer ensuite très cher. Je parle d'une audace qui vient de la profondeur, qui répond à ce sentiment que l'on exprimait autrefois par « Dieu le veut ». Je vois bien qu'aux yeux des hommes, le comportement que mon épouse Denise et moi avons eu pendant des années, était de la folie. C'était de la folie, quand j'étais assistant à la télévision, de renoncer à des émissions importantes où j'aurais pu être premier assistant d'un grand réalisateur pour ne pas manquer une seule séance de ces mouvements et danses sacrées que nous pratiquions dans l'enseignement des groupes Gurdjieff. Ce fut de la folie de partir dans les conditions où nous sommes partis en 1962, sans argent, en emmenant une enfant de quatre ans de Paris en Inde sur des routes non goudronnées puis, en 1964, un bébé de trois mois et demi au départ — folie raisonnable en ce sens que je connaissais le nom d'un pédiatre parlant français tous les cinq ou six cents kilomètres. Partout où il y avait un Turc, un Iranien, un Afghan ayant fait ses études de médecine en France, j'avais réussi à obtenir son adresse. A quatre mois et demi, le bébé était dans les bras de Mâ Anandamayi et à six mois dans ceux du Dalaï Lama. Dieu le veut, nous partons. Il se trouve que les enfants sont revenus en parfaite santé même s'ils ont été une ou deux fois malades. Notre foi était telle que, « Dieu le veut », ils ont guéri.

Il peut aussi arriver qu'un risque tourne mal. Des héros de la Résistance ont été fusillés. Je ne peux pas vous promettre que si l'intensité de votre recherche spirituelle vous pousse à certaines actions, à certains comportements, vous n'en aurez que des avantages matériels, comme de tourner de beaux films avec lesquels on puisse ensuite faire de belles émissions. Où pouvez-vous trouver une influence qui vous aide? Il faut donner sans être sûr de recevoir. Pas de calcul mesquin : « Je n'irai voir ce rimpoché tibétain que si j'ai la certitude d'en recevoir une grande bénédiction. » Il y a une chance? J'y vais. S'il ne se passe rien et si c'est un échec, je suis sans regret, je l'ai tenté.

Je ne dis pas que vous devez partir tous en Inde demain pour six mois en abandonnant votre métier. C'est uniquement une question de cas personnel, vous le sentez bien. Mais vous ne pouvez pas vivre dans la protection sans jamais vous exposer et être en même temps des aventuriers de la spiritualité. Soyez audacieux. Soyez fous à votre façon, de cette folie aux yeux des hommes qui est sagesse aux yeux de Dieu. Prenez des risques, cherchez, cherchez encore, cherchez partout, cherchez de toutes les manières, ne laissez échapper aucune occasion, aucune possibilité que le destin vous donne, et ne soyez pas chiches, mesquins en essayant de discuter le prix.

Donnez de tout votre cœur et vous recevrez. Ne laissez pas échapper les opportunités. L'un ou l'une d'entre vous me disait récemment : « Je sens qu'il faut faire vite, l'Inde a encore beaucoup à me donner, mais est-ce que l'Inde sera toujours là? » Non. Qui aurait cru au moment où j'ai tourné le film sur les soufis en Afghanistan, en 1973, que deux ans plus tard ces soufis seraient persécutés, fusillés et leurs villages détruits au napalm? L'Inde aujourd'hui recèle encore des trésors, pas uniquement quelques sages célèbres entourés de milliers d'Américains, mais il suffirait d'un changement de régime politique pour que les étrangers ne puissent plus voyager qu'en groupes organisés et jamais individuellement.

et ce sera trop tard. Et c'est toujours trop tard que l'on se réveille : « Ah, si j'avais su! » Les regrets ne font pas une sadhana et vous ne vieillirez pas en sentant : « J'ai fait ce que j'avais à faire, j'ai reçu ce que j'avais à recevoir, j'ai donné ce que j'avais à donner », si vous vivez dans la nostalgie de tout ce que vous n'avez pas accompli faute de courage.

J'ai un peu connu les membres de la Société des Explorateurs. Quelle audace ils montrent pour des expéditions qui n'ont rien de spirituel, qu'il s'agisse d'aller se faire piquer par les moustiques et les serpents au fin fond de l'Amazonie ou d'errer sur son bateau comme Bombard, au risque de périr cent fois, simplement pour prouver que l'on peut se nourrir de plancton et boire de l'eau de mer. Et pour des motifs spirituels, vous voulez y aller prudemment, être sûrs à l'avance du résultat. Le temps passe. On a vingt-cinq ans, on a trente-cinq ans, puis tout d'un coup on s'aperçoit qu'on en a quarante et voici que les cheveux blancs apparaissent. N'attendez pas qu'il soit trop tard pour le regretter. Mettez l'enseignement en pratique à chaque seconde si vous le pouvez, à chaque heure si vous ne pouvez pas à chaque seconde, une fois par jour si vous ne pouvez pas mieux et cherchez aussi tout ce qui peut vous aider.

Je me souviens, quand j'étais encore jeune, noyé dans mes infantilismes et mes naïvetés, mais brûlé par cette fascination de la spiritualité, passionné par les livres que je pouvais lire, et que je n'avais à vue d'œil aucune possibilité d'aller jamais en Inde, je me souviens avoir entendu dire une fois dans les groupes Gurdjieff que le Mont-Saint-Michel était une véritable œuvre d'art « objectif », transmettant des lois de la spiritualité à travers son architecture. Je suis parti pour le Mont-Saint-Michel comme pour une rencontre avec Dieu. Ce n'est pas grand-chose d'aller au Mont-Saint-Michel, mais je sentais : j'ai rendez-vous avec Dieu au Mont-Saint-Michel. Il y avait une grande part d'imagination, une grande part de projection, et j'ai même été déçu parce que j'attendais trop. Et puis j'ai lu que Vézelay était aussi une œuvre d'art sacré, un haut lieu chargé de vibrations spirituelles et je suis parti pour Vézelay. Ce n'était pas très difficile pour un Parisien mais je me souviens avec quel état d'esprit j'ai pris la route, le même état d'esprit qui m'a conduit ensuite au Bhoutan, au Sikkim, au Japon.

Chacun a son destin à accomplir. N'imitez pas, ne copiez pas. Vous n'êtes pas supposés tourner des films pour la télévision, mais ce que vous pouvez entendre, c'est une affirmation catégorique : vous n'arriverez à rien sur le chemin si vous ne voulez pas vous donner du mal. Je serais malhonnête si je vous aidais simplement à bercer vos rêves. Mais partez aussi avec la bonne nouvelle au fond du cœur, je vous promets à tous que la guérison est possible et je voudrais regarder dans les yeux certains et certaines d'entre vous que je connais et qui sont encore plus perdus que d'autres. Même à ceux qui sont dépassés par leurs angoisses, leur névrose, leur incapacité à vivre, même à ceux-là je peux promettre solennellement que la guérison est possible. Il existe un chemin, il existe une voie, il existe une méthode. Le Bouddha l'a enseignée, le Christ l'a enseignée dans un langage que nous avons dénaturé mais qui n'en demeure pas moins vrai. Swâmiji, gourou anonyme au Bengale, a montré également ce Chemin. Ayez un tout petit peu d'imagination et imaginez-vous : moi, pas Ramdas, moi, moi libre, moi complètement à l'aise dans l'existence, moi comblé. Cela paraît aussi inécoutable que de dire : « Il vous faut vingt ans pour y arriver. » Pourtant c'est vrai. Et si vous avez cette folle audace de passer au-delà du temps comme le yogi qui admettait de vivre autant d'existences que de feuilles à l'arbre de tulsi, peut-être votre éveil se produira-t-il plus tôt que vous et moi ne pouvons le prévoir aujourd'hui.

TABLE DES MATIÈRES

Cet ouvrage a été réalisé sur
Système Cameron
par la SOCIÉTÉ NOUVELLE FIRMIN-DIDOT
Mesnil-sur-l'Estrée
pour le compte des Éditions de la Table Ronde
le 9 mars 1990

Imprimé en France
Dépôt légal : mars 1990
N° d'édition : 2525
N° d'impression : 14360